KB099407

권력과 언론

기레기 저널리즘의 시대

박성제
지음

창비

권력의 부역자가 된 언론

언제부터 기자들이 '기레기'로 불리기 시작했을까? 그 시점을 꼬집어 말하기는 어렵지만, 분명한 것은 '기자'와 '쓰레기'의 합성어인 이 치욕스러운 별명이 특정 언론사에 소속된 기자들만을 지칭하는 단어가 아니라는 점이다.

30년 전, 시청 앞 광장을 가득 메운 채 민주화를 외치던 시민들을 떠올려본다. 그들이 분노했던 언론은 독재권력에 굴종한 TV뉴스와 신문이었다. 한겨레와 오마이뉴스 등은 그 분노의 힘이 탄생시킨 시민의 언론이었다. 그후 정권이 몇번 바뀌고 언론지형은 점차 보수-진보의 이념 구도로 재편되어왔다. 언론개혁이 시민운동의 중요한 화두로 떠오르고 조선일보·중앙일보·동아일보(조·중·동)가 주도하는 프레임을 격파하는 것이 주요 목표로 부상했다. MBC「PD수첩」이 불을 댕긴 2008년 촛불집회 때 목도한 풍경이 대표적인 사례가 될 것이다. 광화문에서 '광우병 소고기 반대'를 외치던 시민들은 조선일보와 동아일보 사옥 앞에 쓰레기 더미를 쌓아놓고 보수언론을 격렬히 성토했다. 반면 MBC 등 공영방송과 진보언론에 대해서는 아낌없는 응원을 보내던 것을 생생히 기억한다.

궁지에 몰린 이명박정권은 당근과 채찍 두가지 카드를 내밀었다. 조·중·동에는 종합편성채널(종편)을 선물하고 공영방송에는 낙하산 사장을 보내 장악하는 방식으로 지형을 유리하게 바꾸어나간 것이다. 그 노력은 여봐란듯이 성공했다. 언론계의 보수-진보 구도에 변화가 일기 시작했다. 낙하산 사장에 맞섰던 KBS·MBC 언론인들은 치열한 싸움 끝에 패배했고 저항할 힘마저 잃어버렸다. 종편들은 낮 시간에 집중 배치한 시사토크쇼를 통해 보수 기득권의 이데올로기를 전파하고 야당과 진보진영을 종북좌파로 몰아붙인 끝에 박근혜정권을 창출해냈다.

비슷한 시기에 언론을 둘러싼 환경도 급변하기 시작했다. 언론 플랫폼은 TV와 인쇄매체에서 인터넷과 모바일 위주로 재편됐다. 전통적 미디어들은 경영 악화에 대응하기 위해 광고주 입맛에 맞는 콘텐츠를 더욱 강화했다. 인터넷을 무대로 삼은 수천개의 뉴스 매체들은 매일 수만건씩 쏟아지는 기사의 홍수 속에서 포털 접속자들의 눈길을 끌기 위해 과장과 왜곡을 서슴지 않았고, 심지어 가짜 뉴스까지 만들어냈다. 클릭 수를 노린 어뷰징(abusing), '알 필요 없는' 수많은 단독기사와 분초 단위로 갱신되는 속보를 위해 기자들이 로봇처럼 일하는 무한경쟁 체제가 도래한 것이다.

기레기라는 용어가 회자되기 시작한 건 아마 이즈음부터일 것이다. 언론이 생산하는 콘텐츠가 수용자보다는 권력과 광고주, 자사의 이익을 위한 것이라는 불편한 진실을 시민들이 깨닫기 시작한 것이다. 스마트폰 화면에 수없이 스쳐가는 기사들은 다 비슷비슷할 뿐 아니라 전문적인 시각도, 치열한 탐사의 흔적도 찾을 수 없었다. 언론을 보는 시선은 점점 싸늘해졌다.

2014년, 전국민에게 충격과 슬픔을 안겨준 세월호 참사는 언론에 대한 경멸을 분노로 바꾸어놓았다. 구조 현장에서 기자들이 보여준 부끄러운 행태, '전원구조'라는 최악의 오보에 경악한 시민들은 너도나도 기레기라는 단어를 입에 올리기 시작했다. 단독과 속보 경쟁, 조회 수에만 눈이 팔린 선정주의가 범람했고, 공영방송들은 권력자의 책임을 가리기 위해 시청자를 호도했다. 영향력 있는 신문들은 유족을 능멸하는 비열한 칼럼과 사설을 실었다. 이 모든 과정을 지켜보며 시민들은 우리 언론의 문제가 단순히 보수-진보의 이념대결 구도가 아니라 더 근본적이고 광범위한 질곡에서 발생한다는 것을 체득했다.

지난해 국정농단 스캔들과 촛불혁명 및 탄핵 과정에서 언론개혁의 중요성이 다시 부각된 것은 당연한 귀결이다. 다시 30년 전으로 돌아간 것이다. 기레기는 이제 조·중·동, 종편뿐 아니라 진보언론, KBS·MBC까지 어디에나 존재한다. 그들은 부도덕한 권력을 감시하기는커녕 기득권 세력을 위해 봉사해왔고, 심지어 일부는 국정농단 세력에 협력해 사익을 챙긴 '부역자'였다는 사실이 만천하에 드러났다. 동시에 제대로 된 언론이 얼마나 중요한 역할을 할 수 있는지도 알게 됐다. JTBC와 한겨레의 결정적인 특종, SBS「그것이 알고 싶다」의 끈질긴 탐사정신은 수백만의 시민을 광장으로 불러모아 대통령 탄핵과 정권교체를 이끌어낸 도화선 역할을 했다.

내가 해직언론인으로 보낸 지난 5년은, 기레기와 부역자로 전락한 우리 언론의 비참한 현실을 냉정하게 바라보고 무엇을 어떻게 바꿔야 할지 고민하는 소중한 시간이기도 했다. 이 책은 그러한 고민의 산물이다. 언론개혁은 누구나 공감하는 화두이지만 대안과 해결책은 독점할 수 없다는 것이 기본적 생각이었다. 그래서 제각기 다른 현장에서 누구보다 치열하게 저널리즘의 가치를 실현해온 아홉명의 언론인과 전문가를 만났다.

손석희 JTBC 사장의 강연에서는 희대의 특종을 일궈낸 최고의 언론인이 '객관성과 공정성'이라는 가치를 지키기 위해 고민한 지점을 들을 수 있었다. 민동기 미디어오늘 편집국장과는 변화된 환경에 제대로 적응하지 못하고 있는 언론에 대해 날선 비판과 대안을 주고받았다. 시사다큐의 장인(匠人) 최승호 PD에게는 권력에 장악된 공영방송의 암울한 현실과 지배구조 개선책을 물었고, 김언경 민주언론시민연합 사무처장과는 종편의 편파성과 과장·왜곡의 사례를 정리하고 시스템 개선을 위한 제도적 장치가 무엇인지 토론했다. 강정수 메디아티 대표로부터는 급변하는 미디어 환경에서 살아남기 위해 언론매체와 언론인이 어떤 노력을 해야 하는지 구체적으로 배울 수 있었다.

권태선 전 한겨레 편집국장은 기레기의 역사성을 설명하며 기자의 직업정신을 강조했고, 김경래 뉴스타파 기자는 굴종과 저항 사이에서 방황하는 KBS 언론인들의 고민을 털어놓았다. 이명선 전 채널A 기자로부터는 종편의 치부에 대한 생생한 증언과 반성의 소회를, 배정훈 「그것이 알고 싶다」 PD에게서는 새로운 형식의 탐사 저널리즘으로 시청자들과 소통하는 연출자의 진지한 노력을 엿볼 수 있었다.

강연과 질의응답 내용을 전재할 수 있도록 허락해준 손석희 사장과 민감한 내용이 포함된 대담 및 인터뷰에 흔쾌히 응해준 여덟분 모두에게 존경과 감사를 전한다. 또한 최대한 많은 인터뷰를 고집한 나를 위해 매번 질문과 대담을 꼼꼼하게 정리하고 편집해준 창비 편집부에도 깊은 감사를 드린다. 덕분에 이 책이 당초 기획보다 더 풍부한 내용을 담을 수 있었다.

워낙 다양한 문제를 짚으려 욕심을 부리다보니 더 파고들어야 할 부분에서 적당히 넘어간 대목도 적지 않게 눈에 띈다. 관련 분야의 최고 전문가와 대담하면서 나의 전문성 부족으로 수박 겉핥기가 되어버린 부분도 있었다. 독자들의 아량과 이해를 구한다. 그 대신 독자들이 대화를 따라가다보면 문제와 대안을 자연스럽게 이해할 수 있도록, 묵직하고 진지한 주제들을 최대한 친절하고 편안하게 해설하고자 노력했다.

이 책이 세상에 나올 때쯤 공영방송 개혁을 위한 언론인들의 싸움이 본격화될 것으로 예상한다. 언론개혁이 새 정부의 시대적 과제임에는 틀림없다. 그러나 개혁의 동력은 언론인들의 자성과 실천으로부터 나온다는 것을 명심해야 한다. 30년 전 독재에 저항해 노조를 만들고 공정보도의 기틀을 세웠던 선배 언론인들의 싸움에 모든 해답이 들어 있다. 오직 시청자와 독자만 바라보고 가는 언론인이 많아진다면 언론개혁은 저절로 이루어질 것이다.

2017년 7월
박성제

차례

일러두기

1. 이 책에 실린 손석희 「언론은 무슨 일을 하는가」는 2017년 4월 21일 한국방송학회 봄철 정기학술대회에서 발표한 '디지털미디어시대 저널리즘의 역할: 대통령 탄핵국 면에서의 방송뉴스 프레이밍'이라는 제목의 발제와 질의응답 내용을 고쳐 쓴 것이다.

2. 이 책에 실린 모든 대담 및 인터뷰는 박성제가 진행했다. 2017년 3월 6일 최승호, 3월 28일 김언경, 4월 14일 강정수, 5월 12일 민동기와 대담했고, 5월 18일 김경래, 5월 23일 권태선, 5월 26일 이명선, 5월 29일 배정훈을 인터뷰했다. 헌법재판소의 대통령 탄핵 결정(3월 10일)과 19대 대통령 선거(5월 9일) 전후 급변하는 상황에서 대담 및 인터뷰가 진행된 점을 감안하여, 책이 출간되는 시점에 맞게 사실관계 일부를 수정·보완했다.

언론은 무슨 일을 하는가
대통령 탄핵국면에서 방송뉴스 프레이밍

손석희

이미 많이들 알고 계시겠지만 '최순실 국정개입 사건'에 대한 JTBC 보도는 2016년 10월 24일 최순실 씨의 태블릿PC에 관한 보도로 시작되었고, 그 이전에 다른 매체들, 즉 한겨레나 TV조선 등을 통해 일부 재단 문제가 보도된 바 있습니다. JTBC가 10월 24일에 갑자기 태블릿PC를 터뜨린 것은 아니었고, 그전에 재단에 대한 몇가지 단독보도를 낸 바 있습니다. '뉴스를 누군가가 주도했다' '아니다'를 따지는 것이 좋지는 않지만, 태블릿PC 보도 이후에 JTBC 뉴스가 상당 부분 국정개입 사건이나 탄핵국면을 주도해간 건 맞다고 봅니다.

孫石熙　JTBC 보도부문 사장. 1984년 MBC에 입사해 앵커, 아나운서, 사회부 기자 등으로 일했다. 미국 미네소타(Minnesota)대에서 저널리즘 석사학위를 받았고 성신여대 미디어커뮤니케이션학과 교수를 지냈다. 2013년 JTBC 보도부문 사장으로 취임해 「뉴스룸」 앵커 등을 맡고 있다. 제18회 민주시민언론상 본상(2016) 등을 수상했다.

여담이지만 제가 오해도 많이 받았습니다. 2016년 10월 초에 휴가를 갔습니다. 여름휴가를 못 가서 늦추어 가을휴가를 갔는데, 기착지가 프랑크푸르트였습니다. 내려서 잠시도 머물지 않고 다른 곳으로 갔다가 오는 날 다시 프랑크푸르트로 와서 잠시도 머물지 않고 비행기를 타고 서울로 왔는데, 그렇게 짧은 시간 머물렀는데도 제가 '프랑크푸르트에 가서 최순실 씨를 만났다'는 얘기가 나오더군요. 솔직히 말하면 그것에 대해서는 잘 몰랐고, 순수하게 휴가로 다녀온 것이었습니다. 그런데 프랑크푸르트 교민사회에 소문이 그렇게 났던 모양이죠. 어느 팟캐스트 진행자가 저에게 확인차 전화를 걸어왔더라고요. 그분 말씀으로는 '손석희기 취재를 하려고 프랑크푸르트에 갔다'고 해서, '아니 왜 내가 갑니까, 가면 기자가 가지' 그랬더니 그분이 저한테 하시는 말씀이 "진도도 다녀오셨잖아요"라고 했습니다. 그거하고 이거하고 무슨 상관이 있다는 건지 모르겠습니다. 아무튼 그분이 팟캐스트 방송에서 '태블릿PC는 JTBC가 누군가로부터 받은 것이 틀림없다'라는 얘기를 해버렸습니다. 아뇨, 누군가로부터 받은 바가 없습니다. 잘못 파악한 것을 팟캐스트 방송에서 이야기하는 바람에, 이른바 '태블릿PC 조작설'이 시작되었다고 생각합니다. 결과적으로 보자면 꼭 그 이야기가 아니었더라도 친박세력 쪽에서는 조작설을 만들었겠습니다만, 약간 여담으로 제 휴가에 대한 오해를 풀기 위해 말씀드렸습니다.

그렇게 해서 제가 휴가를 다녀온 직후에 태블릿PC를 입수했다는 보고를 받았고, 사회부에서 분석을 했어요. 이름을 대면 알 만한 기자들이 팀을 꾸려 열심히 분석했습니다. 그래서 보도한 것이 24일이었고요. 24일은 아시는 것처럼 개헌이 발표된 날이기도 했죠. 이것 때문에 또 오해가 발생했습니다. 개헌이 발표될 줄 알고 저희가 준비해서 터뜨렸다는 이야기가 돌기도 했죠. 전혀 그렇지 않습니다. 저희도 사실 그날 개헌 얘기가 나와서 깜짝 놀랐습니다.

이 사건을 무엇이라 부를 것인가

다음 날인 25일에 박근혜(朴槿惠) 전 대통령의 첫번째 사과가 있었고, 그다음부터 상황이 걷잡을 수 없이 번져갔습니다. 당연하게도 속보가 굉장히 많이 나왔고, 다른 언론사에서도 나름대로 준비한 것이 많이 있었기 때문에 그런 내용들이 보도로 나왔지요. 그렇게 보도를 쭉 이어가는 과정에서, 자연히 저널리스트로서 우리가 사건을 어떤 프레임으로 바라봐야 할 것인가 하는 고민이 생길 수밖에 없었습니다. 그래서 아주 간단한 것, 명칭의 문제부터 고민을 많이 했습니다. 간단하지 않을 수도 있는 문제죠. 학계에서도 마찬가지지만 저널리즘에서 명칭을 가지고 고민 많이 하잖아요. '최순실 국정개입 사건'이냐, '최순실 국정농단 사건'이냐, '최순실 게이트'냐, '박근혜-최순실 게이트'냐. 이 사건을 둘러싼 보도에서 대략 이 네가지 명칭이 많이 사용되었지요. 저희는 처음부터 상당 기간 '최순실 국정개입 사건'으로 명명해 보도했습니다. '최순실 게이트'나 '박근혜-최순실 게이트'는 약간 모호해 보일 수 있어서, 가능한 한 구체성을 띠며 객관적인 명칭을 쓰겠다는 차원에서 최순실 국정개입 사건이라고 불렀습니다. 나중에 점차 특검(특별검사)이라든가 탄핵 심판 중에 여러가지 혐의 사실이 구체화되면서는 저희도 최순실 국정농단 사건이라는 표현을 많이 썼습니다만, 기본적으로는 최순실 국정개입 사건으로 명칭을 정해서 들어갔고, 그것이 저희 나름대로의 프레임이었다고 생각합니다.

어제 2017년 4월 20일 정우택(鄭宇澤) 자유한국당 선대위원장과 인터뷰하는 와중에 이와 관련된 언급이 나왔는데, 제가 '이번 정부의 국정농단 사건'이라는 표현을 사용했더니 정우택 위원장이 이렇게 말하더라고요. '이것은 최순실의 국정농단이지, 이 정부는 아니다.' 그래서 제가 '아니, 그것이 상호 작용해서 이루어지는 것이지, 혼자 되는 것이냐'라고 재질문을 드렸어요. 그만큼 명칭을 어떻게 하느냐에 따라 사건의 성격이 일정 부분 혹은 상당 부분 규정될 수 있기 때문에, 사건 초기부터 저나 보도국에서 신경을 많이 썼습니다.

10월 24일 그 보도가 나간 뒤에 바로 그 주말부터 많은 시민들이 광장에 모이기 시작했고, 11월 지나면서 '탄기국'(대통령 탄핵기각을 위한 국민총궐기 운동본부), 즉 탄핵에 반대하는 사람들의 모임도 동시에 커졌죠. 그러면서 또 명칭 문제가 발생했습니다. 저희는 이를 '친박단체 집회'라고 했습니다. 이후 친박단체라고 해서는 안 된다는 문제제기가 바깥에서 있었던 걸로 압니다. 대개 '보수단체 집회'라든가 '태극기 집회'라고 불렀죠. 보수단체라고 하자니 보

'대통령 탄○

방송뉴스

4월

스페어 반

한국방

수층 사람들이 거기에 다 동의하는 것은 아닐 것 같고, 마찬가지로 보수층이 아니라고 해서 다 촛불집회에 찬성했느냐 하면 안 그럴 수도 있죠. 또 '태극기와 촛불 집회'로 가자니 이건 도대체 어떤 방식으로 구분을 해야 하는가 하는 고민이 생겼습니다. 게다가 태극기만 나온 것도 아니고 성조기도 나와서… '애국세력'은 본인들이 자신에 대한 판단을 한 거니까 쓰기가 어려웠지요. 그렇게 따지면 저도 애국세력이거든요. 여기 계신 분들이 다 애국세력이겠죠. 저는 4대 의무를 다했고, 지금도 다하고 있기 때문에 스스로 애국세력이라고 생각합니다. 그래서 저희들 나름대로는 친박단체라고 규정한 것입니다.

그다음으로, '국론분열 현상' '여론양분 현상' '국민갈등' 등 여론의 양상을 지칭하는 표현이 다양하게 등장했습니다. 거기에 대한 문제를 의식한 다음에는 그런 용어는 쓰지 말자고 저희 내부에서는 합의를 했습니다. '국론이 분열된다' '여론이 양분된다' '국민갈등이 일어난다'라는 것은 그 시국에서 탄핵을 반대하는 쪽의 프레임이라고 생각했기 때문입니다. 탄핵에 국한지어보면 국론이 양분된 것은 아니라고 생각합니다. 매우 놀랍게도 이 사건이 벌어진 뒤로 박근혜 전 대통령이 탄핵될 때까지 탄핵에 찬성하는 여론은 꾸준하게 75에서 80퍼센트 사이를 왔다 갔다 하고 있었고요. 물론 여론조사 자체를 안 믿는 사람도 있지만, 우리가 여론조사의 사회과학적 방법론에 동의한다면 75에서 80퍼센트의 여론을 '양분되었다'고 보기는 좀 어렵지 않나 생각합니다. 일부 칼럼에서는 그런 이야기도 하더군요. '헌정사 이래 이렇게 국론이 통합된 적도 없었다.' 그래서 양분·분열 등은 탄핵 찬성과 반대를 1대 1로 등치하려는 프레이밍 작업이라 생각했고, 현실과는 달랐기 때문에 저희는 그런 표현을 가능하면 쓰지 않았습니다.

또 대부분의 언론들이 화면을 양분해서 냈는데, 그런 식의 화면도 가급적 지양했습니다. 뉴스 보도의 양도 탄핵에 반대하는 쪽, 즉 탄기국 쪽에서는 저희 보도가 균형을 안 맞췄다고 얘기하지만 대략 7대 3 정도 비율로 탄핵에 찬성하는 쪽의 집회와 반대하는 쪽의 집회를 다루었습니다. 이에 대해 특히 학계에서는 크게 논쟁이 이루어질 수도 있다고 생각합니다. 과거에 그런 경험이 있습니다. 이 자리에 MBC에서 해직된 박성제 기자도 와 있습니다만, 박성제 기자도 했는지 모르겠는데, 노무현(盧武鉉) 전 대통령 탄핵소추안이 국회 본회의에 보고되었을 때 밖에 나가 시민들의 짧은 인터뷰를 따오면, 시민들의 여론이 8대 2 정도로 8이 탄핵 반대, 2가 탄핵 찬성이었잖아요. 그래서 MBC의 경우 8대 2 정도로, 아마 최소한 7대 3 정도로 탄핵 반대 의견을 기자들이 더 많이 보도했을 거예요. 왜냐하면 현실이 그랬으니까요. 그런데 나중에 방송위원회가 언론학회에 의뢰해 이에 대한 판단을 구했을 때 '편파'라는 결론을 냈고 그것에 대한 논쟁이 있었습니다. 무엇이 편파이고 무엇이 공정이냐. 양적 접근만으로 공정인지 아닌지를 판별할 수 있느냐, 아니면 질적 혹은 그밖의 다른 요소가 있느냐. 저도 MBC에 있었고 MBC 입장에서는 그러한 판정에 동의할 수 없었죠. 이번에 그때의 기억을 되새기면서 이걸 과연 반반으로 가야 할 것이냐

하는 고민을 많이 했고 저희는 '그렇지는 않다'라는 판단을 내렸습니다. 왜냐하면 이것이 이른바 프레이밍 작업이었기 때문에 상대의 프레임에 굳이 우리가 동의해줄 필요는 없는 것 아닌가 생각한 것이죠.

다음에 또 하나는 매우 전통적인 이슈인데요, '시민'으로 부를 것이냐 '국민'으로 부를 것이냐 하는 문제가 대두되었습니다. 혹시 「뉴스룸」을 예전부터 보신 분들께서는 눈치채고 계실지도 모르지만 이 사건이 나기 전부터 저희는 시민으로 불러왔습니다. 제가 'JTBC 뉴스의 자리매김을 어떻게 할 것이냐'라는 질문을 받을 때 대부분 뭐라고 답변을 드렸느냐면 "우리는 합리적 시민사회에 속해 있다고 봅니다"라고 했어요. JTBC 뉴스가 능력 부족이나 여러가지 이유로 그걸 다 못 지키는 경우도 종종 발생합니다만, 기본적인 철학은 '합리적 시민사회를 대변한다'는 것입니다. 국가와 시민사회라는 개념을 기반으로 하는 거죠. 국가와 국민이 아니라, 국가와 시민사회. 전통적으로 시민사회는 국가와 가깝기도 하지만 거리를 유지하면서 견제하는 주체이니까요. 특히 이번 사건은 누가 뭐라고 해도 국가와 시민사회의 갈등으로부터 문제가 출발했다고 보고, 그러한 시각에서 용어는 모두 시민으로, 제가 아는 한 통일했습니다. 특히 편집자 생각이 많이 개입되는 '앵커 브리핑' 등에서 국민이라는 단어는 거의 쓰지 않았습니다. 시민을 대상화하거나 주체화해서 뉴스 용어로 쓴 것이지요.

이것이 명칭 문제에서 이번 사건을 겪으며 고민하고 실천했던 부분들입니다.

사건의 성격을 보자면, 저마다 입장에 따라 프레임이 다를 수 있는데 우선 광장의 프레임은 — 여기서 말하는 광장은 주로 광화문을 얘기합니다 — 촛불집회 초기에는 '이게 나라냐'라는 것이었습니다. 국가에 대한 실망이 표출되는 과정에서 드러난 대표적인 레토릭이 '이게 나라냐'였지요. 이것은 국정개입 사건에 대한 문제제기였고, 헌법수호라는 프레임으로 넘어갔습니다. 동시에 '이게 나라냐'와 '헌법수호'라는 프레임 속에서 '세월호 7시간'이라는 프레임이 등장했습니다. 이번 사건의 주체들이라고 할 수 있는 광장, 언론, 헌재(헌법재판소), 특검 등 네 집단을 한번에 모두 연결하는 아주 강력한 프레임이었죠. 아시다시피 '세월호 7시간'이 탄핵 사유로 인용되지는 않았지만, 인용되고 안 되고를 떠나서 그 네 주체에게 가장 큰 압력으로 작용했던 프레임이 아닌가 생각합니다. 여기서 '압력'은 부정적인 의미로만 이야기하는 것이 아닙니다. 헌재 재판관 중 한 사람은 따로 몇페이지를 여기에 할애했죠. 특검의 경우에는 초기부터 '뇌물죄' 부분에 집중했습니다. 뇌물죄는 앞으로의 재판 과정에서도 가장 중요한 이슈가 될 것이라고 생각합니다. 그밖에 여러가지가 있죠. 비교적 후반에 등장한 것이 '블랙리스트'입니다. 역시 헌법 위반의 문제이기 때문에, 이번 사건의 성격을 규정하는 데 매우 중요한 요소로 작용했고요. 다만 이 블랙리스트의 경우 '그게 이번 정부뿐이야?'라는 반론도 많이 나왔습니다. 이게 왜 중요한지에 대해 이 자리에서 더 말씀드릴 필요는 없겠죠. 저희도 언론사인지라 상당히 중시했습니다.

프레임 싸움과 JTBC 뉴스

이 가운데서 JTBC 뉴스는 무얼 했느냐. 지금까지 말씀드린 대로 광장, 친박, 특검, 국회 등에서 다양한 프레이밍 전략을 구사했지만, JTBC의 입장은 기본적으로 팩트를 잘 발굴하자는 것이었습니다. 그래서 굉장히 많은 단독보도를 내놨습니다.

또 한가지 고민에 빠졌던 것은 확인되지 않은 사실이 많이 나왔다는 것입니다. 확인된 것도 있었지만, 확인되지 않은 것을 정황을 가지고 보도해야 할 때도 있었습니다. 보도 여부를 판단한 기준은 '합리적 의심의 근거가 있느냐' 하는 것입니다. "당신이 뭔데 합리적이냐 아니냐를 판단하나?"라는 문제제기가 있을 수 있지요. 사람이 신이 아닌 이상 기준이 완벽할 수는 없지만 저나 다른 부장들, 기자들이 함께 합의할 수 있는 합리적 근거라면 보도를 해도 괜찮다고 판단했습니다. 생각해봅시다. 태블릿PC가 조작된 것이라고 난리였잖아요? 태블릿PC는 아무리 들여다봐도 최순실 씨 것이라는 너무나 합리적인 혹은 과학적인 근거가 있습니다. 그래서 보도했던 것이죠. 세월호 7시간 보도를 할 때도 마찬가지인데, 이것은 방송통신심의위원회에도 올라가 있습니다만, 세월호 참사 당일이나 그 전날이나 어느 때든 '대통령의 얼굴에 시술의 흔적이 있었다'라는 건 저희가 누구에게 물어보고 쓸 수 없으니 사진을 보고 판단했습니다. 그 사진이 특정한 의도로 찍은 사진이라면 저희가 합리적 의심을 할 수 없지만, 그 사진은 그런 의도로 찍지 않은 보도사진이거든요. 사진기자가 대통령을 피사체로 해서, 뉴스를 위해서 찍은 사진입니다. '자, 흔적을 찾아내야지' 하며 찍은 사진이 아니라는 거죠. 그런 사진들만 가지고 판단했습니다. 또한 당시 주치의 등의 증언이 그것을 뒷받침해주었고요. 그런 것들이 하나의 예이고, 다른 사례도 많습니다. 즉 합리적 의구심이 용인되는 차원에서는 보도할 수 있다는 원칙을 세웠습니다.

또 한가지 저희가 해야만 하는 일이 있었습니다. 뭐냐 하면 허위사실에 의한 비합리적 혹은 정치적 공격을 차단하는 일이었습니다. 수없이 그런 공격이 이어졌기 때문에 어쩔 수 없었죠. 두차례에 걸쳐 심수미 기자라든가 서복현 기자가 출연해서 태블릿PC 조작설에 대한 SNS 글 등의 허위사실 여부를 규명하는 방송을 했지만 그걸로는 턱없이 부족할 정도로 조작설을 비롯한 여러가지 SNS 글이 천문학적으로 쏟아졌습니다. 이른바 가짜 뉴스에 의한 프레임 바꾸기 시도였습니다. 탄핵에 반대하는 쪽에서 낸 것이지요. 대표적인 것은 말씀드린 대로 태블릿PC에 대한 공격이었고요. 사건의 성격을 국정개입 사건에서 음모에 의한 정권전복 사건으로 바꾸기 위해 저쪽에서 가장 크게 써먹었던 방법이 '태블릿PC 조작설 유포'였습니다. 어떻게든 태블릿PC에 관한 것을 뒤집어놓지 않으면 탄핵에 반대하는 쪽에서 내놓은 그 어떤 논리도 통하기 어려웠으니까요. 아주 집중적인 공격을 받았습니다. 그래서 저는 시내에 이렇게 포승줄에 묶인 사진으로 많이 돌아다녔고요 (웃음), 나중에 심수미 기자도 포승줄에 묶여 다니고 있더군요.

프레임 바꾸기 전략이 그렇게 작동되어 조직적이고 집요한 여론전을 보여주었습니다. 그 전략은 적어도 탄핵 반대자들을 설득하는 데는 성공했습니다. 심지어 탄핵에 찬성하는 사람들도 "그래, JTBC가 그건 좀 문제가 있었어"라고 얘기하기도 해서, 일정 부분 혹은 상당 부분 프레임 변환에 성공한 거라고 봅니다. 대중적인 논의의 방향성이 이미 상당 부분 잡혀 있는 상황에서 그것을 뒤집는, 물론 결과적으로 다 뒤집지는 못했다 하더라도 사람들에게 가짜 뉴스든 뭐든 제공함으로써 그 논의의 방향성을 어느정도 바꿀 수 있었다는 것은 굉장한 일이지요. 집요한 노력이 필요하고, 여러 인프라가 제공되어야 하는 일입니다. 그걸 한번 연구해볼 만하지 않나 생각합니다.

저희는 한참을 참다가 결국 법적 대응을 했는데, 그 법적 대응을 통해서 결론이 나오는 것은 먼 훗날의 이야기입니다. 법적 대응이 '우리도 가만있지 않았어'라는 걸 보여주는 것 외에는, 적어도 당시에는 별로 효력이 없었습니다. 그래서 프레임 변환을 철저히 막아내지는 못하지 않았나 생각합니다.

'팩트체크'라는 저희의 뉴스 코너가 있죠. 요즘 많은 언론들이 팩트체크를 적용하고 있지만요. 가짜 뉴스라든가 허위사실 유포에 대한 대응을 시도하기는 했지만 초기부터 효과적으로 대응하지는 못했습니다. 처음에는 하도 그게 말이 안 되는 것이라 '저러다 말겠지' 했는데 오산이었습니다. JTBC 뉴스가 많은 사람들에게 보여지고 또 일정 부분의 영향이 있다고는 해도 여전히 한계가 있기 때문에 효과적인 대응은 어려웠습니다. 그리고 매일매일 돌아다니는 SNS 글에 대해 어떻게 다 일일이 대응을 하겠습니까. 초기 대응이 미흡할 때, 그리고 법적 대응의 경우에는 시간의 지연 때문에 저널리즘 자체가 중대한 이슈에서 매우 타격을 받을 수 있다는 것을 이번에 많이 배웠습니다.

결론적으로 말씀드린다면 박근혜 전 대통령 탄핵 과정은 여러 세력 간에 일어난 프레임 싸움의 연속이었습니다. 언론, 특히 방송 뉴스의 경우 각 방송마다 보도의 논조나 방향성에서 스펙트럼이 다양했죠. 방송에만 국한해서 보자면, 저의 판단이 아닌 일반적으로 보도되고 분석 및 평가가 이루어진 바에 따라 말씀드리자면 공영과 민영 쪽에 차이가 있었다고 보고 있습니다. 그런가 하면 공영 내부나 혹은 민영 내부에서도 다양한 스펙트럼을 보여주기도 했고요.

첫 태블릿PC 보도로부터 탄핵 결정에 이르기까지 JTBC가 적극적으로 보도에 나서고 여러가지 역할을 한 것은 주지의 사실이지만, 다른 언론사들도 열심히 보도에 임했습니다. 다만 그 가운데서 약간, 혹은 더 크게 벌어진 논조 차이 등은 '무엇이 공정한 것인가'라는 틀에서 논의해보아야 하지 않나 생각합니다. 저희 보도만이 다 옳았다고 할 수는 없지요. 다른 공영방송 및 민영방송의 보도가 저희와 조금 달랐다고 해서 "그거 다 틀렸어"라고 얘기할 수 없는 것이니까요. 지금 같은 논의의 장이 있다면 얼마든지 토론해볼 수 있지 않나 생각합니다.

질의응답

박성제 대선 시기에 심상정(沈相奵) 정의당 대표를 인터뷰했는데, 손석희 앵커 얘기가 나오자 '그 양반은 정치인들이 나오면 쥐잡듯이 잡는다' 하시더라고요. 모든 정치세력이나 정파에 대해 똑같은 잣대로 계속 집요하게 캐묻는 것, 이런 태도가 공정성에 관한 신념에서 나오는 것인지, 아니면 평소 스타일 때문인지 궁금합니다. 또 그 때문에 인터넷에서 논란이 벌어지고 앵커 개인이나 방송사를 향해 비난이 이는 데 대해서는 어떻게 생각하십니까?

손석희 심상정 대표가 JTBC「썰전」에서도 그 말씀을 하시는 바람에 마침 방송을 보다 깜짝 놀랐습니다. 두가지죠. 공정성이라는 큰 담론으로 생각하지는 않더라도 시청자들이 궁금해하는 것은 어느 정파에 속해 있든 물어봐야 한다는 것이 하나 있고, 제가 궁금해서 묻는 경우도 물론 있습니다. 저도 사람이니까요. 더구나 사람들이 무얼 궁금해할 것인가를 연구하는 게 제 직업이잖아요. 그래서 그런 식으로 질문을 드리는데, 답변이 논리적으로 이해가 되면 더 질문할 필요는 없고, 답변이 나왔는데 이해가 안 가면 추가로 질문할 수 있는 거지요. 지난 11월 한창 촛불시위가 있을 때 당시 문재인(文在寅) 후보를 인터뷰했는데 제가 같은 질문을 아홉번 했다고 하더라고요.

그럴 때 저희 제작진이 고민을 많이 합니다. '다시 모시기가 어렵지 않느냐.' 그런데 제가 MBC에서「시선집중」을 처음 맡은 게

2000년이거든요. 17년 전부터 지켜오던 원칙 중 하나는 '다음 섭외를 생각하지 말자'였어요. 그렇게 또 열심히 하다보면 '아 그래, 손 아무개가 그렇게 물어봐주는 게 차라리 내 의견을 설명하는 데 유리할 수도 있어'라고 생각하고 나오는 분들도 많이 있으니까, 그건 걱정을 안 합니다. 다만 보기에 불편하다고 말씀하시는 분들도 계시는 건 맞습니다. 저도 개인적으로 듣고 있고, 그 수위 조절을 어떻게 하느냐는 제가 좀더 고민해봐야 할 텐데, 현실적으로 방송에 들어가 인터뷰를 하다보면 조절이 잘 안 될 때가 많습니다. 물론 답변이 논리적이냐 아니냐를 제가 함부로 판단할 수 없지만, 사람으로서 계속 궁금증이 생기는 건 어쩔 수 없으니까요.

도준호(숙명여대 미디어학부 교수) 문창극(文昌克) 중앙일보 주필이 총리 후보가 되었을 때 JTBC 보도가 중앙일보와 완전히 달라지는 것을 보며 '사주가 약속을 지켜주나 보다'라고 생각했습니다. 홍석현(洪錫炫) 회장이 현실정치 참여에 대한 뜻을 피력한 뒤에 손 사장님을 비롯해 뉴스팀 직원들의 보도에 대한 자세 등이 바뀐 게 있는지 질문 드리고 싶습니다.

손석희 제가 모든 기자들의 생각을 다 들어보지는 않았지만 기본적으로 바뀐 건 전혀 없습니다. 이런 상황이 JTBC에 편한 상황은 아니잖아요. 그건 중앙일보도 마찬가지고요. 보셔서 아시겠지만 보도 자체는 특별히 바뀐 게 없고 앞으로도 마찬가지일 것입니다. 제가 드릴 수 있는 말씀의 모든 것은 지난번에 했던 '앵커 브리핑'(2017.3.20)에 담겨 있습니다. 저희가 '특정한 사람이나 특정 단체, 집단을 대변할 수 없다, 그걸 위해 복무하지 않는다'라는 것과, 개인적으로는 그 얘길 마지막에 붙일까 말까 고민하다가 '제가 이걸 책임질 수 없는 상황이 되면 굳이 있을 필요 없지 않겠느냐'라는 요지의 말을 했습니다.

가끔 '앵커 브리핑'을 할 때마다 고민스러울 때가 있습니다. 제 개인적인 생각을 여기에 넣어도 되나 하는 문제인데, 그날 '앵커 브리핑'은 개인적인 것만이 아니라 JTBC 뉴스와 연관된 공적인 문제였습니다. 월요일 그 '앵커 브리핑'을 위해 일요일 하루 종일 원고를 열다섯번쯤 고친 것 같습니다. 그러면서 내놓은 것이고, 한 글자도 더 넣고 빼고 할 필요 없이 저희의 입장은 바로 그것입니다.

윤태진(연세대 커뮤니케이션대학원 교수) JTBC「뉴스룸」이 보편적인 모델은 아니고 굉장히 실험적이었으며, 아직까지 성공적이라 생각합니다. 일단 JTBC의 보도부문 사장이라는, 다른 방송사에 없는 직제가 있고 휴가 때와 주말을 제외하고는 앵커로서 두시간 동안 직접 진행을 하시지요. 외국에는 특정 앵커가 20년 이상 나이 일흔이 넘도록 하는 경우도 있지만 우리나라는 아직 그런 일이 없었고요. 이런 의문이 생깁니다. 이는 과연 얼마나 지속 가능한 모델인가? 좋은 모델인가? 만약 그렇다면 다른 방송사도 할 수 있는 모델인가? 개인으로서 손석희 앵커는 '포스트 손석희'에 대해, 또 JTBC가 어떻게 유지될 것인지에 대해 고민을 많이 하셨을 것 같은데 의견을 듣고 싶습니다.

손석희 저희가 자주 받는 질문 중 하나입니다. 답변을 하더라도 늘 의심받는 답변을 할 수밖에 없는 상황이에요. 왜냐하면 말씀하신 대로 처음 생긴 포맷이기도 하고, 결국 이 답변이라는 것이 미래에 대한 것이니 '어떻게 미래를 담보할 수 있느냐'라는 측면이 있어 말씀드리기가 참 괴롭습니다. 지금 제가 보도부문 사장이라는 어떻게 보면 독특한 위치인데, 그걸 물려받아서 동시에 앵커까지 하는 사례는 현실적으로 굉장히 찾기가 어려울 겁니다. 그게 중요하지도 않은 것 같고요. 이제 4년 가까이 됐는데 그동안 얼마만큼 JTBC「뉴스룸」의 형식이라든가 그 내용을 지속 가능하게 만들었느냐가 중요하지 않겠습니까? 그런 면에서 저는 그다지 부정적으로 보지 않습니다. 수치화해서 얘기할 수는 없지만 그 부분에서, 즉 이게 지속되리라는 면에서 대략 80퍼센트 정도의 희망을 갖고 있습니다. 그런데 저라는 캐릭터가 담당해야 할 부분들이 있습니다. 그건 다른 사람이 대체할 수 있느냐 없느냐 하는 차원일 수도 있고, 다른 사람이 저와 다른 캐릭터로 그 부분을 보완 내지 대체할 수 있느냐 하는 문제일 수도 있습니다. 그 작업은 지금도 상당 부분 이루어지고 있고, 저라는 사람을 대체할 사람은 생겨나리라 생각합니다. 아마 그 사람은, 제가 지금 특정해서 얘기할 수는 없지만 여러분이 다 알고 있는 JTBC 사람 가운데 한 사람일 가능성이 매우 높습니다. 그럴 수밖에 없지요. 방송보도는 대중성이 있어야 하니까요. 지금 제 머릿속에 있기는 한데, 저는 그 사람이 잘해내리라 생각하고, 그런 상황이면 우리가 만든 포맷이 결코 흔들리지 않을 것이라 생각합니다.

그리고 우리가 만든 포맷을 우리만 운용하고 있지 않습니다. 이제는 그렇지 않습니다. 통째로 우리 포맷대로 가는 건 없다 하더라도 우리가 만들어낸 포맷 가운데 일정 부분은 많이 수출을 했습니다. 다른 지상파 방송사에서 비슷한 코너를 운용하는 경우도 있고, 케이블TV에서도 그렇고요. 그런 것들이 차차 자리 잡아가리라고 생각합니다.

이영음(방송통신대 미디어영상학과 교수) JTBC 뉴스가 최근에는 타의 추종을 불허할 정도로 시청자 지수나 각종 뉴스 신뢰도에서 독보적이지 않습니까? 사실 바람직한 저널리즘으로, 현재 JTBC 뉴스와 비슷한 평가를 받았던 것이 이전의 MBC 뉴스가 아니었나 생각하는데, 그 둘을 비교해주시면 감사하겠습니다.

손석희 JTBC라는 방송이 생긴 지는 이제 5년 좀 넘은 상황이고, 제가 여기서 뉴스를 시작한 지는 3년 반 정도 되었네요. 그전의 JTBC 뉴스도 나름대로 노력해서 쌓아온 측면이 있습니다. 이전 보도국장이 지금 「스포트라이트」를 맡은 이규연 국장이었습니다. 이규연 국장은 탐사 저널리즘을 본격적으로 시작한 거의 최초의 기자이기도 하고, 사건기자 출신이죠. 제가 와서 뭘 감사하게 생각했느냐 하면, JTBC가 생긴 지 1~2년밖에 안 됐는데 탐사와 사건은 굉장히 튼튼하더라고요. 저널리즘의 기초가 단단했다는 얘기입니다. 그게 없으면 이후에 집을 짓기가 어려운데, 다른 건 몰라도 그 토대는 이미 탄탄하게 쌓아놨더라고요. 그 토대 위에서 제가 생각하는 것을 지어가기 시작했고, 그래서 3년 반이 됐죠. 아직까지 초기라고 얘기하기는 어렵고, 5년이 넘었으니 이제 중견 정도 됐다고 봐야겠죠. 시행착오도 많았고, 그래서 제가 검찰이나 경찰에 출석해서 조사받는 일까지 있었고, 시청자께 사과해야 하는 일도 몇번 있었지만, 올바른 저널리즘을 추구해가려는 의욕은 충만하다고 봅니다.

분위기라는 것이 있죠. 박성제 기자나 제가 한창 MBC에서 활동할 때 분위기가 이런 겁니다. 사건 사고가 터지잖아요. 그러면 보도국 전체가 들썩거리는 느낌이 있었어요. 서로 도와주고요. 큰 이벤트가 벌어지면 MBC 뉴스가 굉장히 활기차게 앞서갔던 기억이 납니다. 감히 말씀드리자면 요즘 JTBC 뉴스가 그런 것이 아닌가 생각합니다.

1장

기레기의 탄생

― 대한민국 언론의 초상

대담/
민동기
閔棟基

미디어오늘 편집국장. 미디어스 편집장, PD저널 편집국장, 고발뉴스 보도국장 등을 지냈다. 「민동기-김용민의 미디어토크」「상해임시정부」「관훈나이트클럽」「민동기의 뉴스바」등 시사 팟캐스트를 진행하며 미디어비평가로 활동해왔다.

새로운 리더십이 필요하다

박성제 2017년 3월 29일 미디어오늘 편집국장으로 복귀하셨습니다. 언론비평 매체(미디어오늘, 미디어스, PD저널 등)에서 두루 활약하셨고 최근 몇년간 시사 팟캐스트에서도 활약 중이시죠. '미디어오늘 사장추천위원회'에서 활동하실 때 현재의 이정환 씨를 사장으로 선택하셨어요. 이유를 들어볼 수 있을까요?

민동기 언론노조위원장을 지내신 원로 언론인도 사장 후보로 출마하셨지만, 미디어오늘에 새로운 리더십이 필요하다고 보았기 때문에 이정환 씨를 사장으로 선택했어요. 언론노조 활동을 하다가 그 역할이 끝나면 미디어오늘 사장으로 오는 패턴을 이제는 끊고 미디어오늘다운 경영을 할 수 있는 리더십 말이에요.

박성제 새로운 언론환경에 적응하고 변화를 일으킬 수 있는 젊은 사람들이 사장이 되는 게 좋겠죠.

민동기 미디어오늘에 삼성 광고가 끊긴 지 7~8년이 됐거든요. 신문사 광고라고 하는 게 수익을 위해 기업들을 쫓아다녀야 하는 거잖아요. 미디어오늘은 이 부분에서 한계가 있으니까 수익구조를 창출하려면 뉴미디어 쪽에 판로를 뚫어야 하는데, 그 적임자가 이정환 사장이라고 봤어요.

박성제 이정환 씨가 그쪽에 밝죠. 공부도 열심히 하고요. 사실 언론개혁 운동하셨던 분들이나 해직언론인 등 선배들 가운데 훌륭한 지사(志士)가 많지만, 경영자란 회사를 먹여 살릴 수 있느냐라는 측면에서 평가해야 하니까요. 다른 언론들처럼 미디어오늘이 재벌한테 가서 광고 달라고 할 수는 없으니 미디어오늘만의 길을 찾아야 하는데, 그러려면 새 시대에 맞게, 모바일 시대 IT환경에 맞게 변신을 해야죠. 언론운동 하셨던 분들은 그 방면으로는 부족한 면이 있죠. 그게 딜레마예요. MBC가 미디어오늘의 20퍼센트 지분을 가진 주주였으니까 미디어오늘 사장을 뽑을 때 유심히 봤어요. 저도 예전에 노조위원장 맡았을 때 사장 추천에 관여했고요. 아무튼 이정환 사장과 민동기 국장이 미디어오늘을 더 젊은 조직으로 만들 수 있을 것 같아 기대가 큽니다.

납작 엎드린 언론

박성제 2017년 5월 9일 대선이 끝나고 문재인 대통령이 임기를 시작했는데, 총평을 해볼까요? 대선 직후의 신문·방송 보도에 대해서 말이에요. 대선 전에 여러가지 문제점이 지적됐잖아요. 우선 반기문(潘基文)이 부상했을 때는 반기문을 지나치게 추켜세웠죠. KBS의 경우 반기문 얼굴을 크게 내세우고 나머지 후보들을 군소 후보처럼 묘사하는 일까지 했어요. 또 안철수(安哲秀)가 인기를 얻자 많은 언론들이 문재인-안철수의 양강 구도인 것처럼 하다가, 지지율이 떨어지니까 또 홍준표(洪準杓) 쪽으로 몰려가고요. 그다음에 문재인 검증은 굉장히 강하게 하면서 나머지 후보에 대한 것은 대충대충 넘어갔다는 지적도 나왔죠. 이런 비판들이 대선 전에 나왔는데, 당선 이후의 보도는 어떤 것 같아요?

민동기 당선 이후에는 한마디로 납작 엎드렸어요. SBS의 경우 세월호 인양 관련 오보 때문에 대형사고를 쳐서 그런지 모르겠지만 국회에서 취임선서식 마치고 청와대로 이동할 때까지 밀착 생중계 방송을 하더라고요.

박성제 경호 방송이나 다름없었죠. 대통령 차량이 이동하는 장면을 보여주는 건 좋아요. 그러면 그때는 다른 얘기를 해도 되거든요. 예를 들어 이동하는 장면은 자료화면처럼 보여주면서 오늘 일정이라든가 국정운영에 대해 대선 전에 밝혔던 대통령의 계획을 말할 수도 있잖아요. 그런 식의 중요한 팩트를 시청자들에게 전달해야 하는데, 앵커가 기자한테 '저 경로를 택한 이유가 뭐냐'라고 물어보면 '직선으로 가까울 뿐 아니라, 경호실에서 여러차례 검증된 도로를 택하는 거다, 신호 조작을 해서 몇분 만에 도착한다' 이런 쓸데없는 얘기를 해요.

민동기 종편(종합편성채널)에서는 패널들이 대선 전에 막말 논평을 많이 했는데, 그러한 논평의 강도나 수위가 현저하게 떨어졌어요.

박성제 새 대통령이 취임하면 '허니문 기간'이라는 게 있잖아요. 그런 것의 일환으로 볼 수도 있지 않나요?

민동기 문재인 대통령 측에서 공영방송 정상화라든가 해직언론인 복직, 종편 문제 등에 대한 개혁 의지를 강하게 밝혀오지 않았습니까? 그걸 종편 측에서 모를 리 없고요. 더구나 TV조선의 경우는 조건부 재승인 ●을 받았기 때문에 여차하면 위험할 수 있는 상황이에요. 새 대통령 취임 직후의 '허니문'이라고 보기에는 종편들이 처한 입장이 그리 좋지 않고, 태도가 너무 급박하죠. 보수의 가

● 종합편성채널은 3년에 한번씩 방송통신위원회로부터 재승인 심사를 받는다. 2017년 재승인 심사 대상이었던 JTBC, 채널A, TV조선 가운데 TV조선만 기준 점수에 못 미치는 점수를 받았다. 방송통신위원회는 재승인 거부 대신 몇가지 조건을 붙여 재승인을 해주어 언론계 및 시민단체로부터 많은 비난을 받았다. 더 자세한 내용은 이 책의 3장을 참조.

치나 철학이 없는 방송사인 거예요.

박성제 저도 신문·방송을 계속 유심히 보는데, 오늘 아침에도 모든 신문이 '제 옷은 제가 벗겠습니다'라는 대통령의 말을 실었더라고요. SNS에서는 그런 게 회자될 수 있지만 언론사에서 다 같이 그 내용을 기사로 쓴다는 건 좋게 보이지 않죠. 심지어 오늘 중앙일보는 청와대 기자 그룹채팅방에 윤영찬(尹永燦) 국민소통수석이 들어온 화면을 캡처해 기사에 실으면서 '청와대가 소통하고 있다'는 내용을 쓰더라고요. 얼마나 그전에 소통을 안 했으면 이런 것까지 기사화될까 생각하면서도 씁쓸했습니다.

기레기의 시작

박성제 지금의 국내 언론 상황을 상징적으로 나타내는 말이 '기레기' 아닐까 합니다. 이 말에 대해 좀 짚어보고 갈까요? '기자+쓰레기'라는 의미를 담은 이 용어가 언제부터 쓰이기 시작했나요?

민동기 이 말이 본격적으로 사람들 사이에서 회자되기 시작한 건 2014년 4월 16일, 세월호 참사 때부터라고 봅니다.

박성제 그렇죠. 그 이전에도 쓰이는 말이기는 했지만 세월호 참사를 거치면서 전국민이 자주 입에 올리는 용어가 됐죠. 무엇보다

'전원구조' 오보의 문제가 있었어요. 그 첫번째 보도를 MBN과 MBC가 했죠. 정부의 발표만을 무비판적으로 받아 적는다는 문제와 지나친 취재경쟁이 그 원인으로 지적됐습니다.

민동기 취재경쟁에 대해서는 이 사례가 떠오릅니다. KBS 영상이었는데, 기자가 리포트를 하고 있었어요. 기자가 '육해공 사상 최대 규모의 구조작전'이라고 말했습니다. 현장에 있는 유가족들과 기자들이 볼 때는 전혀 아니었는데 그렇게 말하는 거예요. KBS 기자가 생중계로 리포트하는 동안 주변에서 "무슨 최대 작전이냐"라고, 비난과 항의가 쏟아졌죠.

박성제 구조가 늦어지고 구조 작업이 제대로 이루어지지 않은 데 지상파 3사의 보도가 일조했다는 비판도 있었죠.

민동기 당시 현장에 있던, 취재를 하려고 했던 기자들에게는 이해할 수 없는 상황이었던 거예요. 세월호는 계속 침몰하고 있는데 구조를 안 하니까 현장에 있던 기자들과 유가족들은 '뭐하는 거지? 이게 뭐지?'라는 생각을 하고 있었어요. 그런데 언론사들은 현장 기자들의 말도 듣지 않고 정부 발표에 따라 보도를 냈고요.

박성제 세월호 참사 특보를 텔레비전으로 보면서 너무 황당해 페이스북에다 후배들 보라고 글을 올렸어요. '가족 취재할 때 조심해라, 속보나 단독보도에 너무 욕심내지 마라, 정확한 팩트를 전달해라.' 현장에 있는 후배 몇몇이 귀담아 듣겠다는 댓글을 남기기도 했는데, 당시 상황이 너무 안타까웠어요.

삼풍백화점[•] 때가 생각나요. 제가 1993년 MBC에 입사했으니까 3년차일 때 삼풍백화점이 무너진 거예요. 온 사회부 기자들이 참사현장 앞에서 한달 가까이 기숙하면서, 그앞 주유소에 돗자리 깔고 누워 새우잠 자고 집에도 못 가고 구조 작업을 취재했거든요. 그때 며칠에 한번씩 생존자가 나왔어요. 그러면 생존자가 한명 나올 때마다 생방송을 잡는 거예요. 드라마가 나가다가도 생존자 나왔다고 중계차를 연결하고 그랬어요. 소방관들이 생존자를 구출해 나오는데 카메라 기자들과 사회부 기자들이 달라붙어 "소감이 어떠세요?" "지금 말씀하실 수 있어요?" 이런 질문을 하니까, 소방관들이 지금 말 시키지 말라면서 생존자의 얼굴을 덮어주고 그랬어요. 취재진 수백명이 달려드는 모습을 본 시민들은 "저놈들 뭐하는 거냐, 사람부터 빨리 살려야지"라며 비판했죠. 그때는 인터넷이 없어서 시청자들이 전화로 항의했어요. 그러면 안에서 전화통에 불이 나니까 연락이 와요. "야, 너무 붙지 말고 떨어져서 찍어. 지금 난리 났다." 대형 사고나 큰 이벤트가 생기면, 항상 취재윤리를 염두에 두고 취재를 해야 한다고요. 당시 용어가 없었을 뿐이지 '기레기'라고 비난받을 상황이었던 건 마찬가지죠.

• 1995년 6월 29일 서울 서초동 삼풍백화점이 붕괴해 실종자 아홉명을 포함한 총 1,445명의 사상자가 발생하는 참사가 일어났다. 참사의 원인은 부실시공과 안전관리 미흡 등으로 밝혀졌다.

또 이런 것도 있어요. 기레기라고 하면 자사의 이익, 혹은 권력이나 광고주를 위해 기사를 쓰는 거죠. 독자를 위해서 쓰는 게 아니라요.

민동기 그건 역사가 길어요. 너무 오래됐죠. 언론 수용자나 독자도 예전에는 '조·중·동(조선일보·중앙일보·동아일보) 기자들은 편파적이지만 MBC나 한·경·오(한겨레·경향신문·오마이뉴스) 기자들은 공정하다'고 평가했어요. 그런데 요즘은 그렇지 않아요. 독자들이 봤을 때 뭔가 문제가 있다 싶으면 진보언론이든 보수언론이든 상관없이 바로 '기레기'라는 소리가 나와요. 기레기라는 단어가 한국 언론 전체를 상징하는, 굉장히 보편적인 용어가 된 거예요.

박성제 기레기라는 말이 몇 년 전부터 기자들의 몇 가지 대표적인 잘못된 관행을 비판하는 용어로 쓰이다가, 세월호를 기점으로 시민들이 일상적으로 사용하는 용어가 됐다고 정리할 수 있겠네요.

민동기 세월호 참사 당시 자성하는 분위기가 있었어요. 심지어 TV조선의 보도본부장은 기자협회보에 "다시는 발생해서는 안 되는 사태"라고 썼고, 여러 기자들이 기자협회보에 반성하는 글을 싣기도 했어요.

반성까지는 좋아요. '앞으로 이런 보도는 더이상 하지 않겠다'라고 하면 실천과 개선으로 연결되어야 하는데, 그게 이루어지지 않은 거예요. 말뿐인 채로 끝났어요. 세월호 유가족들은 더 분노할 수밖에 없었죠. 보도는 계속 그대로니까요. 기자들의 반성에 무슨 진정성이 있느냐면서 비판을 한 거죠.

박성제 세월호 보도를 청와대에서 굉장히 민감하게 통제했기 때문에 일선 기자들까지 영향을 받았던 거죠. MBC의 경우는 목포 MBC에서 전원구조가 아니라고 여러번 보고를 했음에도 묵살됐고, 간부들이 세월호 유족을 모독하는 상황까지 벌어졌죠. 이게 나중에 일베(일간베스트) 등에서 나온 세월호 유족에 대한 모욕과 연결되는데, 이런 잘못된 발언을 언론에서 잡아주기는커녕 간부들이 먼저 그러고 있었던 거예요. 세월호를 걱정하고 유족의 마음을 이해하려는 사람들 입장에서는 열불이 나죠. 우리나라 언론의 현실을 낱낱이 드러낸 사건이 아니었나 싶어요. 나라의 수준, 시스템의 수준도 보여줬지만 언론이 가장 크게 수준을 드러냈죠. 오보를 넘어서 가짜 뉴스를 낸 거니까요.

이른바 '언론고시' 준비하는 사람들은 언론의 실상을 잘 알잖아요. 언론정보학이나 신문방송학을 전공한 사람들도 많고요. 모여 공부하면서 여러 이야기를 듣기 때문에 '나는 기레기가 되지 않겠다'라는 생각을 분명히 할 거예요. 그런데 왜 들어와서 기레기가 되느냐는 거예요. 그렇게 몰아가는 시스템이 있을 거라고 봐요.

민동기 몇년 전까지 기자들이 엘리트주의 때문에 망가진다는 비판을 많이 받았는데, 그것도 옛날 얘기예요. 기자들의 엘리트 의식은 '센 사람'들과 많이 만나면서 생기는 거잖아요. 그런데 요즘 국회나 정당 출입기자들을 보면 예전처럼 당 요직에 있는 정치인, 사무총장, 당대표, 원내대표 집으로 찾아간다거나 따로 만나거나 하는 식의 취재는 못해요. 워낙 매체가 많기 때문이죠. 최고회의 끝나고 의원들이 나오면 모든 기자가 달라붙어 "한마디 해주세요!"라고 하는 건 방송뉴스에서도 자주 보이잖아요. 요즘 국회나 정당 출입기자들 연령대가 확 낮아졌어요. 빠르게 받아서서 기사를 전송하는 역할로 바뀐 거죠.

박성제 그런 면에서는 출입처와 기자실 문화가 무너지고 있다는 분석도 가능하리라고 봅니다. 그러면서 상명하복, 기수(期數) 중심 문화도 많이 약화된 것 아닌가요?

민동기 기수 중심 문화는 확실히 무너졌어요. 경력 위주의 채용 시스템이 되면서요. 예전 MBC만 하더라도 '84사번' '85사번' 등 기수별로 들어가잖아요. KBS는 '공채 ○기'라는 게 있었고요. 요즘은 서로 존댓말을 해요. 다른 곳에서 온 경력기자들이 있으니 호칭도 존중해주고요. 그런데 신입 때 '경찰 마와리(廻り) 돈다'라고 표현하는 관행은 정말 안 바뀌어요. 관성적으로 유지되는 것 같아요. 사회부에서 일을 처음 배우며 경찰서를 도는 게 나중에 유능한 기자가 되는 데 얼마나 효과가 있다고 보세요?

박성제 저는 일본에서 온 도제식 사회부 기자 시스템의 장점을 인정하는 편이었어요. 경찰에서 범죄자를 검거하고 나면 대대적으

로 발표하지만, 그전까지는 사건 발생 사실 자체를 잘 안 가르쳐
줘요. 범죄가 발생했다는 게 경찰 입장에서는 안 좋은 거니까요.
그러니 형사들 틈바구니에서 기사를 캐내려면 배짱과 패기가 있
어야 한다는 점을 강조하고, 그걸 키워주겠다면서 군대식으로 신
입기자를 키웠어요. "그런 식으로 취재해서 독자들에게 사실을 전
달할 수 있겠어? 뭐야, 사진 하나 못 찍어오고." 이렇게 혼나니까
매달리고, 훔쳐오고 그랬어요. 이런 행태가 당연시되는 문화였는
데, 이때 장점이 잘 발휘되면 특종이 나오기도 하죠. 공손하게 물
어보면 아무도 안 가르쳐주거든요. 그러니까 취재비 털어서 말단
형사들에게 술도 사주고, 경찰들과 가깝게 지내면서 "어떻게 되
고 있어요? 용의자 조사했다면서요?"라고 물어보고 기사 쓰고 그
랬죠.

예전에는 지존파 사건 등이 발생했을 때 국립과학수사연구원을
쫓아다니며 부검도 지켜보고 그런 일을 많이 했는데, 요즘은 취재
방식이 바뀌었죠. 워낙 기자가 많으니까 공식 브리핑을 통해서 형
사과장이나 서장이 설명해주면 그걸 받아 적고 질문해서 기사 쓰
고, 추가 취재가 필요하면 별도로 움직이는 시스템으로 점점 가고
있어요. 낡은 도제식 시스템이 과연 필요한가를 고민해볼 때가 됐
다고 생각해요. 더불어 기자의 역할이 받아 적는 데서 그치지 않
도록 시스템이 뒷받침되어야 하죠.

가짜 뉴스와 따옴표 저널리즘

박성제 최근 '가짜 뉴스'(fake news)가 크게 문제가 되고 있죠. 해외에서는 브렉시트(Brexit)와 미 대선을 거치며 이 문제가 불거졌고, '탈진실'(post-truth)이라는 단어가 2016년 옥스퍼드 사전 '올해의 단어'로 선정되기도 했습니다. 처음에는 현실 풍자에서 출발했다가 이게 돈이 되니까 악용하거나 정치적으로 이용하는 사례가 늘었어요. 우리나라에서는 카카오톡 같은 SNS를 통해 가짜 뉴스가 손쓸 수 없게 퍼지곤 하죠. 특히 최근에는 대선 과정의 가짜 뉴스가 많았습니다.

이것도 근본적으로는 '기레기'와 관련이 있지만, 가짜 뉴스를 기자들이 만든 건 아니잖아요. 미국에서는 선거 과정에서 가짜 뉴스를 의도적으로 만들어내는 사이트가 있었던 걸로 밝혀지기도 했는데, 국내 상황을 언론과 관련해서 말씀해주세요.

민동기 트럼프(Donald Trump)-힐러리(Hillary Clinton) 미국 대선 때 가짜 뉴스 유포가 매우 심각했고, 이 문제가 프랑스 대선과 우리 대선에까지 영향을 주었죠. 프랑스의 경우 마크롱(Emmanuel Macron)과 관련된 문서가 해킹당한 일이 있어요. 해킹되어 유포된 것 가운데 진짜 문서도 있고 가짜 문서도 있어서 판별할 수 없는 상황이었죠. 대선은 목전에 있고요. 그래서 르몽드(Le Monde) 등 유럽 언론은 이것을 다루지 않았어요. 저는 언론이 그래야 한다고 봐요. 그런데 한국 언론은 위험한 게, SNS 등에서 유통되는 말에 대해 '따옴표 저널리즘'으로 '이러이러한 내용이 돌고 있다, 당사자는 부인했다'라고 써버리고 자기 역할을 끝내는 거예요. 이게 가짜 뉴스가 횡행하게 된 큰 원인이라고 봅니다. 확인을 해야죠. 이상하면 보도를 내지 않거나 비판을 해야 하거든요. 그런데 그렇게 하지 않아요.

김어준(金於俊) 씨가 제기하는 음모론이 사람들 사이에서 엄청나게 회자되잖아요. 선거관리위원회의 2012년 대선 개표 조작이나 세월호·천안함에 대한 의혹을 주류 언론에서는 계속 '음모론'이라고 말하면서도 의혹을 적극적으로 해소하려고 하지는 않아요. 그간 자사의 이익이나 정권의 이익을 앞세운 보도가 너무 많았고, 그속에서 진위를 가리기 어려웠기 때문에 흔히 말하는 '비전문가', 정통 언론인이 아닌 사람들이 제기하는 의혹이 정당하게 들리는 거죠. 가짜 뉴스의 근본 원인도 비슷하지 않을까 생각해요.

박성제 '따옴표 저널리즘'의 좋은 예가 있어요. 조국(曺國) 민정수석 내정자 인사청문회 과정에서 조 수석의 웅동학원 세금 체납을 제시한 게 자유한국당이죠. 모든 언론이 자유한국당의 문제제기를 받아썼어요. 조 수석이 인정하고 세금을 내겠다며 사과했고요. 그런데 오늘 '아이엠피터'라는 1인 미디어에서 취재를 했더라고요, 웅동학원이 어떤 곳인지. 웅동학원은 전교생이 226명밖에 안 되는 작은 시골 중학교 하나를 운영하는 곳이에요. 웅동중학교는 2017년 예산이 78만원으로 잡혀 있을 만큼 굉장히 가난한 재단이에요. 100년도 넘은 사학재단인데, 항일투사도 배출되는 등 경상도 쪽에서는 굉장히 유서 깊은 재단으로 알려져 있어요. 세금은 돈이 없어서 못 낸 거예요. 전국 조직망을 가진 언론사라면 "자유한국당에서 이런 보도자료를 냈는데 일단은 스트레이트(정보 제공을 목적으로 하는 짧은 기사)를 쓰고 한번 알아봐, 그 학원이 정말 돈이 많은 학원인지"라는 지시를 내려야 해요. 돈이 많은데 안 낸 거면 비판을 하는 게 마땅하지만 뭔가 사정이 있을 수도 있잖아요. 한번 검증해보라는 지시는 해야 한다고요.

그런데 그것 없이 자유한국당에서 문제제기 하니까 그걸 받아쓴 거예요. 사람들은 '사학재단이라니, 어머니가 엄청난 부자겠네' 하는 거죠. 사실 재단이라는 말을 붙이기도 멋쩍은 곳이에요. 중학교 하나 가지고 있는 시골 재단인데요. 결국 학교 운영이 안 되니까 돈이 없어서 세금을 못 낸 것으로 볼 수 있죠. 물론 조국 민정수석이 어머니가 못 냈으면 본인이라도 내야 하는 건 맞아요.

민동기 보통 때 같으면 조·중·동에서도 엄청나게 썼을 텐데 여기도 구석에 작게 썼더라고요. 자기들이 봐도 얘기가 안 된다 싶으니까 세게 쓰지 않는 거죠.

박성제 이 경우는 엄밀히 말해 가짜 뉴스라고 할 수는 없지만, 언론이 검증을 하지 않는 것이 습관화되었고 그래서 가짜 뉴스가 더 유통된다는 민동기 씨의 말에 완벽히 부합하는 예죠. 탄핵정국에서도 이를테면 JTBC와 손석희 앵커를 모략하는, 입에 담을 수도 없는 가짜 뉴스가 많았죠. 그게 SNS를 통해 유통됐고요.

이 문제는 연령·세대라는 측면에서도 접근해보아야 한다고 생각하는 게, 이 가짜 뉴스를 진실로 믿는 연령대가 극명하게 갈려요. 저희 어머니의 경우, 대선 며칠 전만 해도 전화를 걸어서 "홍준표가 역전했단다, 역전해서 다 끝났단다. 카톡으로 받았어" 그러셨어요. 인터넷을 잘 아는 젊은 세대는 정보를 많이 접하니까 금방 반박이 돼요. 기존 언론이 가짜 뉴스를 검증하지 않아도 온갖 커뮤니티에 전문가가 많기 때문에 금방 들통나죠. 황우석(黃禹錫) 사태 때도 그랬잖아요.

민동기 황우석 논문에 대한 의혹을 제기하는 「PD수첩」 방송(2005. 11.22) 이후 생물학연구정보센터(Biological Research Information Center, BRIC) 게시판에 황우석 논문의 문제를 조목조목 지적하는 글이 올라왔죠.

박성제 요즘은 어떤 게 진짜고 어떤 게 가짜인지 금방 다 밝혀져요. 스마트폰만 쥐고 있어도 SNS를 통해 다 들어오죠. 그런데 거기에 어두운 사람들도 절반 이상은 있으니까요.

지금 언론이 기레기라는 오명을 씻으려면 팩트를 제대로 보도해야 하고, 권력과 자본의 압력에서도 벗어나야 하고, 또 공정하게 보도해야 해요. 가짜 뉴스가 떴을 때는 팩트체크도 해주어야 하고요. 기레기라는 말을 듣지 않는 길이 쉽지는 않아요. 그건 인정해야 합니다. 그만큼 언론에 대한 우려가 커졌고, 부작용이 있으니까 기자들이 신경을 더 많이 써야 하는데 아직은 잘 안 되고 있어요. 미디어오늘의 역할이 큽니다.

저도 해직된 뒤 뉴스 소비자의 입장에서 살피니까 얼마나 우리 언론이 엉터리로 뉴스를 만드는지 잘 보여요. 또 언론계의 메커니즘에 대해 잘 모르고 오해하는 네티즌도 많고요. 이 같은 오해 때문에 억울해하는 언론사도 많아졌어요. '내가 MBC에 돌아가면 이런 것들을 잘해낼 수 있을까'라는 걱정도 사실 많이 합니다.

팩트체크를 어렵게 하는 시스템

박성제 국내 언론이 팩트체크에 취약한 이유가 무엇인가요? JTBC, SBS 등은 팩트체크 전담 팀을 만들어 운영하고 있을 정도잖아요.

민동기 저는 출입처 중심으로 돌아가는 시스템에 문제가 있다고 봅니다. 기본적으로 어떤 사안이 불거지면 사실인지 확인부터 해야 하는데, 우리 출입처 시스템에서는 정당·정부부처에서 보도자료나 성명이 나오면 일단 무조건 써요. 거기에 대한 비판이나 반박이 있으면 그걸 또 쓰고요. 쓰고, 또 쓰고, 나중에 '공방'이라는 타이틀을 달아서 내버려요.

황우석 신화를 깬 게 「PD수첩」이잖아요. 「PD수첩」 팀은 출입처가 없어요. 그리고 상당히 긴 시간 동안 그 문제를 추적할 수 있는 시스템이 마련되어 있었고요. 제가 후배들에게 자주 하는 말입니다. "만약 최승호 PD와 한학수 PD의 출입처가 각각 정해져 있는 상태에서 프로그램을 만들었다면 황우석 편은 나올 수 없었다." 출입처 시스템에 언론과 기자들이 동화되어 있어요. 한 출입처에 오래 출입하다보면 편향이 생깁니다. 여당에 출입하는 기자와 야당에 출입하는 기자가 싸워요, 정말로.

박성제 요즘은 덜한데 김대중(金大中)정부 때는 대선 때 여당 출입기자와 야당 출입기자가 회의도 같이 안 했어요. 밥도 따로 먹었을 정도예요. MBC만 그런 것도 아니었고요. 다 같이 모여서 논의를 안 하는 거예요. 부장이 여당 출입기자들하고 얘기하고, 야당 출입기자들하고 별도로 얘기를 하고 눈치를 봐요. 어디가 집권하게 될지. 정치검사들 얘기를 다룬 「더 킹」(2017)이라는 영화를 보면 검사들이 점쟁이한테 찾아가고 그러잖아요. 점쟁이까지 찾아간 건 아니었지만 언론사도 수준이 비슷했어요, 그때는.

언젠가 사회부 기자 시절 정치부에 파견 가서 유세 취재에 동원됐는데, 정치부 선배들이 치열한 신경전을 벌이는 모습을 봤어요. 전체적인 뉴스의 퀄리티보다 본인이 출입하는 당 후보의 기사가 제대로 나가는지만 신경 쓰는 거예요. 기자들이 후보 캠프에서 용돈을 받는 경우도 있었어요. 예를 들어 카메라 기자들도 1진, 2진, 3진이 있잖아요. 1진 카메라 기자들이 막내들이나 취재 나온 기자들한테 점심을 먹으라면서 몇만원씩 줘요. "이게 뭐예요?" 했더니, "걱정 말고, 한잔 해"라면서 돈도 없는 사람이 10~20만원을 주는 거예요. 카메라 기자들이 국회의원이나 정치인에게 영향력이 굉장히 세요.

민동기 자기 샷을 잡아주잖아요. 굉장히 신경을 쓰더라고요. 말씀하신 것처럼 대선과 얽힌 이해관계가 각 언론사와 기자에게 있는 거예요. 자기가 출입하는 정당, 부처가 잘되어야 자기가 잘되거든요.

박성제 마크맨(선거 때 특정 후보를 전담하는 기자)을 1년 정도 하다보면 후보나 관계자들과 친해지거든요. '잘하면 내가 청와대 출입기자가 될 수도 있겠다' '여당 출입기자가 될 수 있겠다'라는 생각을 하고, 더 나아가 청와대로 뽑혀 갈 수도 있겠다는 생각도 하죠. 개각하면 언론인을 많이 필요로 하거든요. 청와대 대변인뿐 아니라 총리 공보실이나 장관들도 정무직으로 기자들을 데려다 쓸 수 있거든요. 조·중·동이나 메이저 방송사 기자들은 형편이 괜찮으니까 그런 제안이 와도 '괜찮습니다' 하고 사양하는데, 사정이 좀더 열악한 언론사의 기자들은 혹하죠. 그러면 한 몸이 돼요. 실제로 정치부 기자들과 정치인들이 식사하면서 정국을 논의하는 일이 벌어져요. 마치 캠프에 소속된 것처럼 기자가 조언을 해요. 그렇게 되면 팩트체크를 할 수가 없죠.

그리고 정치부는 정보 보고가 무척 중요해요. '유능한 기자'는 '정보 보고를 잘하는 기자'라고 할 정도로, 기삿감이 되든 안 되든 데스크에 보고를 많이 할수록 좋은 점수를 받아요. 청와대·여당의 정보를 윗선에 보고하는 게 기자들에게 중요한 일이 되는 거죠. 공영방송사에서는 고위 간부들이 보고를 받지만 일반 신문사나 민영언론사에서는 사주가 보거든요. 그래서 KBS·MBC보다 SBS 기자들이 훨씬 정보 보고도 많이 하고 잘해요. 조·중·동의 정보 보고 능력은 대단하죠. 기자들이 고급 정보에 가장 깊숙이 들어갈 수 있으니까요.

민동기 언론사 사주가 유명인들을 대외적으로 만났을 때 할 말이 있어야 하는데, 이때 기자들의 정보 보고가 핵심이 돼요. 국무총리나 장관을 만나서 '요즘 상황이 이러이러하다면서요?'라는 식의 얘기를 하려면 정보 보고가 있어야 돼요.

박성제 장관이 사주에게 "어떻게 아셨어요?" 하면 "다 알죠"라고 하죠(웃음). 경험이 많고 노련한 정치인들은 정보 보고를 활용하기도 해요. "장관 하마평(下馬評)에 내 이름도 좀 넣어줘"라고 하는 식으로요. 적당히 이름 넣어주고 기사로 올리면 후보가 되는 거예요. 그렇게 되면 애초에 물망에 올랐든 아니든 검토 명단에는 올라가요. 자가발전을 하는 거죠.

민동기 요즘 하마평 기사를 많이 쓰는데, 정말로 거론되어서 하마평에 오르는 경우도 있지만 해당 매체가 선호해서 밀어주는 경우도 있어요.

'충격' '경악'을 양산하는 인터넷 언론의 문제

박성제 메이저 언론사는 그렇다고 치고요, 다른 인터넷 언론들은 '기레기'라는 비판에서 자유로울까요? 어뷰징(abusing, 포털 사이트 등에서 조회 수를 높이기 위해 같은 내용의 기사를 제목만 바꿔 계속 올리는 따위의 일)도 있고, 기사 같지 않은 기사가 많이 나오잖아요. 이쪽도 언론개혁의 대상이 아닌가 싶어요.

민동기 포털에 종속되어 있는 탓이 커요. 일단 네티즌들이 요즘 종이신문을 안 보지 않습니까? 실시간 검색어를 클릭하거나, 어떤 사안이 불거졌을 때 검색해서 기사를 찾아 읽죠. 그러니 거기에 맞는 기사를 주문제작 형식으로 내는 경우가 많아요. 예를 들어 '박성제'라는 이름이 갑자기 실시간 검색어 순위에 올라와요. 그러면 맥락도 없이 '박성제가 온라인에서 화제가 되고 있다'라면서 박성제의 과거 일에 대해 이야기하는 기사를 쓰는 거예요.

사실은 네이버나 다음에도 자체적인 어뷰징 금지 규정이 있어요. 몇번 어뷰징을 하면 패널티를 주는 식이죠. 그 규정대로 하면 걸러낼 수 있는데, 하질 않아요. 조선닷컴, 동아닷컴, 조인스닷컴의 어뷰징이 만만치 않기 때문이죠.

박성제 그렇죠. 자은 인터넷 연예전문 신문사들만이 아니라 조·중·동도 그런 짓을 하기 때문에 포털에서 규제하지 못하는 거죠. 규정은 다 있어요.

연예뉴스나 스포츠뉴스도 중요하죠, 사람들이 좋아하는 거니까. 그런데 기사를 잘게 쪼개고, 똑같은 내용을 계속 반복해서 올리고 '충격' '경악'이라는 자극적인 단어를 붙이는 건 문제가 있어요.

민동기 어뷰징 기사를 전담하는 기자들은 정규직도 아니에요. 외주 형식으로 이런 기사만 쓰는 사람이 있어요. 예능이나 드라마를 볼 때 실시간으로 뉴스가 올라오잖아요. 심지어 드라마의 경우는 '○○○가 ○○○의 뺨을 때렸다'라고 하면서 주인공의 극중 이름이 아니라 배우 이름을 써서 제목을 뽑아요. 포털에서 해당 제목을 보는 사람들은 궁금한 거예요. 페이지뷰(page view)가 광고 수익에 영향을 주기 때문에 어뷰징이 심하죠.

박성제 미디어오늘도 배너가 많던데요.

민동기 광고는 따로 외주를 주기 때문에 어쩔 수가 없어요. 저도 기사를 확인하려고 하면 배너가 많아서 광고를 클릭하게 되니까 경영기획실의 광고 담당자에게 이거 어떻게 안 되겠느냐고 물어본 적이 있어요. 모바일 광고는 다른 업체에 외주를 주기 때문에 안 된다고 하더라고요.

박성제 그쪽에서 페이지뷰 카운트에 따라서 수수료를 가져가는 건가요?

민동기 네. 미디어오늘만 그런 게 아니라, 모든 언론사가 그런 식으로 운영해요.

박성제 자사 사이트에 실리는 광고를 직접 선정하는 게 아니라, 광고만 전문으로 띄워주는 업체에 맡기고 수익을 나누는 거군요. 이 얘기는 처음 들었네요.

브리핑은 오바마처럼

박성제 청와대가 새로 구성되고 청와대 출입기자도 다 바뀌었을 거예요. 그런데 여전히 질문을 잘 못하더라고요. 수석들이 앞에 서

있는데 본질과 전혀 상관없는 질문을 하더라고요.

민동기 문재인 대통령이 국가정보원장으로 내정한 서훈(徐薰)● 씨가 기자들 앞에 섰는데, 앞으로 그런 기회가 없을 텐데도 그냥 보내더라고요. 질문을 국정원 개혁에 대한 것 빼고는 거의 못했어요.

● 2017년 5월 31일 국회 정보위원회는 서훈에 대한 인사청문보고서를 채택했다. 서훈은 6월 1일 대한민국 제13대 국가정보원장으로 임명됐다.

박성제 간첩 조작, 댓글로 선거 조작한 일 등에 대해 질문하고 앞으로 어떻게 처리할지 물어봐야 하는데… 새 정부가 소통을 강조하면서 편하게 질의응답을 하려고 하니 기자들도 차차 적응하겠죠.

민동기 참여정부 때도 개방적인 브리핑을 했잖아요. 그때 인터넷 매체도 출입하게 했는데, 이번 정부에서는 더 파격적으로 하면 좋겠어요. 미국의 오바마(Barack Obama) 전 대통령을 보더라도, 현직 대통령이 1인 블로거나 팟캐스트 운영자와도 인터뷰를 했거든요. 그런 식의 파격적인 조치가 필요하다고 봐요. 아까 얘기했던 아이엠피터의 경우도 취재를 직접 하거든요. 이런 분들이 직접 대통령과 만나서 인터뷰를 진행할 수 있으면 새롭고 충실한 기사가 나올 수 있죠. 이 시점에 KBS·MBC·SBS, 조·중·동과 인터뷰를 한다고 해서 정부의 이미지를 쇄신한다거나 이득을 얻을 수 없어요. 2030세대는 안 봐요.

박성제 세부적인 방식에 대해서는 좀더 세심하게 접근해야 할 것이고요. 참여정부의 경우 언론개혁에 대한 의지나 의도에 비해 그 구체적 방식은 효과적이지 않았어요. 노무현 대통령이 기자실을 폐쇄했는데, 거기까지는 좋았어요. 그런데 개별 공무원 접촉도 금지한 거예요. 그것 때문에 기자들의 불만이 많았죠. 말단은 모르지만 수석이나 주요 비서관은 기자들이 만날 수 있게 해줘야죠. 알아서 취재하게 하고, 가이드라인을 정확하게 지켜서 언론플레이를 못하도록 하면 돼요. 그걸 못 지킨 기자는 징계하고요.

지금은 국민들이 언론사 못지않게 많은 정보를 받고 있죠. 페이스북을 통해 대통령 일정도 다 공개한다고 하잖아요. 그렇게 투명하게 하면 돼요. 언론의 해석을 통하지 않고, 직접 대통령의 생각, 즉 왜 이런 인사를 했는지, 왜 이런 정책 결정을 내렸는지를 국민들 앞에서 밝히면 언론이 발목 잡으면서 장난치던 것을 근본적으로 차단할 수 있어요. 바로바로 반박이 되니까요. 언론사에서 취재해 밝혀야 할 부분이 있으면 자율성을 주고 취재할 환경을 마련해주고요.

민동기 예전에는 정치인이나 대통령의 이미지라든가 여러가지 사안들을 언론을 통해 걸러서 보았지만, 요즘은 청와대에서 SNS로 라이브 방송을 하고 전체 영상을 공개하니까요. 굳이 언론이 자기들 쪽에 유리한 방향으로 이야기할 수도 없고, 그렇게 했다가는 비판을 받는 거죠.

언론사와 돈줄

박성제 '김영란법' 얘기를 짚고 넘어가야 할 것 같아요. 2016년 9월에 청탁금지법(부정청탁 및 금품 등 수수의 금지에 관한 법률)이 발효되고 접대비가 30퍼센트 가까이 줄었다는 보도가 있었죠.

민동기 아직은 시행 초기인데다가, 정권이 바뀌었으니까 조심하고 있는 거라고 봐요. 그리고 한국 언론사들의 돈줄인 삼성의 이재용(李在鎔) 씨가 감옥에 가 있잖아요. 언론사에 광고를 비롯해서 돈을 풀 의사가 없는 것 같아요. 미래전략실까지 해체했고요. 삼성 측에서 미래전략실을 해체했을 때 언론사 광고 담당자들이 무척 당황했어요. 통로가 사라진 거니까요. 이재용 삼성전자 부회장이 구속되면서 '광고 많이 해봤자 소용없다'는 생각을 삼성 쪽에서도 했던 거예요.

박성제 언론사 광고 매출 가운데 '4대 재벌' 비중이 20퍼센트 가까이 되죠? 그중에서도 삼성이 제일 많고요.●

민동기 한 기업이 전체 가운데 그 정도 포션(portion)을 가지고 있다는 건 엄청난 거죠. 그런데 이재용 씨 구속 과정에서 막판에는 종편과 조·중·동 모두 삼성을 물어뜯다시피 했으니, 삼성은 광고해도 소용없다고 하는 거고요. 삼성 광고가 많이 줄었어요.

박성제 이렇게 되면 현대도 줄이죠.

민동기 그렇죠, 삼성의 결정이 영향을 줍니다. 또 새 정부가 재벌개

● 2014년 기준으로 '4대 재벌'(삼성·현대자동차·SK·LG)의 광고시장 점유율은 TV(지상파)·라디오·신문·잡지 합산 18.32퍼센트였으며, 그중 삼성이 5.87퍼센트로 가장 높았다. 민주정책연구원 「4대 재벌의 언론사 광고 지배력 분석」(2015.11) 참조.

혁을 하겠다고 나서고 있으니 기업 입장에서는 그쪽에 촉각을 곤두세우고 있어요. 언론에 돈을 풀어서 타개할 상황이 아니라는 판단을 하는 거죠.

박성제 청탁금지법을 강화해야 한다는 등의 이야기는 사족에 불과하겠네요.

민동기 청탁금지법을 강화할 필요는 있어요. 선거법을 위반하면 안 되니까 선거 때와 정권 초기에 몸을 사리고 있지만 기업 간부들의 접대는 아직 있고, 시간이 좀더 지나면 슬슬 구태가 다시 드러날 거라고 봅니다.

청탁금지법 발효되기 전, 기업 등에서 출입기자들 불러놓고 송년회를 열어 상품 추첨을 했잖아요. 아이패드 같은 것을 주면 받아가고 그랬어요. MBC 기억이 나는데, 연말에 사옥 앞에서 노조 전임자 업무복귀 명령 규탄 시위를 하고 있었어요. 미디어오늘이라든가 몇몇 언론사에서는 거기에 취재를 갔어요. 추운 날씨에 피켓을 들고 시위하고 있는 분들을 인터뷰했는데, MBC에 출입하는 다른 기자들이 방송사 측에서 마련한 연말 행사에 간 거예요. 그때 MBC 노조 이근행 위원장이 부끄럽지 않느냐고 페이스북에 쓰셨더라고요.

진보언론의 위기

박성제 요즘 진보언론이 위기를 맞고 있다고들 하지 않습니까? 탄핵 이후 대선을 거치면서 한겨레·경향신문·오마이뉴스·시사IN 등 이른바 진보언론으로 통칭되던 언론에 대한 독자들의 비난이 거세어지고 있어요. 심지어 "한·경·오는 가난한 조·중·동"이라는 얘기까지 하더라고요. '가난한 조·중·동'이라는 비판에 대해서는 어떻게 생각하세요?

민동기 그런 표현을 사용하는 분들이 한겨레·경향신문·오마이뉴스를 지지했던 분들이거든요. 그분들이 진보언론을 비난하는 요인은 지금 발생한 것이 아니라 노무현 대통령 서거로 거슬러 올라간다고 봅니다. 당시 박연차(朴淵次) 게이트 수사를 했을 때 언론사들이 노무현 대통령을 과하게 비난했거든요. 예를 들어 경향신문은 「굿바이 노무현」(2009.4.15)이라는 칼럼으로 노 전 대통령의 뇌물수수 혐의를 기정사실화하면서 강하게 성토했죠. 한겨레는 「비굴이냐, 고통이냐」(2009.4.30)라는 칼럼으로 노 전 대통령의 결단을 요구했어요. 상당수의 노무현-문재인 지지자들은 이런 칼럼들 때문에 노 전 대통령이 절망과 배신감을 느꼈을 거라고 생각해요. 노무현 대통령 서거 후 처음에는 분노가 이명박(李明博)정권으로 향하다가 지지자들 사이에서는 한겨레·경향신문에 대한 분노가 커졌죠.

박성제 당시 진보언론들이 노무현 대통령에 대한 검찰의 부당한 수사를 정당화하는 논리에 일조했다는 비판이죠. 문재인 지지자들 상당수가 친노 성향을 가지고 있어서, 한·경·오가 문재인에 대해 조금이라도 부정적인 기사를 쓰면 예전 일을 끄집어내어 '결국 너희 본색이 드러나는구나'라는 식의 비판이 나와요.

민동기 노 대통령도 봉하마을에 내려갔을 때 조·중·동에 대해서는 개의치 않는데, 한겨레나 경향신문에서 비난했을 때는 굉장히 배신감도 들고 아팠다고 말씀하셨잖아요. 그런 상황에서 대통령이 서거하셨으니 지지자들의 분노가 클 수밖에 없었죠. 언론사들도 지나쳤던 부분에 대해서는 제대로 짚고 반성하고 넘어갔어야 한다고 보는데, 그게 잘 이루어지지 않았어요.

또 하나는 정치 저널리즘에서 한겨레나 경향신문 등 진보언론이 양비론, 기계적 중립에 지나치게 매몰되어 있다고 봅니다. 지지자들이나 진보언론 수용자들이 봤을 때 이 문제는 '나쁜 것' '악'이라고 짚어야 하는데 똑같이 다루는 거예요. 예전의 반감과 이런 상황이 포개져 '한·경·오 너희도 똑같다'는 등의 과한 반응이 나오는 것이라고 봅니다.

박성제 뉴스 수용자들도 지나치게 민감하게 반응하는 경향이 있는 것 같습니다. 예전에는 신문 전체를 봤단 말이에요. 지금은 핸드폰으로 기사 하나만 보는 거예요. 그런데 전체 논조를 보려면 종이신문을 다 넘겨봐야 해요. 그러면 A면에 이런 기사가 실렸고 B면에는 이런 기사가 실렸고, 문재인은 이쪽에서 다루고 안희정이나 안철수는 저쪽 면에서 다루는 게 다 보이거든요. 그런데 인터넷에 특정 기사만 딱 올라오면 '어, 문재인 비판 기사인데 한겨레네. 이놈들 옛날 버릇 못 고치고 있어'라는 식으로 흘러가기 쉬워요.

민동기 뉴스 유통이 SNS 중심으로 이루어지다보니 진보언론에 대한 혐오가 더욱 심해졌어요. 한겨레 기자들은 전체 논조를 놓고 보면 대선 기간 동안 문재인 후보에게 특별히 더 비판적이지 않았는데 SNS상에서 일부 기사만 공유되면서 그런 오해를 받는다고 억울해하는 분위기입니다. SNS로 유통되는 한겨레 기사와 댓글을 보면 살벌해요. 거기에다 반론을 제기하면 더 심각해지고요.

박성제 한겨레가 사진을 가지고 장난쳤다는 내용이 모 커뮤니티에 떴길래 실제 신문을 봤는데, 전혀 아닌 거예요. 한겨레를 변호하려고 그 얘기를 페이스북에 올렸더니 공감하는 분들도 있고 저를 비난하는 반응도 있었는데, 한겨레 기자 몇명이 고맙다며 댓글을 달았어요. 본인들은 말을 못하거든요. 끙끙 앓으면서도 신문사 측에서는 대응을 못하는 거예요.

민동기 대응을 할수록 욕을 더 먹으니까요. 지켜봐주고 응원하는 분들이 필요한데 SNS에서는 그것조차도 굉장히 조심스러워하더라고요.

박성제 진보언론의 위기가 맞아요. 이것은 해당 언론들이 초래한 부분도 분명히 있지만 독자들이 조금 더 신중하게, 지금까지 진보언론들이 써온 기사를 전체적으로 봐주셨으면 하는 바람도 있어요.

민동기 미디어오늘도 '한·경·오' 프레임이나 '가난한 조·중·동'이라는 말이 왜 나왔는지에 관한 기사를 꽤 드라이하게 썼어요. 난리가 났죠. 한·경·오를 엄호하는 너희도 똑같다고요.

문재인 지지자가 아니더라도 진보언론을 응원하거나 소비하는 독자들이 진보언론에 대해 요구하는 바가 있더라고요. 뉴욕타임스(The New York Times)처럼 우리는 어떤 후보를 지지한다고 왜 말하지 않느냐는 거죠. 편파보도를 하라는 의미가 아니라, 정확하게 입장 표명을 하고 문재인이 잘못했을 때는 비판을 하면 괜찮은데, 중립인 것처럼 하면서 잘 보면 '안철수를 지지하는 건가' 싶은 거예요. 적극적으로 입장을 표명하라는 요구를 하면 언론사 측에서는 '우리는 중립이다'라고 하고, 그런 게 독자들은 보기가 싫은 거예요.

박성제 '문재인을 노무현처럼 보낼 수 없다' '언론의 부당한 비난으로부터 지켜야 한다'는 게 문 대통령 지지자들의 공통된 정서인 것 같습니다. 그런 입장에서 보면 비판적 지지도 받아들일 수 없는 거죠. 유시민(柳時敏) 전 보건복지부 장관도 '어용지식인이 되겠다'고 했잖아요. 하지만 진보적 언론사·언론인은 대통령을 지켜줄 수도 없고 그래서도 안 된다고 생각하기 때문에 독자들과 괴리가 생기는 거예요.

민동기 비판적 지지마저 하지 말라는 것은 언론으로서 역할을 하지 말라는 거죠.

박성제 그게 언론사들이 더욱 어려워진 지점이에요. 진보언론은 빨갱이라면서 보수층으로부터도 외면받고 있는데, 이제 자기를 알아주던 독자층까지도 반대 입장에 서니까요. 정의당에 대한 태도도 마찬가지죠. 정의당은 보수세력들이 보기에는 빨갱이고, 야당 지지자들이 보면 민주당 발목만 잡는 '입진보'잖아요. 이번에도 심상정 후보를 찍으면 안 된다는 말이 나왔죠. 토론회에서 문재인 후보를 공격했으니까. 이런 식이라면 작은 정당을 어떻게 만들고 운영해요. 항상 양당 체제로밖에 갈 수 없는 거죠.

민동기 저도 기자로서 교육을 받을 때 집권세력은 비판하고 견제해야 한다고 배웠는데, 사실 정치권력은 바뀌어도 경제권력이나 언론권력은 바뀌지 않잖아요. 정권도 포위되어 있어요. 지금은 초반이니까 기득권 세력들이 눈치를 보지만, 조금 지나면 연합해서 공격해 올 거예요. 그럴 때 부당한 측면이 있으면 진보언론 종사자들이 그 시시비비를 잘 가려줄 필요는 있다고 봐요. 중도층에서 보기에는 '정권을 감싸는 건가?' 싶은 생각이 들더라도, 필요한 경우는 그런 작업을 해야 하는 거예요. 그런데 미디어오늘도 그렇고 진보언론 기자들이 그런 것에 익숙하지가 않습니다.

박성제 한겨레·경향신문·오마이뉴스 기자들이 지금 우리가 이야기한 주제에 대해서 굉장히 고민을 할 거예요. 김의겸 한겨레 기자가 청와대 대변인으로 가느냐 마느냐 하다가 결국 고사했는데, 거기에도 그런 고민이 숨어 있는 거죠. 기존 진보언론이 가져왔던 스탠스를 지켜야 한다는 것 말이에요. 언론계에서는 '최순실 국정 농단을 파헤친 김의겸 기자가 대변인이라니 말이 되느냐'라고 했는데, 네티즌들은 '멋있다' '한겨레를 포섭하려는 청와대의 좋은 전략이다' '김의겸 기자 잘됐다' 이런 반응이 많더라고요. 고민이 많이 될 거예요.

MBC는 약간 비슷하면서 또 결이 다른 고민이 닥칠 거고요. '정상화가 된다면 그다음부터 어떻게 해야 하느냐.' 우리 해직기자들은 권력을 제대로 비판하지 못하는 언론사들, 국정농단 앞에서 '대통령바라기' 보도만 하던 뉴스를 계속 비판해왔는데, 이런 토양에서 MBC가 정상화되면 문재인정부를 제대로 비판하고 감시할 수 있을까요?

민동기 많은 시민들이 정상화된 MBC에, 수구세력과 전쟁을 치르면서 문재인 대통령을 지켜주는 역할을 기대할 거라고 봅니다. 만약 정부에 대한 비판 보도가 나오면 "문재인 대통령이 복직시켜줬는데, 비판이나 하네"라는 말이 나올 수도 있겠죠.

박성제 그래서 제가 대통령이 시켜주는 복직은 안 하겠다고 했어요. 대법원 판결까지 기다리겠다고요(웃음). 문재인정부도 당연히 비판하고 감시해야죠. 다만 지금의 청와대는 감시해야 할 권력 중 하나일 뿐이라고 생각해요. 언론이 더 눈을 부릅뜨고 감시해야 할 기득권들이 많잖아요.

페미니즘과 언론

박성제 페미니즘·메갈리아 논쟁 관련해서 언론들이 겪었던 얘기를 해봅시다. JTBC도 그랬고, 시사IN·한겨레 등이 많은 비난을 받았죠.

민동기 네, 미디어오늘도 그랬고요.

박성제 남자들, 특히 젊은 20~30대 남자들이 분노하는 거잖아요. 시사IN 기자들은 억울해하더라고요. 여성혐오 논란을 굉장히 건조하게 분석해도 욕을 먹는 거예요. '분노한 남자들'이라는 제호 아래「정의의 파수꾼들?」(2016.8.27) 등의 기사를 실었는데 대량 구독해지 사태가 벌어졌죠. '메갈 언론'이라고 부르고요. 나중에는 촬영소품용으로 썼던 욱일승천기가 편집국에 놓여 있는 사진을 보고 친일 언론이라고 비난하기도 했어요. 저는 그걸 보면서 시사IN에 대한 분노가 이 정도였나 하고 깜짝 놀랐어요. 이 문제는 어떻게 보세요? 미디어오늘도 논란을 계속 기사화했죠?

민동기 미디어오늘은 찬반 논란을 계속 실었어요.

박성제 걱정돼서 기계적 중립을 지킨 것 아닌가요?(웃음) 면피하려고 찬반 논쟁만 실었던 것 아닙니까, 그렇게 보이던데요.

민동기 그런데도 욕을 먹었습니다(웃음). 정의당도 당원들이 대거 탈당하는 등 여파가 크지 않았습니까. 한국의 남성 진보주의자가 마지막으로 깨야 할 벽 중 하나가 군대와 반(反) 페미니즘이라고 봐요. 박근혜정권이나 이명박정권을 비판하는 데에서는 진보적인 의식을 가지고 있어서 스스로 진보적이라 생각하고 정의당도 지지하고 시사IN이나 한겨레도 구독해왔던 남성 진보주의자들이 마지막까지 깨지 않는 보수적인 부분이 여성 문제예요.

심지어 저는 메갈리아 사태 때 별다른 얘기도 안 했고, 한번 팟캐스트 「민동기의 뉴스바」에서 패널을 불러 얘기를 나눈 게 다였어요. 정의당 관계자였는데, 굉장히 건조하게 진행했거든요. 거기에 댓글이 달렸어요. "너 예전에 '민임동기'라고 했던 기자지, 이 페미년아"라고요.

저는 '미러링'(mirroring)이라는 메갈리아의 방식에 동의하지는 않는 편이었고, 왜 이렇게 이 이야기가 확산되는지에 대해서도 의문이었는데 메갈리아를 공격하는 사람들의 논리가 굉장히 폭력적이더라고요. 페미니즘에 대한 무지가 상식으로 둔갑해서 유통되고요. 메갈리아라는 현상과 여성들, 그리고 이에 대한 분석을 하는 언론사를 공격하는 이 땅의 진보주의자 남성들의 논리와 말은

용인하기 어려운 수준이었어요. 시사IN 사태 때도 '이 정도 분석 기사도 못 내보내?'라는 생각이 들었어요. 한국 남성 진보의 현주소를 봤어요. 특히 정의당은 메갈 논쟁 때문에 페미니스트들과 진보적 남성들 양쪽 모두로부터 비난받는 샌드위치 신세가 됐죠.

박성제 이제 그런 분들을 '진보'라고 규정하면 안 된다고 봐요. 그분들 스스로도 자기는 진보가 아니라고 해요. '우리 진보 아니야. 너희가 입진보지, 나는 그런 진보 아니야'라고요. 예전에는 민주당을 지지하는 사람들도 진보진영의 한 축으로 포함되는 경향이 있었지만 현재는 진보라는 단어가 정의당과 결합되면서 '입만 살아 있는 입진보'라는 식으로 폄하되고 있어요. 문재인은 '노무현 정신', 즉 훌륭한 가치를 대변하며 '상식'을 구현하는 인물이 되고요. 진보라는 표현이 더이상 좋은 가치와 의미를 담은 단어로 쓰이지 않는 것 같아요.

민동기 문재인 대통령이 현실에서 개혁을 실현하는 사람으로 인식되는 건 이해가 갑니다. 반면에 페미니스트나 정의당, 진보언론은 현실을 모르는 '입진보'가 되는 건 좀 씁쓸해요.

박성제 '진보 적폐'라고도 불리고 있어요. 게다가 그런 논의가 일반 시민·네티즌 사이에서만 이루어지는 것도 아니고, 영향력이 큰 오피니언 리더들이 거기에 동조하거나 적극적으로 글을 쓰면서 부추기기도 하잖아요. 이른바 진보언론이나 진보정당이 운신하기가 굉장히 어려워졌어요. 대중을 설득하려면 자신들도 변화해야 하는데 아직은 뭘 어떻게 바꿔야 하는지 파악하지 못하고 있는 상황이라고 봅니다.

진짜 기자 되기 어려운 세상

박성제 마지막 질문을 드릴게요. 새 정부가 들어선 이후 언론 지형이 어떻게 바뀔 거라고 보세요? 우리가 촛불시위, 탄핵과 대선이라는 어마어마한 변화를 순식간에 겪었잖아요. 그 과정에서 검찰개혁, 재벌개혁 그리고 언론개혁이 큰 화두로 떠올랐고요. 세월호 참사 이후에도 반짝 그랬는데, 우리가 이야기해온 여러가지 구태가 개선될까요?

민동기 잘 안 될 것 같습니다(웃음). 언론이 변화의 바람에 가장 느려요. 형식적인 환경은 굉장히 빨리 바뀌는 데 반해서요. 지금 '통합 뉴스룸' '소셜 퍼스트' '디지털 퍼스트' 등 외국에서 하는 걸 다 가져왔죠. 그런 식으로 형식적인 것이 바뀌면 콘텐츠 생산이나 유통 방식도 바뀌어야 하는데 어뷰징은 그대로 하죠. 수용자들은 이미 바뀌었고, 하드웨어도 바뀌었는데 언론사를 운영하는 사람들은 바뀌지 않았어요. 뉴욕타임스 혁신 보고서(2014)가 나왔을 때 전체 언론사들이 '우리도 이렇게 가야 돼'라고 했는데, 외적인 것만 바뀌고 속은 그대로인 거죠. 언론 스스로 자신들의 습성, 취재

환경, 시스템 등을 같이 바꿔나가야 해요.

　이 시스템이 바뀌지 않으면 문재인정권에서 유탄을 강하게 맞을 곳이 진보언론이라고 봅니다. 자본 광고로부터 상대적으로 독립적인 위치에 있으니, 진보적인 수용자들이 지지를 해주어야 하는데 예전만큼의 지지를 보내지 않거든요.

박성제 진보언론이란 게 참 힘든 거예요. 바꾸는 것도 제일 먼저 바꾸어야 하고, 바꾸려면 돈도 있어야 하는데 돈도 없고요.

민동기 한겨레·경향신문·오마이뉴스 기자들도 어느 순간 언론 기득권 체제에 순화되고 동화된 측면이 있어요. 출입처 체제에 굉장히 안주했잖아요. 오마이뉴스가 어떻게 유명해졌나요? 2001년에 최경준 오마이뉴스 기자가 인천국제공항 기자실에서 이루어지는 브리핑을 취재하려다가 출입기자단에 의해 쫓겨난 사건 때문에 이름을 알린 거였어요. 그런데 이제 오마이뉴스는 출입기자 제도에 대해 예전처럼 적극적으로 비판하지 않아요. 또 언론개혁에 대해 이명박–박근혜 정부 때 얼마나 목소리를 냈습니까? 정권은 비판했을지 모르지만 반드시 바뀌어야 할 언론 내부의 문제점에 대해 말하는 것은 소극적이었어요. 조·중·동은 그렇게 해도 외부로부터 영향을 안 받아요. 독자들이 개혁을 요구하지 않으니까요. 하지만 진보언론은 독자들이 '너희는 달라야 한다'라고 요구합니다. 언론이 달라지려면, 개혁하려면 출입처 시스템을 무너뜨려야 합니다. 그래야 권력·광고주와의 유착에서 벗어날 수 있어요. 출입치 기득권을 내려놓으면서 변화하려고 해야만 다르게 보이지 않을까 싶습니다.

박성제 기득권을 내려놓으면서 변화한다… 굉장히 어려운 문제네요. 왜냐하면 기득권을 내려놓는 순간 취재가 안 되거든요. 한겨레·경향신문·오마이뉴스도 주류 언론에 포함되는데, 출입기자 명단에 포함돼 있는 주류 언론이었다가 이제 다른 수많은 매체 가운데 하나가 된다는 건 인정하기 어려운 일이겠죠.

민동기 세상이 바뀌고 있잖아요. 기존의 취재 시스템에 안주하는 것이 아니라, 어떤 방식이 여론을 더 제대로 반영할 수 있을지를 생각해야 해요. 팩트체크가 유행하고 있는데, 5년 전 한국 언론이 이 상황을 예측하지 못하지 않았습니까? 진보언론에게는 계속 바꾸고 변화해야 한다는 과제가 하나 더 던져진 거죠.

박성제 그렇죠. 이제 뉴스 수용자들이 언론이 던져주는 정보나 의견을 무비판적으로 수용하는 시대는 지났어요. 기자들보다 훨씬 더 팩트에 강한 전문가들이 인터넷에 수도 없이 존재하거든요. 예전처럼 출입처가 던져주는 보도자료를 보고 적당히 작성해서 기사 송고했다가는 호되게 당할 수 있습니다. 언론의 사명은 권력비판이라고 하지만 허술한 팩트나 논리로 비판하면 오히려 기레기 소리 듣기 십상이고요. 그런데 이런 요구들이 진보언론에 더 집중되는 경향이 있다는 게 딜레마예요. 팩트 왜곡이나 논조 편향이 더 심각한 조·중·동 독자들은 그렇게 까다롭지 않거든요.

민동기 맞습니다. 진보언론의 독자들은 굉장히 까다로워요. 맛으로 따지면 미식가들이라, 음식을 대충 내놓으면 안 되는 거죠. 그런데 돈으로 맛을 낼 수가 없는 상황이니까, 온갖 재료를 찾으러 다녀야 하고…(웃음) 그렇기 때문에 정권이 교체되었다고 해서 진보언론에 호시절이 올 거라고는 생각하지 않습니다. 어쩌면 더 힘든 시기가 될지도 모릅니다. 당장 최근의 한·경·오 논쟁이 그 시작이라고 봐요.

박성제 한마디로 기레기에서 벗어나서 진짜 기자 되기가 어려운 세상이 왔다는 얘기네요. 저도 기자지만 참 먹고살기 힘듭니다(웃음). 긴 시간 고생하셨습니다. 감사합니다.

민동기 감사합니다.

1980년의 언론 통폐합과 해직

박성제 1980년대에 '언론 정화' 명목으로 언론인 해직과 언론사 통폐합이 있었죠. 1980년 한해에만 언론인 1,900명이 일자리를 잃었고요. 권태선 대표도 그때 일자리를 잃으셨죠. 박정희(朴正熙) 시대와 전두환(全斗煥) 시대는 분위기가 달랐나요?

권태선 같았어요. 1978년 코리아타임스에 입사해서 외신부·문화부·사회부 등을 거쳤는데, 문화 기사에서도 정부에 대해 약간이라

權台仙 환경운동연합 공동대표, 리영희재단 이사. 1978년 한국일보사에서 기자생활을 시작했다. 1988년 한겨레신문 창간에 참여해 이후 한겨레 파리특파원·국제부장·교육공동체부장 등을 역임하고, 종합일간지 사상 첫 여성 사회부장, 첫 여성 편집국장으로 일했다. 2014년까지 한겨레 편집인으로 활동했다.

도 비판하는 내용이 포함되면 데스크가 굉장히 경계했어요. 그래서 외신부를 좋아했습니다. 외신부에서는 다른 나라의 독재를 비판하는 기사를 쓰는 방식으로 한국 상황을 우회적으로 드러낼 수 있었죠.

1980년 비상계엄 상태에서는 신문을 만들어 계엄사령부 언론반의 검열을 받아야 했어요. 서울시청에 언론반이 있었는데, 최종 인쇄하기 전의 초벌 대장을 가지고 가 검열을 받는 거지요. 검열관이 "이 기사 빼!" 하면 빼야 돼요. 당시에 소령 정도의 젊은 사람들이 나와 있으니까 "뭐 이런 걸 빼라고 해요!"라고 항의를 해보기도 했는데, 그래도 안 된다고 하면 어떤 경우는 신문에 구멍이 난 채로 만들어지고 그랬어요.

박성제 그때 검열을 받으러 가는 건 누구였나요?

권태선 막내들이 갔죠, 심부름하는 거니까. 저도 많이 다녔어요. 12·12사태 이전에 쿠데타 세력이 육군참모총장이던 정승화(鄭昇和)를 체포하는 일이 있었는데, 그를 위한 군대 이동 장면을 서울시청에 검열받으러 가서 볼 수 있었죠.

박성제 1980년 언론사 통폐합 때 MBC의 경우 호남 출신들이 해고되는 경우가 많았는데, 한국일보사는 어땠어요?

권태선 한국일보사에는 두 부류가 있었어요. 이른바 부패기자로 지목된 분들이 있었고요. 또 한 그룹은 언론자유를 위해 투쟁한 분들이었지요. 한국일보가 1970년대에 노조를 만들려고 했잖아요. 저는 1978년에 들어갔으니까 노조가 와해되고 난 다음에 입사한 거였는데, 그 노조운동을 함께했던 분들이 1980년 서울의 봄 당시에도 자유언론 쟁취를 위한 투쟁을 전개했어요. 국민일보 편집국장을 하셨던 박정삼(朴丁三) 선배나 소설가 김훈(金薰) 선배 등이 그런 분들이었습니다. 당시 우리는 자유언론 선언도 하고 농성도 했죠. 김훈 선배는 해고에서 제외됐지만 80년 해직자의 대부분은 함께 자유언론 투쟁을 했던 선후배들이었어요. 2년 7개월 정도 다녔을 때였는데, 저보다 1년 아래인 후배도 해고를 당하는 상황이었습니다.

박성제 전두환정권이 들어서면서 보도지침이 생긴 거죠?

권태선 보도지침이 폭로된 건 1985년이었으니까 저는 직접 보지는 못했어요. 박정희 때는 중앙정보부 측 기관원이 언론사에 출입하면서 보도에 간섭하는 일이 있었던 것으로 알아요. 그러니 보도지침이 특별히 새로웠던 건 아니에요. 정권의 감시는 철저했어요. 제 남자친구가 학생운동 한 사람이라는 것도 알고 있을 정도였죠. 1980년 서울의 봄 당시 자유언론 쟁취를 위한 농성을 했는데, 농성장에서 누가 어떤 발언을 했는지도 다 파악하고 있더라고요.

박성제 지금처럼 노조가 있던 시절도 아니니 그때 해직되었던 언론인들은 뿔뿔이 흩어져 각자도생하는 상황이었겠네요.

권태선 그렇죠. 제가 1980년에 해직되었는데, 그때는 제 남편도 대학에 복학해서 다니고 있었어요. 제가 결혼할 때 친정에서 굉장히 반대했기 때문에 부모님께 '저 좀 먹여 살려주세요' 할 수 있는 형편도 아니었죠. 유네스코의 아는 선배들이 번역 일을 주기도 하고 그랬어요. 하얏트호텔에서 홍보매니저 직을 제안하며 인터뷰를 하자고 해서 갔는데, 중앙정보부에서 '이 사람은 고용하면 안된다' 해서 안 됐어요. 생계가 걱정되던 참에 1981년 1월에 김앤장 법률사무소를 소개받아서 다녔죠.

해직기자들의 일부는 구속되고 많은 수는 저처럼 생계를 걱정해야 하는 처지에 몰렸기 때문에 조직을 바로 구성하지는 못했어요. 나중에 '80년 해직언론인 협의회'가 만들어졌고, 조선투위·동아투위와 함께 언론투쟁을 전개했지요. 저를 김앤장에 소개해준 분도 조선투위 선배였어요.

50억원 이상의 성원으로 만든 한겨레신문

박성제 그런 분들을 중심으로 당시 한겨레신문(1988년 창간 당시 신문의 이름은 '한겨레신문'이었고 1996년 '한겨레'로 바뀌었다)을 만들어보자는 움직임이 생긴 거네요. 그때는 '한겨레'라는 이름을 아직 짓지 않은 상태였겠지만요.

권태선 그렇죠. 초기에는 신문까지 만들지는 못했고 잡지 '말'을 만들었죠. 잡지를 만드는 것도 굉장히 어려운 일이었습니다. 한권이 나올 때마다 한명씩 잡혀 들어갔다고 생각하면 돼요. 권력의 폭압이 굉장히 심한 상황이었어요. 잡지 하나 만들기 위해서 목숨을 건 거죠. 해직언론인들이 한겨레신문을 만들기 전에 잡지 '말'을 통해 보도지침을 폭로하는 등의 작업을 한 겁니다.

박성제 한겨레신문은 몇명이서 창간했나요? 또 그분들이 다 기자로 들어왔나요?

권태선 해직언론인으로 구성된 발의자가 196명이었어요. 발기할 때는 사회 각계의 지식인 3,314명이 참여했죠.

발의한 분들 가운데 기자로 못 들어온 사람도 있었어요. 이미 기자가 되기에는 연배가 높은 분들이 있었으니까요. 발의자가 전부 기자가 되면 손발이 될 수 있는 젊은 기자들이 일을 할 수 없었죠. 저도 들어갈 때는 사실 연차가 높았어요. 기자 생활은 한 3년밖에 안 했는데, 10년차 기자 역할을 해야 하잖아요. '내가 정말 할 수 있을까' 하는 우려와 걱정이 많았습니다.

박성제 제가 대학생일 때 한겨레신문 광고를 봤어요. 그때 '대통령 뽑는 것보다 이 신문 하나를 만드는 게 더 중요하다'라는 내용의 광고를 보면서 감동했던 기억이 납니다. 결국 노태우(盧泰愚) 씨가 대통령이 됐지만요.

권태선 그 바람에 많은 돈이 몰렸죠. 창간을 위해 모으기로 한 50억 가운데 절반도 못 모았을 때였어요. 대선에서 패배한 뒤 '민주화는 한판의 승부가 아닙니다'라는 광고를 내면서 돈이 몰려 들어왔어요. 50억 이상으로 모금할 수 있었는데 원래 목표인 50억에서 끊었죠.

박성제 한겨레신문은 가로쓰기와 한글만 쓰기 등 파격적인 시도를 많이 했습니다.

권태선 컴퓨터로 조판하는 것도 우리가 처음이었어요. 우리가 처음이었기 때문에, 그게 가능한지 어떤지도 몰랐어요. 창간호가 제대로 나올지 굉장히 걱정했죠.

나중에 한겨레 사장이 된 정태기(鄭泰基) 선배가 '화담'이라는 컴퓨터 회사를 하고 계셨어요. 그 선배가 컴퓨터 조판이 가능하다는 것을 확신하고 강력하게 추진했지요. 중앙일보 등 다른 신문들은 전부 그 이후에 이 시스템을 도입했어요.

당시 한겨레신문사는 새로운 기술뿐 아니라 새로운 가치를 구현하겠다는 결의에 차 있었어요. 권력과 자본으로부터 독립된 언론, 민수적 지배구조를 가진 진정한 자유언론을 만들자는 열기가 넘쳤습니다. 월급도 다 똑같이 받아야 한다고 하기도 했어요. 호봉제를 없애야 한다는 둥, '능력에 따라 일하고 필요한 만큼 가져간다'라는 식으로 해보자는 둥 별별 아이디어가 다 나왔어요. 강화도에 가서 집단 토론회도 했는데, 그때 굉장히 이상적인 아이디어들이 많이 나왔어요. 좋은 기억으로 남아 있지만, 돌이켜보면 너무나 이상에 치우쳐서 더 발전할 수 있는 여지를 제약한 측면도 있었다 싶습니다.

한겨레신문사에선 사장과 편집국장을 모두 직선제로 뽑기도 했어요. 지금은 사장만 직선으로 선출하지만요. 저는 사장직선제가 꼭 바람직한 것인가 늘 생각합니다. 초기엔 사장의 임기도 2년밖에 안 됐어요. 장기적인 비전을 구축하고 안정적으로 회사를 경영하기엔 지나치게 짧은 시간이었죠. 이 신문의 가치관이나 노선을 굳건히 하고, 조직 구성원 모두가 이를 공유할 수 있는 시스템이 구축되어야 하는데, 지금의 선거제도는 조직을 분열시키고 훌륭한 선후배를 소비해버리고 마는 것 같아 안타깝습니다.

박성제 해직언론인들 본인이 사장이나 간부가 됐다고 해서 후배들을 꽉 틀어쥐는 스타일은 아니었을 것 같아요. 처음부터 민주적으로 만든 조직이었으니까요.

권태선 해직되고 난 다음에 굉장한 공백이 있었던 거잖아요. 1970년대에 활발히 활동했던 선배들은 14~15년 정도 공백이 있었고, 저만 해도 7년 정도 공백이 있었죠. 생각하던 것과 실제로 현장에서 지휘할 때의 갭이 있으니까 후배들에게 강력한 리더십은 보여주지 못했던 것 같아요. 저의 솔직한 심정입니다.

박성제 2014년까지 한겨레에 계셨으니까 오랫동안 겪어오신 거잖아요. 창간 당시의 정신이 잘 유지되고 있다고 보십니까?

권태선 '권력과 자본으로부터의 독립'을 중요시하는 정신이 훼손된 것 같지는 않은데, 기자라는 직업에 대한 인식에 일부 후배들과 차이가 생긴 것 같다는 느낌도 있어요. 한겨레신문은 민주화의 산물이었잖아요. '우리 사회에 대해 한겨레는 어떤 기여를 하는 매체여야 하는가'를 생각해야 해요. 또 시대 변화에 따라 21세기이 시점, 이 상황에서 한겨레의 역사적인 사명 등을 생각하고 '나는 기자로서 거기에 어떤 기여를 해야 하는가' '어떻게 기자생활을 영위해서 한겨레 기자다운 기자가 되어야 하는가'에 관한 생각이 있어야 하는데 그런 것보다는 직업으로만 접근하는 기자도 많이 생겨난 것이 아닌가 하는 생각이 들어요.

옛날에는 수습기자 교육을 할 때 리영희(李泳禧) 선생 같은 선배들이 와서 한겨레신문의 정신과 기자의 자세 같은 것을 교육하곤했어요. 한번은 수습기자 선발시험에 리영희 선생과 송건호(宋建鎬) 선생이 한겨레와 어떤 관계인지를 묻는 질문을 냈더니 70~80퍼센트가 오답이 나오더라고요. 그분들에 대해 알아야 한다는 것보다는 사실 이 신문이 어디에 근거하고 있는 신문인가, 이 신문사에 시험을 보러 오는 사람이면 알아야 한다고 봤는데 아니더라고요.

박성제 그분들을 탓할 수만은 없는 문제지만 아쉽네요.

권태선 탓할 수는 없지만, 한국사회에서 기자라는 직업을 택할 때 그 직업을 통해 어떤 의미있는 역할을 할 수 있는지에 대한 고민은 해야 한다고 생각합니다. 이러한 고민의 방향은 직업마다 다를 텐데, 기자가 되려고 할 때 필요한 고민과 성찰이 있어요. 그런데 그런 고민 없이 기능만을 생각하는 기자들이 조금씩 생겨나고 있다고 봐요.

'기레기'의 과거와 현재

박성제 세월호 때 엉망인 보도가 많이 나왔잖아요. '전원구조' 오보 등을 내면서, 정부의 말을 그대로 받아쓰기만 한다든지, 지나치게 속보경쟁에만 매달린다는 비판과 지탄을 많이 받았어요. 세월호를 계기로 해서 그런 인식이 커졌고, 이후에도 자사 이기주의라든가 광고 등에서 문제가 불거졌죠. 그러한 시민들의 인식을 드러내는 단어가 '기레기'인 것 같습니다. 현직을 떠나신 상태지만, 이런 모습을 보면서 원로 언론인으로서 어떤 생각이 드시는지 여쭈어보고 싶어요.

권태선 저널리스트, 즉 기자를 바라보는 우리 사회의 시선이 두가지로 양분되는 것 같습니다. 정론직필(正論直筆)을 통해서 공공의 이익에 기여하는 기자상이 하나 있는가 하면, 다수의 사람들이 현실에서 접한 기자들 가운데는 부정적인 이미지를 가진 이들도 많죠. 이런 기자들은 역사적으로 계속 존재해왔고요. 국민들은 정론 직필 하는 기자를 기대하지만, 역사적으로 그런 기자들이 그렇게 많지 않았다는 게 정확한 사실일 겁니다. 그러니 한겨레신문을 따로 만들자는 생각을 하게 된 것이기도 하고요. '자신이 누구를 위해서 일하는가'에 대한 인식을 제대로 갖춘 언론인이 역사적으로 다수였던 적은 없다고 봅니다.

박성제 제대로 권력을 감시하고 정론직필이라는 의무에 충실한 언론인이 원래부터 많지 않았다는 말씀이신가요?

권태선 그렇습니다. 원래부터 많지 않았는데 포장을 하고 있었던 거죠. 제가 1980년에 결혼한다고 시부모님에게 인사를 하러 갔는데, 제 직업을 밝히니까 "왜 하필 기자를 해"라고 하시더라고요. 저는 우리 사회의 정의를 구현할 생각으로 기자직을 선택한 것인데 그런 인식을 보고 깜짝 놀랐어요. 한국일보에도 자유언론을 주창하고 그를 위해 싸우는 선후배들이 꽤 있었지만, 대다수의 선배들은 현실안주형이었고 권력과 유착되어 있는 사람들도 꽤 있었어요. 거기서 2~3년 기자생활을 하는 동안 굉장히 상처를 받았어요. 현재의 '기레기'라는 현상이 새로운 것처럼 이야기하지만, 사실 새로운 건 아니에요.
　지금 유난히 두드러져 보이는 까닭은 민주정부 아래서는 정론을 펴는 것처럼 보였던 MBC나 KBS 같은 공영방송조차 이명박-박근혜 정권에서 변질해 비판적인 검증이나 확인 없이 권력자의 말을 받아쓰면서, 시민의 이익이 아니라 권력자의 이익을 대변하는 모습을 너무나 빈번하게 볼 수 있게 됐기 때문인 듯합니다.

그런 상황이 되면서 기레기라는 이야기가 나왔는데, 제대로 된 언론을 해보자고 했던 사람들이 민주정부 10년의 좋았던 언론환경에서도 왜 다수가 되지 못했는지, 왜 제대로 된 언론의 기풍을 만들어내지 못했는지에 대해서는 안타까운 마음이 있습니다.

박성제 인터넷과 SNS가 발달하면서 정보의 유통이 활발해져 팩트체크도 쉬워지고, 기자들보다 훨씬 정보를 많이 접할 뿐 아니라 뛰어난 전문가가 많아지면서 자연적으로 기자들이 해왔던 행태들이 까발려진 것 아닐까요?

권태선 최근에 나타난 현상으로서는 그런 측면이 있죠. 기자가 자신의 책무에 충실하려면 전문가에 비견할 정도의 깊이를 가지고 있어야 합니다. 예를 들어 1967년 3차 중동전쟁이 났을 때, 외국의 저명한 통신사에서 모두 아랍 국가들이 이스라엘을 침공했다고 보도했어요. 하지만 당시 조선일보 외신부장이던 리영희 선생은 이스라엘의 침공으로 전쟁이 시작됐다고 보도했습니다. 중동지역의 병력 이동 등 그동안의 움직임을 감안했을 때 이스라엘의 침공이 분명하다고 본 것이죠. 몇시간 후 다른 외국 통신사들도 이스라엘이 먼저 공격을 시작했다고 바로잡았지요. 리 선생이 면밀히 추적하고 미리미리 공부했기에 가능한 일이었습니다.

그래서 제가 편집국장을 할 때, 기자들의 전문화를 위해 노력했습니다. 자신의 경로계획을 세우면 회사 쪽이 전문성을 기를 수 있도록 돕겠다는 것이었지요. 하지만 크게 성공하지는 못했습니다. 언론환경이 워낙 속보경쟁으로 치우치다보니 설익은 기사, 부정확한 기사가 많이 나오는 것 같아요. 기자들이 전보다 일을 더 많이 하는데도 더 비난을 받는 건 그런 이유가 아닐까 해요.

참여정부 이후 한겨레

박성제 최근 얘기를 좀 여쭤보겠습니다. 요즘 한겨레·경향신문·오마이뉴스 등 진보언론에 대한 비판의 목소리가 많이 커졌어요. 그 중에서도 특히 한겨레에 집중되는 감이 있고요. 문제는 이 비판이 보수진영에서 나오는 게 아니라 같은 진영에서 같은 정서를 공유하고 있다고 생각해왔던 독자·수용자들로부터 나오고 있다는 거예요. 예를 들면 지난 10년간 이명박-박근혜 정권, 그전의 참여정부 때 '너희가 진보언론으로서 제 역할을 했느냐'라는 질문이 많이 나옵니다. '노무현이든 이명박이든 박근혜든 정권을 비판하는 건 똑같은 것 아니냐'라는 반론을 하는 분들이 있고, 반면 '어떻게 노무현한테 그럴 수 있었느냐, 너희도 발목을 잡은 거다'라는 비판도 있어요. 그게 문재인정부 때 또 그러면 안 된다는 논리로 연결되거든요.

권태선 이 문제에 대해서 우리도 많이 논의를 하고 있어요. 한겨레

후배 기자들 사이에서도 마찬가지일 것이고요. 이 문제는 몇가지 층위로 나누어서 볼 수 있을 것 같습니다. 우선 권력과 자본으로부터의 독립이라는 측면에서, 문재인정부든 노무현정부든 잘못하는 것에 대해 비판을 해야죠. 그게 언론의 본령이고요. 컬럼비아대의 새뮤얼 G. 프리드먼(Samuel G. Freedman) 교수가 쓴 『미래의 저널리스트에게』(미래인 2008)라는 책이 있어요. 내용 중에 '소속집단에 대한 충성심을 버려라'라는 부분이 있었던 것으로 기억합니다. 물론 여기서 말하는 충성심은 단기적 이해를 위한 충성심을 말하는 것이지요. 예를 들어 미국 내 유대계 사회에서 불의한 사건이 발생했을 때, 유대계 신문인 뉴욕타임스가 같은 민족을 보호해야 한다는 생각에 눈을 감아서는 안 된다는 것이지요. 문제가 있을 때, 냉정하고 정확하게 비판하는 것이 오히려 자신이 속한 그룹을 위한 것이라는 이야기였어요. 과거 우리의 보도가 전부 잘됐다고 말할 수는 없지만 기본적으로 노무현정부, 즉 민주정부의 성공을 위해서는 한겨레의 냉정한 비판이 필요했다고 생각합니다. 물론 전체적 맥락에서 경중을 잘 살피며 정확한 정보를 가지고 비판하려 노력하는 것이 중요하다고 보고요. 문재인정부에 대해서도 마찬가지입니다.

당시 지지율이 엄청 떨어졌던 데에는 한겨레의 비판만이 아니라 노무현정권의 과오도 있었고, 어려움 속에서 고투하고 있는 정권을 기다려주지 않은 채 개혁을 밀어붙여달라고 요구하기만 한 시민사회나 각종 이익집단의 책임도 있지요. 그래서 보수정권과 똑같이 비판한 것 같은 느낌이 드는 거죠.

박성제 보수진영은 흠집을 내려고 했고, 진보진영에서는 개혁을 제대로 안 한다고 성급하게 비판했던 거고요.

권태선 우리의 총체적인 실패였다는 생각이 들어요. 한겨레·경향신문·오마이뉴스가 무조건 비호했으면 성공할 수 있었느냐 하면 그건 아니라고 생각하고요. 문재인정부에서는 노무현정부 때의 실패를 되풀이해서는 안 되겠지요. 우리도 차근차근, 시간이 필요한 것은 기다려주면서 지켜보고 지지할 것은 지지하고 비판할 것은 비판하자는 공감대가 있을 것으로 봅니다. 다른 언론도 마찬가지일 거라고 생각해요. 현재처럼 문 대통령 지지자들이 언론의 정당한 비판마저 백안시하는 것은 문재인 대통령에게 도움이 되지 않을 것입니다.

우리 신문도 노무현정부 때 무엇을 잘했고 무엇을 잘못했는지에 대한 반성도 필요하고, 새 정권과는 어떻게 관계 수립을 해야 할 것이냐를 고민해야겠다는 생각이 들어요. 권력에 대한 비판을 하되 전체적인 맥락 속에서 비판하는 것을 배워야 하는 거죠. 노무현정부 때는 사실 언론과의 관계 설정이 조금 잘못되었어요. 언론개혁은 필요했지만 너무 많은 적을 만들지 않았나 싶어요. 지금 청와대 신영을 보면 그런 면에서 더 나아졌다는 생각이 들어요. 굉장히 소통을 열심히 하고요. 노무현정부와는 조금 다른 모습이 될 거라고 생각하고, 지금 이러한 비판이 나오는 데 대해 그렇게까지 우려하지는 않습니다.

박성제 참여정부 때 편집국장을 하셨죠? 그것에 대한 심경이 남다르시겠어요.

권태선 노 대통령이 당선 후 한겨레신문사에 오셨어요. 방문하심으로써 한겨레가 노무현 대통령과 특별한 관계인 것처럼 보였기 때문에 우리가 운신하기가 굉장히 어렵게 된 부분이 있었어요. 그리고 한겨레가 제2의 창간을 하면서 주주를 한번 더 모집했어요. 그때 노무현 대통령이 2000만원어치의 주식을 구입하시겠다고 했어요. 그것도 부담스럽더라고요. 그 일이 조선일보 1면에 실렸어요. 노 대통령과 한겨레를 싸잡아 비난했죠. 노 대통령은 선의로 했던 거지만, 언론과 권력 사이에는 거리가 필요하지 않습니까. 그 거리가 있어야 우리가 더 운신할 수 있죠.

박성제 노무현 대통령이 한겨레신문사를 챙긴다거나 한편이라거나 하는 시각 때문에 오히려 더 노무현 대통령에 대한 칼날을 날카롭게 했던 건 아니었나요?

권태선 그랬다고는 결코 생각하지 않습니다. 우리가 노무현 대통령을 비판한 지점은 예를 들어 이라크 파병 같은 문제였어요. 한겨레는 평화를 지향하는 신문이니까 파병에 대해서는 당연히 반대한 것이고, 또 사학법 개정 등을 제대로 못한 부분 같은 것을 비판한 거예요. 노 대통령에 대해서 더 심하게 한다는 건 말이 안 되죠.

박성제 요즘 진보언론 기자들에 대한 비판 중에 엘리트 의식, 계몽주의를 버리지 못한다는 게 있어요. 예전에 훌륭한 언론인, 지사형 기자들이 많았죠. 아까 송건호·리영희 선생님에 대해 말씀하셨던 것처럼요. 독재정권 밑에서 정보로부터 소외된 사람들에게 진실을 알리는 것이 기자들의 매우 중요한 역할이었는데, '지금은 인터넷만 보면 다 알 수 있는데 자기들이 마치 독자들 위에 있는 것처럼 독자를 깨우치려고 한다' '이게 운동권 출신 기자들 특유의 성향이다'라는 비판도 나옵니다.

권태선 미국 대선 때 가짜 뉴스 및 극우언론이 창궐했고 그것이 선거에 영향을 미치지 않았습니까. 그것에 대해 알아보려고 제가 지난 4월 미국에 가서 여러 사람들을 만나 인터뷰했어요. 그중 한 분은 가짜 뉴스의 문제점을 지적하고 이를 저지하기 위한 연대 활동을 펼치는 시민단체 소속이었어요. 그분이 미국 대선에서 트럼프가 당선된 데는 주류언론이 일반 시민들과의 연결점을 잃어버린 탓도 있다는 지적을 하시더라고요. 뉴욕타임스·워싱턴포스트·CNN 등의 매체들은 대중이 자질도 능력도 형편없이 떨어지는 트럼프를 선택할 것으로는 생각도 못했지요. 그 전문가는 주류언론에서 일하는 언론인들이 대부분 엘리트층이었기 때문에 러스트벨트(Rust Belt) 주민들의 실상과 그들의 분노의 깊이를 제대로 이해하지 못했다고 하더군요. 그게 진보언론이 '가르치려고 든다'는 측면과 일맥상통하는 것 아닌가 해요. 또 다루는 주제나 글쓰기 방식도 일반 시민의 공감을 얻기에 부족한 부분도 있고요. 제가 현직에 있을 때에도 그런 비판을 많이 받았어요. 우리 언론인들이 이 문제를 굉장히 심각한 사안으로 받아들이고 대책을 마련해야 합니다. 독자나 시청자가 진정으로 필요로 하는 언론이 되기위해 눈높이를 맞추고 진정한 소통이 이루어지도록 노력해야 합니다.

언론계의 성차별

박성제 종합일간지에서는 처음으로 여성으로서 편집국장이 되신거죠. 언론계에도 유리천장이 있는데, 어떻게 그런 현실을 극복하셨어요? 같은 언론인임에도 여자라는 이유로 차별받았던 상황 가운데 대표적인 것을 이야기해주세요.

권태선 입사 때부터 그랬습니다. 저는 한국일보사 35기로 입사했는데, 성적도 꽤 좋았던 것으로 알고 있어요. 그런데 '한국일보'가아니라 '코리아타임스'로 배치됐어요. 그것부터 차별이라고 느꼈지요. 그리고 우리 때는 여자는 문화부·외신부·생활부에 보내고, 경찰서 출입도 못했어요. 1988년 한겨레신문사에 와서는 민족국제부로 배치됐고, 정기적으로 밤샘 야근을 해야 했어요. 그때 아이가 둘이었는데, 국장님께서 "야야, 애 엄마가 야근을 해서 어쩌노" 그러시더라고요. 나름대로 진보적인 생각을 가진 분들이었는데도 (웃음).

언론계의 유리천장 문제에 대해 논문 쓰시는 분이 설문조사를 하러 방문한 적이 있어요. 저한테 '앞으로 당신이 어디까지 승진할 것 같으냐'라고 질문하기에, '부국장 정도는 될 수 있을 것 같다'라고 답했어요. 한겨레신문사는 성차별이 덜한 편이었는데도, 여성인 내가 국장이 될 수 있을 거라는 생각은 못했던 거지요. 제위로 조선투위 출신의 김선주(金善珠) 선배가 계셨는데, 그 또래나 그보다 어린 남자 선배들은 다 부장 등 간부로 배치됐는데 유독 김 선배만은 평기자로 시작했어요. 그안에서도 역시나 차별이 있었던 거죠.

예를 들어 파리특파원 갔다가 들어오니까 저보다 나이는 많지만 신문사 기수로는 후배인 국제부장이 있고, 저는 그 밑에 차장으로 배치됐어요. 이런 상황을 견디게 만들죠(웃음). 다만 한겨레신문사는 언로가 트여 있으니까 그런 부분이 부당하다고 항상 항의를 했어요. 특파원 갈 때도 나는 특파원을 할 수 있는 이러이러한 자격을 갖추고 있으니 보내달라고 요구했고요. 다른 데서는 '저 여자가 왜 저래'라고 했겠지만 그나마 한겨레니까 요구를 하면 고려했죠.

사회부장 할 때도 편집국장한테, 내가 사회부장이 되면 여태까지 남자늘이 했던 사회부장과 다르게 할 수 있다고 얘기했어요. 부처에서 받아쓰기만 하는 게 아니라 현장에서 취재하고, 정부의 정책 등에 직접 영향을 받는 사람의 현실에 기반을 둔 기사들을 생산할 수 있다고 주장했고, 그런 부분이 받아들여졌던 것 같아요.

한겨레가 낫기는 했지만, 그안에도 뚜렷한 차별, 인식의 격차가 존재해요. 부장급 가운데 여자가 한명 있거나 두명 있거나 하는 상황이 대부분이니까 편집회의에서 기사의 가치를 판단하는 데 무의식적으로 성차별 인식을 드러내는 경우도 없지 않았어요. 제가 유일한 여성 부장일 때 "나의 발언권은 50퍼센트다"라고 주장했어요. 편집위원회의 남성 구성원 발언권 전체와 내 발언권은 동급이라고요. 그런 것들을 시정하는 역할을 했죠.

박성제 요즘은 여성 편집국장도 많이 나오고, 여성 시경캡(경찰서 출입기자들을 관리·감독하는 중견 기자)도 나왔죠. 이렇게 우수한 여성 기자들이 일단 요직에 진출하는 선례는 만들어졌지만, 한편으로는 이런 문제가 있는 것 같아요. 방송의 경우 여성 기자를 뽑을 때 외모를 많이 봐요. 젊은 사회부 여성 기자들이 스타가 되어 활약하고 언론계에서 여성 언론인들의 역할이 커진 건 분명한데, '상품화한다' '눈요기로 쓰려고 한다'는 비판이 나오는 게 사실이에요. 사실 '여기자'라는 말 자체가 문제가 있는 말이기도 하잖아요.

권태선 최근 '문빠'라고 불리는 사람들과 한겨레가 갈등을 빚은 요인 중에 '김정숙 여사'라는 표현이 있어요. 그것도 한겨레에서 오랫동안 토론을 했던 문제입니다. '여자에게 여사라는 표현을 붙이면 존칭이 되는가?' 우리는 그 여사라는 표현에 문제가 있다고 생각해 남녀 모두에게 '씨'라고 붙이기로 했습니다. 노무현 대통령 때도 '노무현 대통령 부인 권양숙 씨' 이런 식으로 썼고, 그때도 "왜 권양숙 씨라고 써?"라는 문제제기가 있었지만, 우리 입장을 설명하면 대부분 이해했어요.

　여사라는 말이 존칭이 아니라기보다, 성차별적 인식을 드러내는 표현이라는 것 때문이었지요. 오랫동안 신문 등에서 여성 인물을 설명할 때, '권태선(여, ○○세)'라는 식으로 표기했어요. 이것은 '신문에 나올 수 있는 사람은 기본적으로 남성이고 예외적으로 여성이 등장한다'는 인상을 주기 때문에, 이렇게 구분하는 것은 성차별적이라 여겨 우리는 쓰지 않았어요. 그 맥락에서 여사라는 말도 쓰지 말자고 해서 안 쓴 거였고요. 그런 측면에서 '여기자'라는 말도 부적절합니다. 그냥 기자죠.

KBS의 문제

박성제 2017년 현재 KBS 이사를 맡고 계시죠? 전영일·김서중·장주영 이사들과 최근에 성명도 내셨고, 비판적으로 활동을 하고 계시는데 KBS의 가장 큰 문제는 뭐라고 생각하시나요?

권태선 제일 큰 문제는 지배구조의 문제예요. 형식적으론 이사회가 사상 후보를 주천해 대통령이 임명하도록 되어 있지만, 그 이사회 구성에 정당의 입김이 강하게 반영된다는 게 문제입니다. 물론 이사들이 어떤 경로로 선출되었던 스스로 독립기관으로 인식하고 독립적으로 행동하면 문제없을 것 같지만, 실제로는 그게 잘 안 되는 것 같습니다. 그래서 저는 우리도 독일 공영방송과 같은 지배구조를 만들어보면 어떨가 싶습니다. 사회 각 부분을 대표하는 50여명의 시청자 위원 가운데 10여명 정도의 이사들을 뽑고, 그 이사들이 사장 후보를 선출하는 것이지요. 공영방송에 대한 정치권의 영향력을 대폭 줄이고 그야말로 국민 전체의 뜻에 응답하는 공영방송이 될 수 있는 길이라 생각합니다.

또다른 문제로 KBS 내에 스스로를 국영언론으로 생각해온 유습이 남아 있는 것 같습니다. 지금 젊은 기자들은 그렇지 않다고 하는데, 권력의 의견을 들어왔던 태도가 남아 있고, 그런 사람들이 지배구조의 상층부를 차지하고 있으니까 이상한 보도가 나오는 것 같아요. 공영방송에서 가장 중요한 것은 공정성을 지켜 국민의 신뢰를 얻는 일인데, 이런 부분에 대한 인식이 제대로 갖춰져 있지 않은 것 같습니다. 2016년 보도본부를 책임졌던 분의 이야기가 생각나네요. 정부 관련 보도의 균형에 문제가 있다고 지적하자 KBS는 국가기간방송이기 때문에, 박근혜 정부의 정책을 지원할 수밖에 없다는 거예요. 너무 황당해서 어떻게 정부와 국가가 동일하냐, 진정한 국가기간방송이라면 정부의 정책에 대해 시시비비를 엄정하게 따져 바른 길로 가도록 이끌어야 하는 것 아니냐고 했지만, 받아들이는 것 같지 않더군요. 그렇게 방송을 만드니 신뢰도가 추락할 수밖에 없지요.

또 하나의 문제는 위계적인 조직구조와 운영 탓에 조직원들의 자율성과 창의성이 발휘되기 어렵다는 점입니다. 이번에 경영평가보고서를 냈는데, 경영평가위원 중 한명이 이런 지적을 했어요. '4차 산업혁명 시대가 되면서 수평적이고 자율적인 구조로 기업들이 변해가고 있고, 자율성을 강조하는 조직이 월등히 발전할 수 있음이 증명되고 있다. 안 그래도 위계적인 한국사회에서 KBS는 이번에 오히려 위계를 강화하는 조직개편을 했다'라고요. 공정보도가 바르게 이루어지고 있지 않다는 비판적 의견을 외부매체에 썼다며 기자를 징계하고, 동료기자들이 그 징계가 부당하다는 비판을 하자 국장·부장단이 대응 성명을 내는 모습을 보며 놀랐습니다.

언론인은 내가 언론을 통해서 사회에 어떤 역할을 할 것인가라는, '언론관'이 분명히 있는 사람이어야 합니다. KBS에 와서 얘기를 나눠보니, PD 가운데 정권으로 간 사람은 없다고 하더라고요. 그런데 기자들은 9시 뉴스를 하다 말고 청와대로 뛰어가 대변인 노릇을 하잖아요. 기자직을 자기 미래의 돌파구로 삼으니까 유착이 생겨요. 무엇보다 언론인의 책무에 대한 인식이 투철한 사람들을 뽑아야 하고, 또 그런 인식을 놓치지 않도록 계속 교육해야 합니다.

리영희를 다시 생각하며

박성제 '우리 사회에 리영희 같은 기자가 없다, 젊은 기자들의 표상이 될 수 있는 기자가 없다'고 하죠. 손석희 씨는 조율을 굉장히 잘하고 공정함과 중립의 표상이기는 하지만 리영희 선생처럼 언론과 사회가 가야 할 비전을 제시하는 분은 아니잖아요. 그런 시대는 이미 지난 건가요?

권태선 리영희 선생 같은 분이 다시 나올 수는 없을 것 같아요. 우리 사회가 굉장히 다종다양해졌기 때문에 한 저널리스트가 그렇게 많은 영향력을 행사할 수 있는 시대는 아니에요. 그렇지만 리영희 선생과 같은 정신을 가진 기자는 훨씬 더 많이 나와야 한다고 생각해요. 제가 리영희재단을 만드는 일에 나섰던 것도, 언론인이자 학자로서 타협 없이 진실을 추구해온 선생과 같은 언론인이 나올 수 있도록 돕자는 뜻이었어요. 한겨레신문사 출신 중에 김효순(金孝淳) 선배의 경우 은퇴한 다음에 기자로서 남들이 하지 않는 영역, 재일동포 간첩단 사건 등을 끈질기게 추적해서 책을 내셨고, 그런 분들이 곳곳에 계십니다. 그런데 리영희 선생처럼 철저하게 준비해서 제대로 된 기사를 쓰는 것에 더해 우리 사회가 어떤 방향으로 나아가야 할지 고민하면서 사상가적인 풍모까지 지닌 기자들은 잘 보이지 않는 것 같아요.

최근에 저와 몇몇분이 『리영희를 함께 읽다』(고병권 외, 창비 2017)라는 책을 냈어요. KBS 이사 중 어떤 분들은 아직도 리영희 선생을 빨갱이라고 욕해요. '의식화의 원흉'이라면서. 저는 그분들이 아직도 리 선생을 그토록 의식하고 비난하는 것 자체가 지금 이 시대에도 리 선생의 비판정신이 유의미하다는 방증이라 생각합니다.

리영희 선생의 책을 지금도 새롭게 읽어볼 필요가 있다고 생각해요. 역사 공부와 더불어서요.

2장

MBC의 몰락
— 정권의 입이 된 공영방송

대담/
최승호
崔承浩

뉴스타파 앵커. 1986년 MBC PD로 입사해 「경찰청 사람들」「PD수첩」
등을 제작했다. 2012년 MBC 파업 참여로 해직된 뒤 2013년부터 뉴스타
파 앵커로 활동하고 있다. 국내 탐사 저널리즘을 대표하는 언론인으로서
제23회 한국PD대상 올해의 PD상(2011) 등을 수상했으며, 국정원의 간첩
조작사건을 다룬 다큐멘터리 「자백」을 연출해 제17회 전주국제영화제 다
큐멘터리 부문 최고상(2016) 등을 수상했다.

지금 MBC에서 벌어지는 일

박성제 일단 현재의 MBC 얘기를 하지 않고 넘어갈 수는 없을 것 같아요. 2017년 2월 23일 김장겸 보도본부장이 사장이 됐습니다. 그 현장을 최승호 PD가 촬영했고, 저도 밖에서 시위에 참여했는데, 김장겸 사장체제가 된 게 MBC에 어떤 의미가 있을까요? 지금까지는 정권과 국정농단 세력을 옹호하는 방송을 해왔다면, 이제 대통령이 탄핵되고 극우 보수세력이 입지가 좁아지면서 그 세력이 MBC를 자기들의 보루로, 기지로 활용하려는 게 아닌가 하는 느낌을 받았어요.

최승호 제가 요즘 공영방송의 몰락 과정에 관한 다큐멘터리를 만들고 있어서 김장겸 씨가 사장이 되는 과정을 취재했어요. 그전에 이미 극우 보수단체들이 MBC에 와서 김장겸이 사장이 되어야 한다고 주장하는 집회를 열었어요. 그 집회를 지켜보면서 고영주(高永宙)라는 방문진(방송문화진흥회) 이사장이 극우세력의 구심이라는 인상을 받았어요. 굉장히 열광적으로 "고영주! 고영주!"라고 연호하더라고요. 그 집회 바로 전날 「PD수첩」을 통해 극우단체, 즉 탄핵반대단체 집회에 돈을 받고 참가한 사람들에 관한 내용이 방송됐어요. 그래서 집회 참가자들이 '우리가 칭찬해주러 오긴 왔는데 아직 MBC는 문제가 많다. 여전히 「PD수첩」은 문제가 있고, MBC가 잘한다고 하지만 사실 대부분은 저쪽 방송을 하면서 어쩌다 한번 우리 방송을 해주는 정도다'라는 이야기를 해요. '그나마 이런 정도의 변화는 고영주 이사장이라는 걸출한 인물이 없었으면 불가능했다. 그래서 고영주 이사장과 고영주 이사장이 선임하는 차기 사장을 우리가 지켜야 한다'라고요. 또 하나 '고영주 이사장이 있기 때문에 김세의 기자 같은 훌륭한 기자도 나올 수 있었다'라는, MBC 제3노조를 지지하는 언급도 하더라고요.

그렇다고 해서 고영주 이사장이 3년 임기를 다 채우겠다는 생각을 갖고 있는 것 같지는 않았어요. 제가 고영주 이사장을 만나서 "앞으로 3년 동안 MBC를 극우 보수세력의 진지로 만드시겠다는 것 아닙니까?"라고 물어봤어요. 그랬더니 고영주 이사장이 진지를 만들겠다는 것을 부정하지는 않고 "당신네들이 지금 법 바꾼다고 하는데 3년 갈 일 있겠냐"라고 하더라고요. 어쨌든 법을 바꾸든가, 방문진 이사 임기가 다 끝나 새로운 방문진 이사들이 김장겸 씨를 축출하는 일이 발생할 때까지는 MBC를 극우 보수세력의 기지로 활용하겠다는 의지가 있는 거죠.

박성제 지금 MBC 같은 경우는 내버려둬도 이미 장악됐는데, 더 올가미를 씌워서 뭘 하려는 걸까요?

최승호 이 사람들은 항구적으로 불안감을 느끼는 것 같아요. MBC 노동조합의 힘, 결속력 때문에 늘 자기네 세력은 소수파일 수밖에 없다고 생각하죠. 제3노조도 그런 주장을 계속하거든요. 극우단체 집회 때 제3노조 위원장들이 나와서 연설을 하며 '우리는 극소수파이고 항상 탄압받고 있고 왕따를 당하고 있다'라는 이야기를 많이 했어요. 그러면서 도와달라고 하고요. 조금만 고삐를 늦추면 MBC가 바로 과거로 돌아갈 수 있다고 생각하기 때문에 통제할 수 있는 장치를 지금보다 강화하지 않으면 자기들이 뒤통수를 맞으리라는 공포심을 가지고 있는 거죠.

MBC의 역사

박성제 「PD수첩」 얘기를 먼저 해야 할 것 같아요. 최승호 PD가 오랫동안 「PD수첩」의 얼굴이었는데, 처음 「PD수첩」에 합류한 게 언제였어요?

최승호 「PD수첩」이 생긴 건 1990년이고 제가 맡은 건 95년이에요.

「PD수첩」을 굉장히 가고 싶어했지만, 선배들이 저를 처음부터 넣어주진 않았어요. 제가 프로그램을 부드럽게 잘 만든다는 걸 입증하고 난 뒤에야 「PD수첩」으로 보내주더라고요.

박성제 그전에는 무슨 프로그램을 하셨어요?

최승호 대표적인 건 「경찰청 사람들」이에요. 초기 「경찰청 사람들」의 1년 전체 평균 시청률이 30퍼센트였어요. 전반적으로 시청률이 굉장히 높게 나오던 시절이기는 해요. SBS가 아직 본격 궤도에 들어서지 못했던 상황이고, SBS 창사 전에는 말할 것도 없고. 그래도 다른 미니시리즈들과 비교했을 때 높은 시청률을 그렇게 장기간 유지했다는 게 평범한 건 아니었어요.

박성제 그때가 김영삼(金泳三)정권 초반기인데, MBC의 영향력이 막강했죠. 방금 말씀하신 것처럼 「경찰청 사람들」 같은 교양프로그램도 시청률이 30퍼센트가 나왔고, 뉴스도 20퍼센트대를 계속 유지했고, 시사프로그램들은 20~30퍼센트씩 나올 때잖아요. 드라마도 40~50퍼센트씩 나올 때가 있었고요. 모든 면에서 MBC의 영향력이 막강하고 언론고시생들이 입사하고 싶은 언론사 1순위로 꼽히던 전성기였죠. 1980년대 후반에는 어땠어요?

최승호 저는 1986년, 전두환정권 시절에 MBC에 들어왔어요. 그때는 방송국이 KBS와 MBC밖에 없었죠. 그런데 둘은 이미지에서 상당히 차이가 있었어요. 똑같은 '땡전뉴스'로 생각되지만 그런 와중에도 결이 달랐어요. 'MBC는 그래도 좀 낫다' 하는 분위기가 있었죠. 뉴스 말고 드라마나 예능, 특히 드라마의 경우는 고석만(高錫晩) PD가 실험적인 형식을 많이 시도했고, 「제1공화국」(1981~82) 같은 좋은 내용의 작품을 많이 했어요. 사회성 짙은 작품이 많았기 때문에 MBC에 다들 들어오고 싶어했죠.

박성제 「PD수첩」 같은 본격 시사프로그램, PD들이 만드는, 이른바 PD저널리즘의 전형을 보여주는 작품을 시도한 것이 MBC가 처음이었나요?

최승호 KBS의 「추적 60분」이라는 프로그램이 1983~86년 만들어지다가 없어진 상태였어요. 1985년 '학원안정법'이 발표되었을 때 그걸 프로그램 아이템으로 삼았고, 안기부(국가안전기획부)가 간첩 사건을 발표하면 그런 것도 많이 다뤘어요. 학생운동을 비판하고요. 보통은 그런 것을 보도특집 프로그램에서 많이 했잖아요. 「추적 60분」도 당시에 그런 식으로 이용되다가 프로그램이 없어졌고, 「PD수첩」이 생기고 난 뒤에 1994년 다시 살아났어요. 본격적으로 '시사를 제대로 다뤄보자'라는 의미에서 출발한 걸로 치면 「PD수첩」이 처음이라고 봐야겠죠.

박성제 1986년에 입사하셨는데, 87년 민주화항쟁 때 MBC가 겪었던 일을 기억하고 계시나요?

최승호 제가 막 MBC에 들어왔는데 그 다음해에 바로 6월항쟁이 나더라고요. 그때 PD들에게 사회적인 문제를 다룰 수 있는 창구가 전혀 없었기 때문에 우리는 6월항쟁이라는 사건을 프로그램에 반영하고 싶어도 할 수가 없는 상황이었어요. 아무리 기사를 써도 제대로 보도를 안 해주는 거죠. 당시의 뉴스 자료화면을 본 적이 있어요. 6월항쟁 때 규모가 큰 시위가 많이 벌어졌는데 뉴스가 나갈 때는 작은 규모인 것처럼 편집됐고, 돌을 던진다거나 시위대가 폭력행사를 하는 것은 굉장히 과대 포장됐어요. 경찰이 수많은 시민들을 폭행한 것에 대해서는 보도하지 않았고요. 최일구(崔一九) 선배가 그런 이야기를 한 적 있어요. MBC 취재차량이 르망 승용차였는데, 명동성당 농성을 취재하러 갔더니 시위대가 자동차에 돌을 던지곤 도망을 갔다고요. 당시에 MBC의 젊은 기자들은 울분을 토로하고 있는 상황이었죠.

박성제 그런 일을 겪었던 기자들이 이래서는 안 되겠다 해서 노조를 만들었다는 거죠?

최승호 맞아요. 6월항쟁 이후 MBC 안에 처음 생긴 게 '방송민주화추진위원회'였어요. 기자들에게서 시작됐죠. 기자들이 현장에서 제일 많이 느끼니까요. 그게 발전해 12월에 노동조합이 만들어진 거예요.

박성제 제가 기록을 보니까 노조가 생긴 게 대선 2주 전이더라고

요. 대선 결과에 상관없이 공정방송을 하자고 생각하며 만든 거잖
아요? 그런데 노태우가 대통령에 당선되었으니, 결국 전두환 때와
똑같아진 것 아니냐는 실망이 있지 않았나요?

최승호 아니에요, 완전히 달라요. 언론사의 노동조합이라는 건 노
동운동이라기보다는 언론운동 성격을 많이 띠잖아요. 언론운동을
하기 위해 노동조합이라는 조직체를 가지려고 애를 쓴 건데 그게
과거에는 한번도 성공한 적이 없었죠. 원래 동아일보의 '자유언론

실천선언'이라는 것도 기자들이 노동조합을 설립하려고 했던 운동인데, 노조 설립 후 신고서까지 제출했지만 서울시에서 안 받아줬어요. 노조 설립이 좌절된 다음에는 그것이 자유언론수호 실천투쟁으로 가는 거예요. 노조가 있었더라면 그 과정에서 합법적인 틀을 가지고 파업을 한다든지 조직을 보호하는 조치를 할 수 있었을 텐데, 노동조합이 없고 안 받아주니까 나중에 결국은 150명가량 해고되기도 했어요. 그랬다가 1987년 마침내 처음으로 MBC에서 방송노조를 만든 거죠.

박성제 방송사로서는 처음이고 언론사 전체로 보면 한국일보사 다음이더라고요. 전두환 시절까지는 노조를 만드는 것 자체가 불가능한 세월이었죠. 1987년 민주화항쟁을 거치며 기자들, 언론인들이 크게 각성하고 사회적인 분위기도 너그러워졌어요.

최승호 단체협약에 공정방송 조항을 집어넣는 게 당시 노조의 가장 큰 목표였어요. 1988년 올림픽 직전에 최초의 파업을 통해서 청와대 낙하산 사장이었던 황선필(黃善必) 사장 퇴출을 요구했고, 그게 성공했어요.

박성제 황선필 사장 쫓아내고, 국회의 박정희 친위부대인 유정회(유신정우회) 출신 김영수(金榮洙) 사장이 왔는데 그땐 파업을 안 했죠?

최승호 파업은 안 하고 제작 거부를 했어요. 출근 저지를 했는데 김영수 사장이 몰래 들어왔어요. 자기 혼자 몰래 왔다는 소리가 들리니까 비상대책위원회에서 쫓아 올라간 거죠. 비대위원들이 10층 사장실에 있는 사람을 의자째로 들어서 길바닥으로 내보냈어요.

방문진이 1988년에 생겼는데, 그전에는 KBS가 MBC 주식을 가지고 있었어요. 정수장학회 주식 지분을 뺀 나머지 부분을 KBS가 가지고 있었죠. 그렇다고 해서 KBS가 특별히 MBC에 영향력을 행사했던 건 아니고 청와대가 사실상 좌우한 거죠.

박성제 제가 김영수, 최창봉(崔彰鳳) 사장 다음인 강성구(姜成求) 사장 때 입사했어요. 그다음에 이득렬(李得洌) 씨가 사장이 됐고, 1997년에 정권이 바뀌고는 해직언론인 출신인 노성대(盧成大) 사장이 왔죠. 그다음이 김중배(金重培) 사장이었고요. 노성대 사장까지만 해도 청와대가 보냈다고 봐야겠네요.

최승호 그렇죠, 그렇다고 봐야죠. 그래서 방문진 이사회 내부에서 "언제까지 이렇게 청와대에서 해달라는 대로 해줄 거냐" 하면서 논의를 많이 했다고 해요. 동아일보 편집국장 출신인 김중배 씨를 뜻있는 인사들이 추대해서 청와대의 뜻을 거스르고 사장을 만든 거죠. 청와대의 영향력을 거부한 건 김중배 사장이 처음이자 마지막일 거예요.

그 이후에 노무현정부가 들어서고 김중배 사장이 그만두자 권력의 진공상태가 왔어요. 그 때문에 방문진 이사들이 자기들과 친분이 있는, 익숙한 사람을 뽑으려고 했어요. 그래서 대구MBC 사장이었던 이긍희(李兢熙) 씨가 사장이 된 거죠. 이긍희 사장은 능력도 있었지만 임원을 굉장히 오래 한 사람이니까 방문진 이사들과 친분이 상당했죠.

박성제 MBC에 김중배 사장이 있을 때 '과연 경영 능력이 있느냐' 하고 이렇다 저렇다 이야기를 했지만, 제 개인적인 생각으로는 기자·PD들이 가장 마음 놓고 프로그램을 만들고 뉴스를 했을 때가 김중배 사장이 계실 때였어요. 사실 저는 KBS·MBC 등 공영방송 사장한테 경영능력, CEO로서의 자질을 요구한다는 게 어불성설이라고 봐요. KBS는 수신료만 올리면 수익이 해결되는 구조잖아요. 수신료는 국민들이 KBS가 공영방송으로서의 역할을 제대로 하고 있다고 판단해야 올려주는 거죠. 마찬가지로 MBC도 광고 시스템 등에 의해서 수익이 결정되는 것이지 이런저런 사업 벌이고 협찬 따온다고 경영이 좋아지지 않아요. 무엇보다 방송을 잘 만들어야죠. 사장이 방송과 무관한 사업을 벌이는 것이 수익에 큰 도움이 안 된다는 게 지금까지 여러차례 드러나지 않았나요?

최승호 단기적으로 봤을 때 김재철(金在哲) 씨처럼 협찬을 많이 따오면 수익이 올라가는 것처럼 보이죠. 그런 효과가 당장은 있을지 모르지만 그게 반복되면 내부 조직을 망가뜨릴 수밖에 없고, 국민 신뢰도 저하로 이어져요. 신뢰도가 떨어지면 광고는 당연히 떨어지는 거고, 장기적으로 보면 경영이 다운될 수밖에 없는 거예요. 그게 MBC에서 입증됐다고 봐요. 김중배 사장 계실 때 MBC는 잘

나갔죠.

박성제 이긍희 사장 다음에 노조위원장 출신인 최문순(崔文洵) 씨가 사장이 됐고, 그다음 엄기영(嚴基永) 사장 뒤에 김재철 사장이 왔죠. 역대 사장 가운데 낙하산이라는 혐의에서 벗어날 수 있는 사람은 많지 않죠, 가장 확실한 사람은 김중배 전 사장이고요.

최승호 공영방송 지배구조상 여권 이사 비율이 압도적일 수밖에 없어요. MBC만 해도 이사진이 여권 인사 6명, 야권 인사 3명으로 이루어지잖아요. 여당에서 파견하는 이사들이 사장을 결정하는 것이니 결국은 청와대 의사를 따라갈 수밖에 없었죠. 그럼에도 MBC 사장으로 와서 어떻게 하느냐는 완전히 다른 문제예요. 우리가 그 부분을 구분할 필요가 있어요. 적어도 김대중-노무현 정부 시절에 MBC 사장으로 온 분들은 그 이전이나 그 이후에 비해 현저하게 내부 조직에 대한 통제나 보도에 대한 간섭을 거의 안 했어요.

박성제 사실 김대중-노무현 정권 때도 언론사들이 파업을 하기는 했는데 지금처럼 공정방송을 쟁취하기 위한 파업은 아니었죠. CBS가 265일간 파업을 했는데 주주인 종교단체와 싸움을 한 거였고(2000~2001), 경인방송 역시 대주주인 동양제철화학과 싸웠잖아요(2003~2004). 이런 건 정치권력의 언론장악에 저항하는 싸움이었다기보다는 대주주의 횡포에 저항하는 투쟁이었죠.

사장 이야기를 한마디만 더 한다면, 정연주(鄭淵珠) KBS 사장, 김학천(金學泉) EBS 사장, 표완수(表完洙) YTN 사장, 노성대 MBC 사장 등이 해직언론인 출신인데 이분들이 김대중-노무현 정부 때 요직에 등용됐지요. 최문순 사장까지 포함해서요. 이런 사례를 가지고 수구·보수 세력들이 '너희도 똑같지 않느냐, 너희도 코드인사 하지 않느냐'라고 비난하기도 했어요.

최승호 그런 비판을 전혀 안 받는다는 건 쉽지 않은 일일 거예요. 당시 노무현 대통령이 서동구(徐東九) 전 경향신문 편집국장을 KBS 사장으로 보냈는데, KBS 노조에서 '서동구 씨는 대선 때 노무현 캠프에 적을 두었기 때문에 사장으로 오면 안 된다'라며 파업을 하겠다고 해서 결국은 그 사람이 안 됐고 정연주 사장이 됐어요. 그때 사장추천위원회가 만들어졌는데, 정연주 사장이 그 추천위원회에서 추천한 세 명 중 한분이에요. 물론 대통령이 정연주 사장을 좋아했고, 대통령 된 직후에 한겨레신문사도 찾아가고 그랬으니 관계를 부정할 수는 없지만, KBS 이사회에서 선택한 것이기 때문에 절차상으로는 충분히 공정했다고 생각해요. 표완수 사장이나 다른 분들도 마찬가지고요.

더 중요한 건 그런 분들이 들어가서 사장으로서 일할 때 내부 구성원들로부터 어떤 평가를 받느냐예요. 정연주 사장에 대해서 나중에는 호불호가 갈렸고 KBS 노조도 의견이 반으로 쪼개지긴 했지만, 보도를 잘하고 싶어하고 언론자유를 지키고자 하는 KBS 내의 젊은 기자 및 PD에게 굉장히 지지를 받는 사장이었어요. 표완수 사장도 황우석 사태 때의 청부 보도라는 치욕적인 부분이 있었지만, 대체로는 표 사장 때 YTN이 이전 그 어느 때보다 많이 발전했고 기자들의 자부심도 올라갔죠.

언론인이 정계로 진출하는 방법

박성제 역대 사장들 가운데 최문순 사장 얘기를 좀더 해볼게요. 최문순 사장이 사내 개혁을 요구하는 젊은 언론인들의 지지에 힘입어 2005년 갑작스럽게 40대 사장이 됐어요. 그때가 만 49세였죠.

최승호 MBC 노조위원장을 지내고 해고됐다가 언론노조위원장까지 지낸 사람이었으니 당시로서는 유례없이 파격적인 상황이었죠.

박성제 최문순 사장이 임기 동안 보도의 자유는 지켜줬지만 8000억짜리 신사옥 건축을 추진하는 등 일을 벌였어요. 제가 노조위원장을 할 때였는데, 사내에서 직원들이 걱정을 많이 했어요. 최 사장이 3년 더하면 보도는 큰 문제가 없겠지만 경영이 어려워지겠다는 판단을 했고, 노조가 사장 연임 반대 입장을 정했죠. 그러니 이분은 충격을 받았을 거예요. 본인이 노조위원장 출신인데… 어쨌든 노조가 반대한다는데 억지로 연임을 하겠다고 나설 사람은 아니니까 그만뒀죠. 그러고 나서 2008년 엄기영 씨가 사장이 됐어요. 이명박정권으로 바뀐 직후라 권력의 진공상태가 있었던 거예요.

이명박 대통령은 김재철 씨를 사장으로 보내려고 했는데 노조가 결사반대를 했고, 방문진 이사들도 노무현정부 때 뽑힌 사람들이었기 때문에 6명이 우위를 지키고 있었죠. 그래서 엄기영 씨가 김재철을 물리치고 사장이 된 거예요. 어찌 보면 김장겸 씨가 사장이 된 2017년과 비슷한 상황이죠. 그런데 최문순 사장이 덜컥 대통합민주신당에 비례대표로 공천 신청을 한 거예요. 그때 너무 화가 났어요.

최승호 이명박 대통령으로 정권이 바뀐 상황에서 언론 문제를 국회에서 강하게 대변해줄 사람이 필요하다고 말하는 분들도 많았지만, 그럼에도 불구하고 충격을 줬지요.

박성제 결국 최문순 씨는 국회의원이 돼서 정치권으로 나갔어요. 그다음 엄기영 사장도 초기에는 이명박정권과 싸우겠다고 하다가 광우병 촛불집회 이후 검찰수사가 시작되니까 체포영장 떨어진 PD들을 지켜주려고 하지도 않고 사과방송을 했죠. 그래서 저쪽으로 줄을 서는가 하더니 팽당해서 결국 사장 자리를 내놓게 됐어요. 그러고 또 강원도지사 선거에 한나라당 공천을 받아서 출마했어요. 이러니까 욕을 먹는 거죠, MBC 사장들이.

최승호 맞습니다. 사장 끝나자마자 비례대표로 간 최문순 씨는 지금까지도 극우세력으로부터 비난의 표적이 되고 있어요. 그분이 언론노조위원장에 MBC 노조위원장이었다는 상징성을 가지고 있었는데, MBC 사장이 됐다가 정치권으로 갔다는 것이 다 뭉쳐져서, 말하자면 이념 전쟁을 할 때 가장 공격하기 좋은 약점이 되어버린 거예요. 이후에 김재철 씨가 들어와 분탕질을 쳤을 때 우리가 낙하산 사장이라고 비판하며 공정성을 지켜야 한다고 주장하면 그쪽에서 "너희는 어땠는데?"라면서 최문순에 대한 이야기를 했어요. 그런 측면에서는 굉장히 아쉽죠.

박성제 방송사에서 앵커나 사장을 지낸 인물이 정치권에 갈 때는 그만두고 최소 6개월 정도의 기간을 둬야 한다는 불문율이 있어요. 노웅래(盧雄來) 의원의 경우도 노조위원장 하고 나서 기자로 돌아왔다가 출마했지만 그 6개월을 지켰어요. 그래서 일찍, 총선 전해 가을에 그만뒀죠. 반면에 정동영(鄭東泳) 의원은 끝까지 앵커를 하다가 나갔고요. 본인이 정치에 생각이 있었으면 일찍 그만둬야 하는데…

　김재철 씨의 경우처럼 친한 정치인이 권력자가 되면 낙하산 사장으로 올 수 있는 절호의 기회를 맞아요. 그 경력을 가지고 또 정치를 하고 싶어하고요. 1992년에 김영삼 대통령이 당선되자마자 당시 신한국당의 1993년 정풍운동을 주도했는데, 그때 부정축재 의원이라고 해서 몇명을 날렸어요. 그 리스트에 이명박이 들어간 거예요. 짤리느냐 마느냐 한참 기사가 날 땐데, 갑자기 김재철 씨가 후배 기자들을 술집으로 오라고 했대요. 그래서 갔더니 이명박 의원이 스폰서로 나왔더라는 거예요. 김재철이 후배 기자들에게 "야, 우리 이명박 의원이 참 억울하게 됐다, 이야기 한번 들어봐라"라고 하고, 이명박이 술을 사주면서 해명을 하더라는 거예요. 이걸 MBC 대상으로만 한 게 아니고 김재철이 다른 언론사 정치부 기자들과도 자리를 만들어주었다고 해요. 이명박 입장에서는 얼마나 고마웠겠어요. 김재철은 어려울 때 자기를 도와줬던 기자인 거죠. 김재철도 이명박이 대통령이 될 거라곤 생각 못했겠죠, 그때만 해도. 그런데 나중에 서울시장 거쳐서 대통령이 된 거예요. 덩달아 능력도 안 되는 사람이 야심이 커져서는 MBC 사장을 하겠다고 나서서 MBC를 말아먹고.

최승호 김재철 씨가 기사는 못 썼지만 정치인들과 안면 트고 그런 일은 잘했다고 들었어요.

박성제 민주당 출입하던 시절에는 김대중 전 대통령한테도 잘 보였다고 하고요. 그런 재주가 있는 사람이에요. 지금은 청탁금지법 때문에 조심들 하지만 정치부 기자들은 일주일에 몇번씩 정치인들과 술자리를 갖고 국정을 논하고 그랬잖아요.

최승호 촌지가 많았던 옛날에는 언론사 정치부가 정치인들에게 촌지도 많이 받았다고 해요. 그럼 정치인들은 그 돈을 어디서 받았겠느냐고요.

박성제 김대중정부 때 개인적으로 창피한 일을 겪었어요. 그때 제가 처음으로 정치부에 갔어요. 여당 출입기자 중 막내에서 두번째였는데 동교동계의 힘있는 의원하고 MBC 정치부 기자들하고 저녁식사를 했어요. 시내에 김대중 측 가신들이 많이 가는 한정식 집이 있어요. 그런데 거기에 가서 술 마시고 밥 먹고 헤어지려 하는데 최고참 선배가 의원에게 용돈을 달라고 하는 거예요. "형님, 이제 들어가시고 우리끼리 한잔 더 할 테니까 용돈이나 주십시오." 그러니까 그 의원이 이미 준비한 봉투를 하나 딱 꺼내요. 그러자 선배가 "야, 우리 형님이 주셨다, 가자!" 그래요. 창피하고 얼굴이 빨개지고 너무 화가 나더라고요. 막내니까 말은 못했어요. 그 선배는 나중에 사장 후보로까지 거론되더라고요.

대중의 뭇매 후에 탄생한 「PD수첩」

박성제 1995년 「PD수첩」에 합류했다고 하셨잖아요. 90년대 초반 「PD수첩」 우루과이라운드 편 결방 때문에 노조가 파업하고 그러던 때였는데, 당시 상황이 어땠나요?

최승호 6월항쟁 때 언론이 대중으로부터 굉장히 많은 비판을 받았어요. 아까도 말했듯이 KBS·MBC가 돌팔매를 맞는 상황이었죠. 방송민주화 운동이 활발해졌지만, PD들은 사회에 대한 비판의식을 가지고 취재·보도를 할 수 있는 여건이 아니었어요. 사회문제를 보도·방송할 수 있는 건 기자들이었고 PD들은 배제되어 있었죠. PD들의 시사프로그램을 편성해야 한다는 주장이 나왔고, 노

조가 그런 부분을 받아들여주었어요. 그게 1990년에 「PD수첩」으로 실현되어서 방송을 시작했죠. 방송을 시작하면서 그 이전에는 보기 힘들었던 내용이 전파를 탔어요. 「PD수첩」 첫 방송이 '피코 아줌마 열받았다'(1990.5.8)였는데, 그게 뭐였느냐면 미국계 다국적 기업이 노동자들의 임금·퇴직금을 체불하고 미국으로 도망간 거예요. 해고된 여성 노동자들이 미국까지 가서 항의하는 과정을 「PD수첩」에서 찍었어요. 새로운 내용이었고 실제 현장의 음향효과를 살리면서 임팩트 있는 방송으로 만드니까 시청률이 올라가

는 거죠.

박성제 뉴스에서는 토막 내서 짧게 짧게 보여주니까 시청자들이 그것만으로 사건의 본질을 이해하기가 쉽지 않죠.

최승호 데스크 개념도 기자들과 달랐어요. 원래 PD들은 데스크 개념이 약해요. 그럴 수밖에 없는 게 PD는 자기 프로그램을 한다고 하면 보통 60분짜리잖아요. 60분짜리를 긴 시간을 들여 만드는데 위에서 감시를 한다는 건 기본적으로 한계가 있어요. 그리고 프로그램이라는 게 누가 만드느냐에 따라서 엄청난 차이가 있고요. 여기에 MBC가 상대적으로 PD의 자율성을 보장해주는 풍토였기 때문에 취재해 와도 부장이 취재 내용을 일일이 본다거나 체크한다거나 빨간 줄을 그으면서 "이건 빼고 녹음해" 하는 일은 처음부터 없었던 거예요. 방송사의 데스크 시스템을 적용받지 않고 방송이 여과 없이 나갔기 때문에 대중이 충격을 받았고, 그래서 브레이크도 빨리 걸렸죠.

1990년 가을에 '우리 농촌 이대로 둘 수 없다'라는 주제를 다룬 적이 있어요. PD들이 우루과이라운드 때문에 농촌이 어려워질 것이라는 내용을 취재해서 만들어 내보내려고 예고 방송까지 다 했는데 갑자기 최창봉 사장이 방송하지 말라고 지시한 거예요. 그때 남북 고위급 회담 때문에 북한의 연형묵(延亨默) 총리가 서울에 와 있었는데, 최창봉 사장 말은 '연형묵 총리가 틀림없이 호텔에서 이 방송을 볼 텐데, 이렇게 한국정부가 잘못해서 농촌이 피폐해질 거라는 내용을 내보내면 되겠느냐'는 거였어요. 그러면서 연형묵이 돌아가고 나면 방송하라고 했어요. 완전히 하지 말라는 건 아니었고 방송을 연기하자는 주장이었는데, 노조는 분기탱천했죠.

안성일 위원장과 김평호 사무국장 두분이 사장실에 올라가서 굉장히 강력하게 항의했어요. 최창봉 사장이 원래 북한에서 내려온 분이라 말하자면 서북청년단쯤 되는 셈이었고, 또 70대인 사장이 보기에 두 사람은 완전히 새파랗게 젊잖아요. 자기가 약속이 있어 나가려고 하는데 못 나가게 막으면서 이 문제를 해결하라고 요구하고, 욕은 아니지만 끝이 좀 짧은 말들이 나가고 하니 최창봉 사장이 완전히 화가 나서 두 사람을 해고했죠. 김평호 씨가 먼저 해고된 뒤에 사장에 대한 신임 투표를 했을 거예요. 그러고 나니까 또 안성일 씨를 해고했죠. 「PD수첩」이 결국 그 사태를 일으킨 거예요. 그때 PD들을 대거 「PD수첩」에서 방출했어요. PD를 다 물갈이한 거예요. 좀 양순한 사람들로요. 진행자도 바꾸고요. 바꾼 상태에서 몇년이 갔고, 제가 들어갔을 때는 순한 「PD수첩」으로 몇년이 지난 상황이었던 거죠. 제가 1995년에 들어가서 금정굴 양민학살 현장을 발굴했고, 그게 당시에는 센세이셔널한 특종이었어요. 그런 것을 만들며 다시 원기를 회복해가기 시작했죠.

박성제 처음에 금정굴 등 특종을 많이 하신 뒤에 어딘가 다녀오신 건가요?

최승호 제가 「PD수첩」으로 많이 알려지긴 했어도 「PD수첩」을 오래 하지는 않았어요. 그 사이에 다큐멘터리를 많이 했죠. 「이제는 말할 수 있다」라든지 5·18 관련 다큐멘터리, 「3김시대」라는 정치 다큐멘터리 등.

박성제 그런데 우리가 볼 땐 그게 그거예요(웃음).

최승호 그렇죠. 그런 성격의 프로그램들을 계속했어요.

황우석 사건과 「PD수첩」

박성제 황우석 사건을 2005년에 만났어요. 노무현정부 때인데, 굉장히 특이한 사건이었죠. MBC가 큰 위기에 처했고 국민들에게 엄청난 지탄을 받았던 사건이죠. 이제는 그 일로 MBC를 의심하거나 비난하는 사람이 드물지만, 당시에는 참여정부가 황우석한테 완전히 넘어가서 유시민 보건복지부 장관까지 MBC를 비난했잖아요. 굉장히 힘드셨을 것 같아요. 어떠셨어요?

최승호 엄청 어려웠죠, 광고도 다 떨어지고. 어디서 네티즌 대상으로 투표를 했는데 98퍼센트인가가 「PD수첩」이 잘못했다고 의견을 밝혔어요. 심지어는 저와 한학수 PD가 대기발령 상태까지 갔어요. 대기발령 이후에는 다른 곳으로 전출을 시키잖아요. 전출이 된다면 「PD수첩」을 방송하기 어려워지는 상황이었죠. 그렇게 된 게 「PD수첩」의 취재윤리 문제가 불거져서였어요.

박성제 YTN이 제기한 거였죠.

최승호 YTN이 청부 취재를 해서 오버한 거였어요. '검찰수사가 착수될 것도 아니었는데 「PD수첩」 측이 핵심 관련자를 인터뷰하면서 검찰이 수사할 거라고 얘기했다, 취재윤리에 문제가 있다'는 거였어요. 그건 충분히 설명할 수 있는 문제였고, 방송을 통해 얼마든지 해소할 수 있었어요. 필요하다면 징계도 수용할 수 있지만 방송은 해야 한다는 것이 우리 제작진의 주장이었어요. 그런데 방송조차 막고 「PD수첩」이라는 프로그램을 없애는 수준의 조치를 취했던 거예요. 최문순 사장을 비롯한 MBC 경영진이 쇼크 상태에 빠져 있었던 것 같아요. 후배 PD들이 취재한 것이 진실일 수 있다고 생각하지 않고 사회적 비난에 대응하는 데에만 신경 쓴 거죠. 그 과정에서 과연 청와대가 최문순 사장에게 어떤 식으로든 영향을 줬는지는 지금도 알 수 없고요. 왜 그렇게까지 나왔는지 최문순 사장에게 아직 못 물어봤어요. 기회가 되면 물어보겠지만요. 하여튼 그 정도로 정말 어려웠던 시절이에요. 거의 MBC가 난파선이 되었을 정도로.

박성제 황우석은 김대중정부 때 각광을 받기 시작했지만, 본격적으로 참여정부에서 청와대로 불러 강연도 시키는 등 이른바 노무현표 과학정책에 황우석을 많이 활용했단 말이에요. 정권 차원에서도 꽤 중요한 인물이었잖아요.

최승호 생명공학의 황우석 프로젝트는 상당히 핵심적인 정책 프로젝트였죠.

박성제 그걸 MBC가 뿌리부터 흔들어놨으니, 처음에는 화가 나고 미웠겠죠. 한학수 PD를 모델로 한 「제보자」(2014)라는 영화를 보면 거기 방송사 사장이 굉장히 멋있게 나오잖아요(웃음). 고민하다가 후배들 주장을 받아들여 "방송해!"라고 결정해주는… 저는 그 장면 보면서 웃음도 나고 씁쓸하더라고요. '최문순 사장을 너무 미화한 거 아냐?' 하는 생각이 들어서요.

2005년 MBC에서 보도한 삼성 엑스파일 사건 때도 그랬거든요. 이상호 기자가 그렇게 특종을 가져왔는데 보도를 못 내겠다는 거예요. 그래서 왜 안 되느냐고 후배들이 항의했더니 이상호 씨가 구속될까봐 안 되겠대요. 이런 말이 어디 있어요. 이상호 씨가 수사를 받게 되면 사장이 지켜주면 되지, 이상호 씨는 모든 걸 각오하겠다는데 보도를 못하게 한다는 건 말이 안 되는 거죠. 노무현 정부와 삼성의 밀월관계의 중심에 홍석현 씨가 있었단 말이죠. 그 엑스파일의 주인공이 또 홍석현이고요. 홍석현이 주미대사로 가 있을 때 UN 사무총장을 만들려고 청와대에서 생각하고 있었는데, 그 와중에 엑스파일이 터지니까 청와대에서도 굉장히 당황한 거죠. MBC 기자들도 잘못했어요. 단결해서 대항하지 못하고 이상호 씨 개인의 문제로 몰고 간 면이 크고요.

최승호 전체적으로 대응을 잘 못했어요. 노조도 충분한 대응을 한 게 아니라고 생각하고요. 보수정권 시절의 압박이나 간섭과는 비교되지 않을 정도의 자유를 누렸던 상황이죠. 만약 그런 압박이 클 때라면 훨씬 더 내부적으로 이견 없이 결속해서 대항할 수 있지 않았을까 싶은데, 노무현정부 시절 엑스파일 사건과 황우석 사건 때는 내부의 견고한 단결을 통해 방송을 관철해내는 일을 제대로 하지 못했어요.

또 최문순 사장이 어떻게 보면 이중적인 특성을 지니고 있었잖아요. 내부에서 개혁적인 사장을 원해서 추대한 측면이 있고, 또 한편으로는 청와대도 원했던 인물이죠. 그 사람이 청와대와 우호적인 관계에 있다보니까 어떤 입장을 정할 때 충분히 비판적인 입장을 취하지 못해서 그런 현상이 일어났던 것 같아요. 그런 부분을 자성하고 비판하는 것이 굉장히 중요하다고 생각해요.

박성제 그다음 엄기영 사장 때 광우병 소고기 보도로 엄청난 홍역을 치렀죠. 촛불집회가 촉발되고 공권력과 조·중·동의 공격이 시작되었을 때, 후배들의 방패가 돼줘야 할 엄기영 사장은 후배들이 기대했던 기개를 보여주지 못했어요. 그 건으로 결국 잘려 나갔고요. 「PD수첩」이 국내의 굵직한 사건들에 영향을 많이 끼쳤네요.

최승호 PD 개인적으로는 검사와 스폰서, 4대강(한강·낙동강·금강·영산강) 수심에 관한 것을 방송했죠?

최승호 네, 각각 세편씩 여섯편을 2009년에서 2010년까지 방송했어요. '검사와 스폰서' 프로젝트는 이미 김재철 사장이 오기 전에 승인되었기 때문에 취재를 하고 있던 상황이었고 노조는 파업에 들어갔어요. 저는 조합원이 아니었기 때문에 그걸 보도할 수 있었던 거죠. 파업 중이었기 때문에 방송이 나간 거지, 정상적인 상황이었다면 어떤 식으로든 김재철 사장이 영향을 줬을 수도 있어요. 하지만 그때는 아주 작은 간섭이라도 문제가 될 수 있는 상황이었으니까 가만히 있었어요. 나중에 '4대강 수심 6미터의 비밀' 편의 경우에는 김재철 씨가 결국 불방시켰어요. 일주일 뒤에 나가기는 했지만요.

박성제 저는 '4대강 수심 6미터의 비밀'보다 '검사와 스폰서'가 더 기억에 남아요. 기자가 만든 프로그램이었으면 검사들이 엄청나게 전화했을 거예요. "박 기자, 좀 봐줘"라고요. 협박 전화도 할 것이고.

최승호 오히려 기자들이 저한테 전화를 많이 했어요. 이 사람은 이런 사정이 있고 저 사람은 저런 사정이 있다면서요. 제작이 얼마나 어떻게 되고 있는지 알아보고 자기네가 검찰에다 얘기를 해줘야 한다는 사람도 있었고, 비리 의혹을 받는 검사들의 대변인 역할을 많이 했어요. 심지어는 검사장 성접대 의혹이 있어서 우리가 취재를 하고 있는데, 기자가 '그 사람은 발기 불능이다, 성접대를 받는 게 불가능하다'라면서 진단서까지 들고 와서 보여주더라고요. 그래서 진단서를 달라고, 제대로 확인을 해보겠다고 하니까

"그냥 보세요" 하더니 보여주고 가져가버렸어요. 기가 막혔죠.

언론장악의 컨트롤타워, 김기춘

박성제 검사 얘기를 하셨으니 김기춘(金淇春) 씨 얘기를 안 할 수가 없어요. 최승호 PD가 다큐멘터리 영화 「자백」(2016)을 연출해 간첩조작의 주범으로 김기춘을 지목했고, 만나기도 했죠. 박근혜정권에서 김기춘이 블랙리스트 작성을 주도하고 KBS 등 언론을 장악했다는 점이 이미 밝혀졌고요. 도대체 이 사람은 뭔가요? 어떤 인물인데 대한민국의 모든 흑역사에 다 등장하는 건가요?

최승호 자기를 대한민국을 경영하는 사람이라고 생각했겠죠, 김기춘은. 박정희 시대에 이미 평검사로서 유신헌법 기초 작업을 했고, 그 작업이 끝나자마자 중앙정보부로 파견되어 대공(對共)수사국장을 지냈으니까요. 대공수사국장을 무려 5년 동안 했어요. 대공수사국이 간첩 잡는 일을 하는 곳인데 그밖에도 시국 사건 같은 것이 생기면 사람들을 잡아다가 폭행하고요.

박성제 시국 사범을 간첩이라고 몰아붙였죠.

최승호 그런 부분에서 김기춘이 일찍부터 두각을 나타내고 각광을 받은 거죠. 대공수사국장 5년이라는 건 거의 최장기 아닌가 싶어요. 그 임기가 끝나자마자 청와대 법무비서관으로 갔어요. 1979년 박정희가 죽기 얼마 전에 법무비서관이 되어서 그렇지, 만약 박정희가 살아 있었다면 김기춘이 약관의 나이에 장관이 된다거나 하는 일도 충분히 일어날 수 있었어요. 그런 정도의 코스로, 그야말로 핵심 중의 핵심 코스로 갔죠.

게다가 이 사람이 굉장히 운이 좋았던 게, 대공수사국장으로 있는 상태에서 10·26을 당했으면 나중에 제대로 크지 못했을 거예요. 전두환이 보안사령부에서 합동수사본부를 주도하면서 김재규(金載圭)를 잡아넣는 등 중앙정보부를 초토화시켰어요. 보안사령부 입장에서는 중앙정보부가 갑이고 자기네가 을이었고, 최고권력으로부터 계속 소외를 당해왔는데 시해 사건을 수사하면서 갑을관계가 바뀐 거죠. 보안사령부 수사관들이 중앙정보부에 가서 그 간부들을 데려다가 보안사 지하 조사실에서 고문하는 등의 일이 있었어요. 그런데 김기춘이 옮겨가 있던 청와대는 피해를 입은 부서잖아요. 대통령이 죽었으니까요. 김기춘은 운 좋게 그 파도를 피해 간 거예요. 법무비서관 하다가 검찰로 다시 들어갔죠.

박성제 전두환정권에서 공안부장과 검찰총장을 지내고, 노태우정권 때 법무부 장관을 하고 초원복집 사건을 주도하고요. 게다가 강기훈(姜基勳) 유서대필 조작사건까지 지휘하면서 공안정국을 만들어 정권을 지켰으니 그야말로 검찰 흑역사의 상징이죠. 청와대 법무비서관으로 있었을 때 박근혜와 인연을 맺지 않았을까요?

최승호 김기춘 스스로 자랑스럽게 내세우는 큰 공적이 1974년 육영수(陸英修) 씨를 총으로 쏜 문세광(文世光)을 수사해 자기가 수사검사로서 자백을 받아냈다는 거예요. 문세광이 자백을 안 하려고 하는 걸 『자칼의 날』(The Day of the Jackal, 1971)이라는 소설 이야기를 하면서 자백을 받았다는 걸 자랑해요. 그 공로로 대공수사국장이 된 건데, 그때 이미 박근혜와 인연이 맺어질 수 있는 기초가 닦인 거죠. 어머니를 죽인 놈을 잡아서 자백을 받은 사람이니까요. 집요하게 권력을 추구하고 뜻한 바를 이루려는 의지가 있는 사람이죠.

박성제 박정희 때는 그런 쪽에서 임무를 수행했지만 박근혜 때는 비서실장으로서 모든 국정을 총괄했죠.

최승호 지금 최순실이 굉장히 많은 일을 한 것처럼 이야기되는데, 물론 최순실이 농단을 한 부분이 있기는 하지만 아마 국정 전반에 대한 조율은 대부분 김기춘이 했을 거예요.

박성제 김영한(金英漢) 민정수석의 비망록은 사실 김기춘의 지시사항을 받아 적은 거잖아요. 토론이고 뭐고 없이, 김기춘이 '이렇게 해, 이렇게 해'라고 하면 그걸 잊어버리지 않기 위해서 자기가 메모를 해놓은 거거든요. 박근혜정부 내에서 김기춘의 영향력이 얼마나 절대적이었는지 드러나죠. MBC는 이미 장악할 필요도 없는 상황이었고요.

최승호 그 비망록에서 MBC는 단 한글자도 안 나와요. MBC는 신경 쓰지 않아도 되는 대상이었던 거죠.

MBC는 왜 세월호 오보를 냈을까

박성제 MBC가 망가진 이야기를 해야 하는데, 개인적으로 가장 아픈 건 세월호예요. 모든 언론사 기자들이 '기레기'라는 별칭을 확고하게 갖게 됐고 심지어 MBC의 경우는 '개쓰레기'라고 불리게 됐죠. MBC의 세월호 보도는 최악이었거든요. 전원구조 오보를 먼저 낸 곳도 MBC고요.

최승호 MBC 측에서는 자기들이 처음이 아니고 두번째라고 하던데요.

박성제 정확히 말하면 MBN과 MBC가 미세한 차이로, 거의 비슷한 시각에 자막을 내보냈다고 하더라고요. 그런 의미에서는 두번째라고 할 수도 있죠. 결정적으로 심각한 문제는 목포MBC 기자늘이 현장에서 아직도 몇백명이 못 나오고 있다고 여러차례 보고를 했음에도 보도국에서 이를 무시했다는 거예요.

최승호 목포MBC에서 네번이나 보고를 했다고 하죠. 특별히 관심이 있어서 제가 알아본 거예요. 기자가 이야기한 건 물론이고, 그

위에 팀장급도 이야기하고, 목포MBC 보도국장은 또 보도국장대로 여러 선을 통해 여러가지 형태로 '전원구조라는 건 오보다, 사람들이 배 안에 있다'라는 메시지를 전했어요. 그럼에도 박상후 전국부장과 그때 보도국장이던 김장겸이 무시한 거예요. 이 사람들 입장에서는 세월호 안에 사람들이 많이 남아 있다는 얘기가 굉장히 불편했을 거예요. 사람들이 많이 죽는다는 것은 박근혜정부에 부담이 되는 얘기니까요. 어쨌든 구조하고 있고 사망자도 없으며 앞으로도 큰 문제는 없다는 것이 정부의 기조였으니까, 그대로 전달하면 자기들의 목에는 아무런 문제가 없을 거라고 판단했을 거예요. 이게 진실이 아닌 것으로 밝혀지더라도 자기들은 부담이 없는 거죠.

박성제 2012년 김재철 사장 퇴진을 요구하는 170일간의 파업 이후 우리 같은 전직 노조위원장들이 해고됐고 능력있는 데스크급 중견 기자들이 현장에서 많이 떠났잖아요. 그리고 그 자리를 고분고분한 간부들과 말 잘 듣는 경력기자들을 데려다가 채워놨죠.
　잘 돌아가는 조직의 기자들은 범죄나 어떤 사건이 터졌을 때 검찰·경찰에서 발표하는 내용을 곧이곧대로 믿으면 안 된다고 교육을 받잖아요. 검찰·경찰에서는 무조건 정부나 자기들 조직에 유리한 쪽으로 브리핑을 하고 모든 게 잘되고 있다고 발표하지, '우리가 지금 구조 못하고 있습니다, 지금 큰일 났습니다'라고는 발표하지 않는다, 그건 믿으면 안 된다고요.
　그때 정부에서는 엄청난 구조작전이 펼쳐지고 있으며 해경이

투입된다고 밝혔으니, KBS와 MBC에서는 "사상 최대 구조작전"이라는 제목을 뽑아서 보도했죠. 의심을 못한 거예요. 그걸 수정해줄 만한 데스크들이 없었죠. 예를 들어 목포MBC에서 보고를 네 번이나 했다면 김장겸이나 박상후 말고도 다른 데스크들이 분명히 들었을 거예요. 그러면 그때 반론을 제기해야 한단 말이에요. "이거 이렇게 나가면 안 된다"라고요. 목포 기자들이 현장을 잘 아니까 현장의 목소리를 반영해야 한다는 이야기를 할 사람이 없었던 거예요. 결국 정권의 안위를 생각하는 일부 사람들이 지시하는 대로 방송이 나간 거죠.

최승호 정부 보도자료를 따라가는 게 가장 편하니까요. 그게 가장 권위있고 확인된 팩트라고 생각을 하고요. 만약 제대로 된 상황이라면 정부의 입장과 반대되는 내용이 올라왔을 때 그걸 확인해보라고 하죠, 당연히. 목포MBC 기자들도 그렇지만, 서해지방해양경찰청에서 파악하고 있던 사안이기 때문에 서울에서도 마음만 먹으면 금방 확인할 수 있었어요. 그런데 그런 확인 작업을 할 필요를 못 느낀 거예요.

박성제 평범한 사안을 가지고 취재할 때는 어떤 언론사나 비슷한 결과물을 내요. 차별화가 별로 안 되죠. 반면 취재환경이 좋지 않은, 비리가 많고 숨기려는 사람이 많은 경우에는 언론사와 기자들의 실력이 드러나요. 세월호 사건의 경우 제대로 훈련받은 기자들이 있는 대형 언론사들이 얼마든지 강점을 발휘할 수 있었어요.

그런데 MBC는 도리어 최악의 나락으로 떨어지는 계기가 되었는데, 권력에 장악되었기 때문에 그런 거죠. 이번 탄핵국면에서도 MBC는 JTBC 뉴스의 태블릿PC 입수 경위를 문제 삼는 등 계속 삽질보도를 했잖아요. 심지어 탄핵반대 집회를 다섯꼭지인가 여섯꼭지인가 내보낸 일도 있고요.

JTBC와 손석희

박성제 JTBC가 세월호 사건을 겪으며 확실히 부각됐어요. 이후 태블릿PC 보도가 결정적이었지만, 세월호 참사 때 손석희 앵커가 직접 현장에 내려가 한참 동안 현장에서 방송을 했고 돌아온 다음에도 꾸준하게 현장 기자들과 연결해 늘 톱(top)으로 중계차를 물리면서 지상파 뉴스가 포기한 부분을 이어갔어요. 예를 들어 지상파 뉴스에서는 어제 방송한 내용과 오늘 할 내용이 똑같으면 보도를 안 해요. 그런데 JTBC는 특별히 달라진 상황이 없어도 비슷한 보도를 또 하는 거예요. '우리는 여기에 집중하고 있다, 이 사건에 최선을 다하고 있다'라는 걸 보여주는 거죠. 그런 게 시청자들에게 깊은 인상을 남겼다고 생각해요. 어떻게 보면 PD저널리즘과 비슷해요. 기자들은 새로운 게 없으면 이야기를 안 하는데 PD들은 끝까지 물고 늘어져서 뭐가 나올 때까지 기다리잖아요.

최승호 제가 생각해도 손석희라는 사람이 정통적인 기자였고 다른 기자들이 그러듯이 출입처를 돌며 트레이닝을 받아 그 관행에 깊숙이 젖어 있는 사람이었다면 오늘날의 JTBC 같은 일은 못했을 거라고 봐요. 아나운서를 하다가 잠깐 사회부 기자로 발령이 나서 기자 타이틀을 가지고 있었던 적은 있지만 출입처에 나가 취재하는 일을 오래 한 건 아니거든요. 우리의 저널리즘이 가진 관행적인 적폐나 관습으로부터 떠나 있는 거예요. 아나운서였지만 젊은 시절부터 저널리즘에 대해 문제의식이 있었고요. 어떤 게 좋은 저널리즘인가를 계속 생각하는 사람이었죠. 그런 오랜 경험과 공부가 합쳐 좋은 프로그램을 만들어낼 수 있었던 게 아닐까 생각을 합니다. 「시선집중」의 작가들, 스태프들과 같이 가서 현재의 뉴스 포맷을 만든 거잖아요. 기자 출신이면 그렇게 못할 거라고 생각해요.

박성제 최승호 PD도 뉴스타파에서 역할을 하셨지만 해직언론인들이 해낸 것과는 또 다르게, MBC에서 사실상 쫓아낸 손석희 씨가 JTBC에 영입되어 이렇게 해낼 줄은 몰랐어요. 나비효과라는 게 참 희한해요.

최승호 종편을 출범시킨 미디어법을 우리가 못 막아서 결과적으로 이렇게 된 건데, 공영방송이 완전히 망가진 상태에서 만약 JTBC도 없었다면 언론 상태가 더 나빠졌을 가능성도 있지 않을까 생각해요.

박성제 제가 종편 만들어질 때 미디어법 반대 파업을 주도했다고 해서 다른 언론사 노조위원장들과 함께 업무방해와 집시법(집회 및 시위에 관한 법률) 위반으로 2년 구형받고 벌금형까지 받은 사람인데⋯(웃음) 홍석현 회장이 손석희를 영입할 때만 해도 일이 이렇게 될 줄 몰랐겠죠. 홍 회장은 그래도 실용주의적으로 생각하는 사람이니까 예전에 빼앗긴 TBC의 영광을 되찾을 수는 없더라도 JTBC를 그 수준으로 띄워보겠다고 카드로 던진 거였을 텐데, 손석희라는 인물이 아이러니한 역할을 수행한 거죠.

저는 항상 이런 질문을 받아요. '망가진 MBC를 왜 살려야 하느냐, JTBC를 보면 되지'라는 말에 대해 어떻게 생각하느냐고요. 그러면 저는 '손석희, 최승호, 이상호, 이런 언론인들이 어디 출신이냐, 예전에는 MBC에 이런 언론인들이 수십명 있었다. 기라성 같은 언론인들이 자기 사명을 가지고 방송을 했고, 나도 그중 한명이었다. 그래서 국정농단 세력이 MBC를 죽이려고 했던 거다. 지금 촛불집회 나온 사람들이 예전에는 힘이 없었지만 지금은 상황이 되고 판이 만들어지니까 도저히 못 참겠다 하면서 싸우러 나온 것 아니냐, MBC 기자들도 그렇게 싸우려 하고 있으니 이해해달라'라고 사정해요. 이 얘기를 하면 납득을 하더라고요. JTBC 같은 방송이 하나만 있는 것보다는 두개 있고 세개 있고 네개 있는 게 좋은 일 아니냐고 말씀드리죠.

최승호 JTBC가 항상 잘한다는 보장도 없는 거고요. 공영방송을 국민을 위한 방송을 할 수 있는 곳으로 바꿔놓는다면 언론환경 자체가 훨씬 안정적이게 될 수 있겠죠.

박성제 기자들이 자주 빠지는 함정이 하나 있어요. 기자들은 저널리즘의 본령에 대해 말하는 학자들의 강의나 분석을 굉장히 무시하거든요. '저 사람들은 현장을 몰라, 취재현장을 잘 모르는 사람이 저런 말을 하는 거야'라고 생각해요. 그런데 중요한 순간에는 그런 저널리즘의 본령, 진실을 끝까지 파헤쳐야 한다는 정신에 투철한 언론사가 결국 시민들의 사랑을 받게 되죠. 현장 논리에 입각해 뉴스의 본령보다는 스피디한 편집, CG 등 포장에만 신경 쓰면서 시청자들의 눈길을 사로잡으려 했던 방송뉴스 트렌드에 JTBC가 경종을 울렸다고 봐요.

JTBC 뉴스의 장점은 끈질기다는 거예요. 국정농단 보도에서도 보여주었지만 별로 새로운 게 없는데 계속 반복해서 강조하고, 무언가 하나 나오면 이 팩트가 어떤 의미를 가지고 있는지를 쉽게 풀어서 설명해주잖아요. 자잘한 건 치워버리고요. 반면에 정보가 좀 부족하다는 느낌도 들어요. 감성적인 접근이 잦고요. '앵커 브리핑'도 그런 면이 약간 있어요. 손석희 앵커 한명에게 모든 스포트라이트가 집중되는 뉴스의 한계일 수도 있죠.

최승호 손석희 사장이 1992년 MBC 파업 이후, 「뉴스데스크」 앵커로 기용된 뒤였을 거예요. 그때 인터뷰에서 이런 이야기를 했어요. 앵커의 역할에 대해 물으니까 '미국식으로 앵커에게 모든 것을, 뉴스에 대한 결정 및 편집 권한을 맡기고 좌우할 수 있도록 하는 시스템은 문제가 있다'라고 답했어요. 앵커가 어느 정도의 역할을 해야 하느냐 —— 써준 것을 읽기만 하는 앵무새 역할을 하느냐 아니면 전체의 편집 권한을 휘두르느냐 ─ 가 중요한 게 아니라 그 뉴스가 생산되는 편집국 및 보도국 내부의 생태계가 얼마나 건강한지가 사실은 더 중요하다는 이야기였어요. 나중에 그 인터뷰를 보며 '이 사람이 그때도 이런 문제에 대해 고민을 많이 하고 있었구나' 생각했죠. 손석희라는 사람이 차지하는 비중과 역할이 크고 압도적인데 그럼에도 생태계를 건강하게 유지하려는 리더로서의 고심이나 복안이 작용해서, 태블릿PC 보도 등 새로운 뉴스를 연속적으로 발굴해오고 있잖아요.

박성제 손석희 씨가 MBC 「시선집중」을 그만두고 JTBC로 옮길 때 기사가 났잖아요. 기사가 난 다음에 제가 문자를 보냈어요. "선배, 잘 결정하신 것 같습니다. MBC에서 더이상 욕보지 말고 제대로 본때를 좀 보여주세요, 뉴스가 무엇인지." 이분이 "항상 해직된 후배들에게 미안하다, 이번에도 당신들 생각에 가슴이 아팠다. 가서 잘할게"라고 하셨어요. 저는 잘하실 거라고 생각은 했지만 이렇게까지 잘하실 줄은 몰랐어요. 지금 JTBC의 경우는 플라톤의 철인정치를 연상케 해요. 아주 뛰어난 리더가 오면 조직이 확 살아나는 거죠. 거기서 기자들이 계속 훈련을 받아 경험을 쌓고 아주 강한 소직이 되는 거죠. 만약 이 상태로 몇년 더 가면 심지어 손석희라는 사람이 떠나도 어느정도는 경쟁력이 유지될 수 있다고 봅니다. 문제는 뉴스 자체가 손석희에게 모든 걸 의지하는 형식으로 계속 가면 안 된다는 거죠.

최승호 저는 좀 다른 관점에서 이야기하고 싶은데, 지금 JTBC에 노조가 없는 걸로 알아요. JTBC 구성원들은 중앙일보사 노조에 가입되어 있어요. 중앙일보사 노조는 우리가 생각하는 노조다운 노조는 아니고 이미 오래전부터 최소한의 역할만 할 뿐 공정방송에 관한 것이나 문제있는 보도를 지적하는 기능은 거의 없죠. 원래 삼성 계열은 무노조 정책이잖아요. JTBC 내부의 언론인들이 사측이나 편집 권한을 갖고 있는 쪽에 대한 견제력을 충분히 확보하지 못한 상황에서는 얼마나 오래 갈 것인가 하는 판단은 유보할 수밖에 없어요. 미국의 뉴욕타임스나 워싱턴포스트 등 오랜 전통을 가진 언론사의 경우, 사기업체이면서도 전체적으로 보면 언론사로서 추구해야 할 기본적인 가치에 따라 회사 경영이나 편집이 이루어지거든요. 노조가 아니어도 내부적으로 여러가지 장치를 통해 사측을 견제하고 비판할 수 있는데, 한국에서는 아직 그런 부분이 일천하기 때문에 개개인의 언론인은 약자 입장에 설 수밖에 없어요. 그래서 소신을 유지할 수 있도록 연대체가 필요한 거예요. 언론운동을 하며 계속 노조를 만들려고 노력했던 게 그 때문이고요. 그런 부분에서 JTBC는 아직 부족한 측면이 있어요. 손석희 사장이 노조를 허용하고 노조와 대화하면서 한달에 한번씩 노조로부터 비판도 받는 시스템을 만든다면 좋지 않을까 해요. 뉴스타파를 예로 들면, 노조가 있을 뿐 아니라 노조위원장이 집행위원회에 집행위원으로서 들어옵니다. '노동자 이사제'를 거의 한국 최초로 시행하고 있는 셈이에요.

탐사보도의 새로운 시도

박성제 JTBC에 MBC 출신 손석희가 있다면 뉴스타파에는 MBC 출신의 최승호가 있지요. 초대 앵커 노종면 기자와 이근행 PD 등 해직언론인들이 뉴스타파를 만들었고 최승호 씨가 그 얼굴이 되었죠. 지금 뉴스타파와 같은 방식, 시민 회원들로부터 매달 회비를 받아서 회사가 운영되는 방식이 얼마나 지속될 수 있을 거라고 보세요?

최승호 저는 잘 운영하면 충분히 오래 지속되리라고 봅니다. 우리 사회에서 시민들이 이런 언론을 원하기도 해요. 재벌이 한국사회를 굉장히 장악하고 있잖아요. 그 장악력이 크지만 거의 모든 언론이 광고 때문에 제대로 된 비판을 못해요. 발생하는 일도 반영을 잘 못하는데, 기획을 해서 분석하고 비판한다는 것은 더 어려운 얘기고요. 후원자들의, 시민들의 깨끗한 후원에 의해서 유지되는 뉴스타파 같은 언론사야말로 그런 부분을 기탄없이 비판할 수 있는 거죠. 기존 언론사들이 껄끄럽고 까다롭게 생각하는 권력도 마찬가지고요.

박성제 사실 정권은 레임덕에 들어가면 누구든 비판할 수 있지만 재벌이나 광고주에 대해서는 비판을 못하거든요. 민영언론은 물론이고 공영방송에서도 어려워요.
「PD수첩」은 좀 독립적이었겠지만, 기자들은 대기업 출입하게 되면 비화가 많이 생기죠. 저도 현대·삼성에 출입했잖아요. 예를 들어 제가 약간 비판적인 기사를 쓰고 있는데 대기업 홍보실에서 이를 알게 되면 저한테 전화로 사정을 해요. 찾아와서 "제발 봐주십시오"라고 하고. 제가 "뭐하시는 겁니까, 돌아가세요. 제가 알아서 취재 잘해서 팩트에 어긋나지 않게 잘 쓰겠습니다" 이렇게 이야기를 했는데도 이분들이 높은 사람한테 전화를 하는 거예요. 그러면 위에서 저한테 와서 "야, 그 기사 꼭 나가야 되는 기사냐?"라고 해요. 저는 직설적으로 물어요. "전화 받았어요?"라고. "아, 무슨 전화를 받아. 그 사람이 물어보길래 너한테 물어보는 거야"라고 둘러대요. "이거 나가야 됩니다. 안 나가면 가만히 안 있을 거예요" 하면 "알았어" 그러고 기사가 나가죠. 그런데 만약 심지가 약한 기자라면 위에서 부장이 불러 그런 식으로 말할 때 끽소리 못한다고요. 그런 일이 부지기수로 일어나요. 반대로 대기업 입장에서 내보내야 할 기사를 제가 기사가 안 된다고 안 내보내면 위에서 또 허겁지겁 와서 "기사 좀 써줘라. 아침 뉴스에라도 내줄게" 그런다고요.

하여튼 뉴스타파가 좋은 모델이 된 것 같아요. 예전에 언론학 교수들과 세미나를 했는데 그분들이 '대단한 모델이다'라고 하면서 학계에서도 주목하고 있다고 하더라고요.

최승호 탐사보도에 대한 노하우를 계속 축적하고 있어요. 흔히 기자들은 출입처를 돌고 해서 탐사보도를 오래 하는 사람이 드물잖아요. 뉴스타파는 들어와서부터 계속 탐사보도만 하니까 재벌에 대한 이슈 등 노하우가 쌓이면 상당히 좋은 보도를 할 수 있을 거라고 생각해요.

박성제 플랫폼의 경계가 무너지고 있기 때문에 사실상 정시에 지상파나 케이블을 통해 방송을 내보내는 것도 중요하지만 인터넷을 통한 방송도 파급력이 클 수 있어요. 뉴스타파의 회원 수가 더 늘어나 기자를 더 많이 고용할 수 있게 되면 굉장히 파워풀한 스트레이트 보도를 할 수 있다고 봐요. 탐사보도 말고도요. 그렇게 되면 매일 저녁 시간대에 한시간짜리 메인 뉴스를 하는 때가 올 수도 있어요. 그런데 그 정도 되려면 기자가 100명은 있어야 해요. 20~30명으로는 안 돼요. 적어도 KBS나 MBC의 절반 수준, 지금 종편 정도 수준은 되어야 할 수 있는 일이고요. 그러면 많은 사람들을 긴장하게 하는 방송사가 될 수 있죠. 핸드폰으로 보든 뭘로 보든 어차피 9시에 틀면 뉴스가 나오는 건 똑같으니까요. 설령 MBC에 못 돌아가도 우리가 뉴스타파에서 못다 이룬 공정방송을 할 수 있을지 모르겠습니다.

여기까지 하겠습니다. 긴 시간 고생하셨습니다. 감사합니다.

최승호 감사합니다.

KBS에서 퇴사한 이유

박성제 KBS 기자를 그만두고 뉴스타파에 가셨는데, 왜 그런 결심을 하셨는지 듣고 싶어요.

김경래 2008년에 정연주 사장이 쫓겨나고 이병순(李炳淳)이나 김인규(金仁圭) 등 다음 사장들이 '꽂히면서' KBS가 2007년 이전의 KBS와 완전히 달라졌어요. 달라진 것 중 하나가, 일이 재미없어졌다는 거예요. 하지 말라는 게 많으니까요. 처음에는 딱 잘라서 하지 말라고는 안 했어요. '이건 하지 마라' 하고 또 조금 지나서 '이런 건 안 된다'라는 식으로 하나씩 제지가 들어왔는데, 그런 걸 하

金京來 뉴스타파 기자. 2001년부터 2013년까지 KBS 기자로 일했다.

나하나 넘어갈 때마다 회사 내부에 싸움이 나는 거예요. 이걸 하네 못하네, 왜 못하네, 징계를 하네 마네, 인사를 하네 마네… 4대강에 관한 아이템부터 아주 작은 것까지, 아이템 하나하나마다 그랬어요.

2008년 당시에 「미디어포커스」라는 프로그램이 있었는데, 그 프로그램이 강제로 폐지됐어요. 그것도 우여곡절을 겪었죠. 회사 내에서 제작 거부도 하고 싸우기도 했어요. 그러다보면 지치죠. 그런데 그 과정이 한번만 일어나는 게 아니라 무슨 일이 있을 때마다 주기적으로 벌어지는 거예요. 인사 때문에, 징계 때문에, 프로그램 때문에 1년이면 예닐곱번씩 그랬어요. 그런 걸 7~8년 동안 회사 내에서 겪은 거죠.

박성제 어떤 아이템을 하라 마라 지시하는 거죠.

김경래 하라는 아이템도 괴로웠죠. 직접적으로는 말 안 하지만 정부를 추켜세워주는 것도 하나 하라는 요구가 들어오고… 그러면서 2008년부터 회사가 굉장히 시끄러워지고 일을 제대로 할 수 없는 상황이 됐고, 2010년에 '이대로는 안 된다' 싶어 새노조(전국언론노조 KBS본부)를 만드는 데 참여해 그뒤로 집행부 생활을 2년 했어요. 이후 현업 복귀를 했는데도 비슷한 일이 반복되는 거예요.

10년 넘게 KBS에 있었는데, 여기서 20년 정도 기자생활을 더 한다고 생각하니까 암담하더라고요. '여기서 뭘 할 수 있겠나' 싶고요. 정권이 바뀌면 나아질 수도 있고 시스템이 바뀔 수도 있지만,

저는 본질적으로는 크게 달라지지 않을 거라고 판단했어요. '쉽지 않을 거다.' 거대한 방송사라는 게, 정권과 관계없이 체계가 꽉 짜여 있고 거치는 단계가 많잖아요. 이 시스템 속에서 일하는 것도 굉장히 피곤했는데, 결정적으로 막무가내 정권이 들어서서 언론을 사실상 장악해버린 거죠. 하고 싶은 게 100이라면 전에는 50 정도는 할 수 있었는데, 이명박정권 이후에는 10도 못하는 상황이 되니까 지쳐버렸던 거예요. 기자생활을 좀더 자유로운 공간에서 해야 내 인생이 아깝지 않겠다는 생각을 했어요.

박성제 KBS 기자들이 공무원에 준하는 조건을 내던지고, 더군다나 MBC를 제치고 KBS가 시사프로그램이나 뉴스에서 신뢰도 1위를 차지했을 때 그걸 뿌리치고 나오는 모습을 보며 그 속내가 굉장히 궁금했어요.

김경래 노무현정부 때 신세계를 한번 본 거예요, 기자들이. 굉장히 자유롭고, 심지어는 청와대와도 '대등하게 부딪혀볼 수 있다'는 자신감이 있었죠. 회사가 전반적으로 활기가 있었고요. 예컨대 탐사보도 팀의 경우 참여정부 때 인사검증 같은 걸 굉장히 많이 했고, 성과도 많이 냈어요. 정부에서 정말 싫어할 만한 아이템을 마구 쏟아냈죠. KBS 탐사보도 팀 위상이 올라갔고, KBS 보도국의 뉴스 신뢰도가 올라갔어요. 노무현 대통령이 권위주의를 타파하겠다는 의지가 있었고, 일정한 성과도 있었죠. 아니라고 생각하는 사람도 있겠지만, 방송에 개입하지 않겠다는 약속도 어느정도 지켰다고 봅니다. 덕분에 KBS라는 조직이 좋은 언론사로 확 큰 거죠.

그런 경험을 했는데, 2007년 대선 이후 한순간에, 노무현정부 이전, 김대중정부까지 치면 10년 전으로 타임머신 타듯이 돌아가버린 거예요. 사람들이 미치는 거죠. 우리가 어떤 일을 할 수 있는 조직이고 어떤 조직인지 경험해서 아는데 그걸 못하게 하니까요. 원래부터 못하게 했으면 '우리가 그렇지 뭐' 하면서 그냥 지냈을지도 몰라요. 그런데 저는 2001년도에 입사했기 때문에 딱 그 시절을 겪었거든요.

대통령도 그렇지만, 사장도 정연주 씨였잖아요. 정연주 사장에 대한 평가는 분분했지만, 굉장히 탈권위적인 사람이라는 데 다들 동의할 거예요. 그때 여러가지 일화가 있었어요. 기억나는 게, 정연주 사장이 우리 부서 기자들에게 "밥 한번 먹을까?" 해서 저녁에 술을 마셨어요. 정연주 사장 연임 얘기가 나올 때였는데, 내부적으로는 연임에 반대하는 사람도 있고 찬성하는 사람도 있었죠. 폭탄주를 그때만 해도 열댓잔씩 한꺼번에 따라서 나눠 마시고 그랬잖아요. 보통 한번 따르면 옆 사람한테 병을 넘겨주고요. '병권을 넘긴다'라고 하죠. 그때 정연주 사장이 저쪽에서 한잔을 따르더니 다 마시고 잔을 다 모아서 또 따르는 거예요. 그래서 동기가 "연임을 하려고 하더니 병권도 두번을 하시네"라고 한 거예요(웃음). 사장 앞에서도, 부장 앞에서도 그런 농담이 가능한 시절이었던 거죠. 그런 분위기를 몇년 겪었는데 그게 한순간에 사라지니까 박탈감이 컸어요.

이명박정권 이후 KBS

박성제 정연주 사장이 이명박정권에 의해 쫓겨났잖아요. 정권은 가장 먼저 김금수(金錦守) KBS 이사장을 쳤죠. 갑자기 사표를 내고 나가버렸어요.

김경래 그다음에 동의대 신태섭(申泰燮) 교수는 KBS 이사가 된 것을 학교 측에 통보해야 하는 절차를 위반했다는 이유로 내쳤어요. 이미 KBS 이사로 지낸 지 꽤 된 상태였는데, 뒤늦게 그걸 트집 잡은 거예요. 그뒤에는 교체 형식으로 한두명이 더 나갔어요. 김금수·신태섭 씨가 나간 게 제일 황당한 케이스였죠.

박성제 KBS 이사회는 11명 가운데 7명을 여당이 추천하고, 4명은 야당이 추천하기 때문에 노무현정부 때의 여당 인사가 7명이었어요. 그중 김금수·신태섭 두명이 나가고 이명박정부가 2명을 집어넣어서 이 숫자가 5대 6으로 역전됐죠. 이 상황에서 정연주 사장을 해임한 거고요. 해임 사유도 해괴했어요. 앞서 국세청과 KBS가 세금환급 소송 중이었을 때 정연주 사장이 재판부의 조정을 받아들였잖아요. 이를 받아들이지 않고 혹시 승소했으면 몇백억을 더 받을 수 있었는데, 왜 판사의 조정을 받아들여 회사에 손해를 끼쳤느냐면서 검찰이 배임죄로 기소했어요. 한마디로 판사가 하라는 대로 한 것이 배임이라는 황당한 논리였죠. 그리고 검찰의 기소를 KBS 이사회가 얼른 받아서 정연주 사장을 해임했어요.

김경래 김금수 이사장이 그만두고 신태섭 이사 해임 이야기가 나올 무렵 제 인생이 꼬였어요. 그때 「미디어포커스」 기자였는데, KBS 내부가 제일 애매하던 때였어요. 사장은 정연주인데 대통령은 이명박인 거예요. 보도본부장이나 사장은 별다를 게 없는데 부장급에서 정권에 먼저 엎드리기 시작했어요. 반(反) 정연주를 내건 사람이 노조위원장이었고요. 그때 신태섭 이사 해임 문제가 도마 위에 올랐고, 마침 제가 「미디어포커스」에 있으니까 미디어 관련 문제를 취재했죠. 다음 주 주간 프로그램에 내보낼 아이템 회의를 하다가 신태섭 이사 건을 취재해봐야겠다 해서 진행했어요. 왜 학교에서 그런 결정을 했는지 정확한 선후 관계를 알아보려고, 신태섭 이사에게 전화를 걸어 어디시냐고 물었더니 부산 동의대에 계시대요. 잠깐 뵙고 얘기 좀 나눌 수 있느냐고 했더니 내려오라고 하시더라고요. 그래서 카메라 기자를 한명 데리고 내려갔는데, 갑자기 기자협회장이 전화를 한 거예요. "너 신태섭 이사 만나고 있다며?" "네, 어떻게 알았어요?" "팀장이 그러더라. 그런데 그거 얘기가 되냐?" 이야기가 되잖아요. 이상한 방식으로 사람을 해임한 거니까요. 얘기가 된다고 했더니, 「9시 뉴스」에 한꼭지를 실을 수 있느냐는 거예요. 그래서 부랴부랴 만들어서 「9시 뉴스」에 넣었어요. 그걸 노조에서 '사장 지시로 만든 리포트 아니냐'라며 저를 공정방송위원회에 제소해버렸어요.

보통은 간부의 비위 사실이나 잘못된 결정 등을 공정방송위원회에 거는 거잖아요. 그런데 조합원의 리포트를, 사측이 지시했다며 근거도 없이 추정해서 그렇게 한 거예요. 이런 식으로 몰아가는 게 말이 안 된다고, 실제 사실을 여러번 게시판에도 쓰고 해서 결국은 유야무야되기는 했지만 정권 교체기에 회사에서 이런 황당한 일이 벌어지는구나 느꼈죠. 그게 전조나 다름없었어요.

박성제 당시 이명박의 언론특보였고 KBS 내에서 나름대로 지지세력이 있던 김인규가 정연주를 쫓아내고 사장으로 오고 싶어했는데, 그런 전초작업으로 노조도 움직이고 기자들 중 일부를 움직였다는 얘기가 있었어요.

김경래 당시 KBS에는 언론특보 출신이 사장으로 온다는 건 이유 불문하고 안 된다는 정서가 강했어요. 김인규 씨는 사전 정지 작업이 굉장히 많이 필요했죠. 그래서 처음부터 사장으로 오지는 않았다고 봐요.
　당시 대선운동 한창 할 때 김인규 씨를 한번 본 적이 있어요. 「미디어포커스」에서 이명박 관련 취재를 하고 있었는데, 김인규 특보가 "취재하는 건 알겠는데, 밥이나 한번 먹읍시다" 해서 서너 명이 가서 저녁 때 간단하게 밥을 먹었어요. 저는 김인규라는 사람을 알지도 못하고 이름만 들어본 상태였죠. 팀장의 경우는 친한 건 아니었지만 김인규 씨와 오랫동안 일을 같이했던 사람이었어요. 앉아서 술도 간단히 마시고 고기를 먹으면서 사장으로 올 거냐고 물어봤어요. '그런 소문이 많다, 언론특보를 하고 있는데 사장 하지 마라' 그랬어요. 그러니까 김인규 씨가, 자기가 사장을 할 거면 이 일을 하겠느냐고, 에둘러서 '안 한다'는 의사를 밝혔어요.

그래서 우리끼리는 '그래도 선배는 선배인가 보다, 회사에 큰 분란을 안 일으키려 하고 원칙은 있는 사람이구나' 했거든요. 그랬는데 나중에 사장으로 온 거예요.

박성제 정연주를 해임하고 김인규를 바로 보내는 건 청와대 측에서도 부담스러웠을 거예요. 그래서 이병순이라는, 아무도 생각하지 못한 사람을 먼저 툭 들이민 거죠. 반면에 MBC는 김재철을 바로 내려보냈어요. 김재철은 안에 자기 라인이고 뭐고 없었어요. 김재철이라는 사람은 회사 내에서 존경받는 선배가 전혀 아니었고, '무조건 저 사람이 온다'라고 다들 알고 있었는데 정말 오더라고요. 과연 엄기영이라는 상징성 있는 인물을 잘라낼 수 있을까 했는데 정말 내쳤죠. 전성기 때 엄기영은 지금 손석희와 비슷했잖아요.

김인규가 김재철과 다른 점이, 김인규는 조직을 좀더 생각한 것 같아요. 해고도 덜 시키고요. 김재철은 모두 열명의 언론인을 해고했는데, KBS는 파업했다고 해서 해고를 한 적은 없죠? 또 하나 MBC처럼 파업을 하거나 자기 말을 안 듣는 PD 몇백명을 엉뚱한 부서로 보내버리는 일도 없었고요.

김경래 징계는 보통 1차, 2차가 있잖아요. 2008년 1차에서 해임 파면 결정이 내려진 사람이 세명이었어요. 그 이후에는 최경영 선배가 파업 도중에 해고 결정이 내려졌고요. 재심에서 모두 경감되어 정직 6개월 등으로 마무리됐어요.

말씀하신 것 같은 일은 MBC보다 KBS가 먼저 겪었어요. KBS는 2008년 말에 한번 사단이 났어요. 이병순 사장이 오고 나서요. 사장으로 와서 연임이라도 하려면 청와대에 실적을 보여주어야 하잖아요. 그래서 수순을 밟아 처음에 탐사보도 팀을 와해시켰어요. 탐사보도 팀장이었던 김용진 씨의 경우는 팀장에서 팀원으로 인사 발령을 내고, 다음에 부산으로 발령을 냈죠. 부산에서 다시 울산으로 발령을 냈고요. 일은 전혀 안 주고 책상만 하나 줬죠. 그 다음에 「시사투나잇」과 「미디어포커스」라는 프로그램을 폐지하는 것으로 가닥을 잡아 진행했고요.

박성제 김인규 사장 때는 구체적으로 어떤 일이 벌어졌나요?

김경래 김인규 사장은 그 연장선에서 인사와 징계로 장난을 친 거예요. 상대적으로 김인규 사장이 한 일은 충격이 덜했어요. 한번 겪었기 때문에.

박성제 이병순 사장이 연임을 위해 과잉충성을 해서 이미 한바탕 조직을 흔들어놨군요. 김인규 사장은 적당히 줄을 타는 방식으로 했겠네요. 자기한테 충성하는 사람을 간부로 포진시켜놓으면 조직은 저절로 통제되니까요.

김경래 간부들에 대한 인사권뿐 아니라 방송사에서 장난칠 수 있는 게 몇 가지 있잖아요. 앵커를 누구를 시키느냐, 연수를 누굴 보내고 특파원은 누굴 보내느냐 같은 것. 이걸 가지고 마음에 드는 사람을 골라내기 시작하는 거죠. 충성을 강요하지 않아도 누구나 충성할 수밖에 없는 구조를 만드는 거예요. "너 나중에 앵커 해야 하지 않나?" 그러면 노조 탈퇴하고 그러는 거예요. 그런 경우가 굉장히 많았거든요.

2년 뒤에 미국 연수를 가고 싶다 해서 준비를 하는데, KBS의 경우 새노조원이라고 하면 본인이 자기강박에 시달리는 거예요. '내가 이것 때문에 안 될 수도 있는데' 하면서요. 이런 고민이 시작되면 언젠가는 노조를 탈퇴하는 거죠. 후배랑 한번 싸우고요. "선배는 왜 탈퇴하신 거예요?" "고민이 있어." 그래서 보면 나중에 연수 가고요.

그런 게 제일 보기가 싫었던 것 같아요. MBC도 마찬가지겠지만, 처음에 들어오면 선배나 후배나 동료와 같은 생각을 가지고 좋은 기사 쓰고, 같이 즐겁게 지내면서 일도 재밌게 하는 걸 다들 공통적으로 생각하잖아요. 그런데 정권이 바뀌고 사장이 바뀌면서 서로 상처 주는 길을 자꾸 선택하는 거예요. 상처가 되고 싸우고, 그것 때문에 술도 마시고… '내가 여기서 무슨 부귀영화를 누리겠다고 남아 있나'라는 패배의식 같은 게 생겨요. 열심히 노조 활동을 하는 사람늘도 피곤하고요. '내가 왜?' 하면서 자꾸 빠져나가죠.

"KBS 출입 금지"

박성제 그렇게 해서 KBS와 MBC가 무너져가고 그다음에 세월호 사건이 닥쳤어요. 그 이전에는 노무현 대통령 서거 때 봉하마을에서도 봉변을 당했고, KBS에 대한 시민들의 신뢰가 바닥에 떨어졌습니다.

김경래 거슬러 올라가보면 2008년 정연주 사장이 쫓겨날 때 시민들이 KBS 주변에서 촛불집회를 하기 시작했어요. 그때 수는 많지 않았고, 많이 올 때 1,000명 정도, 적을 때는 몇십명 수준이었어요. 매일매일 무언가를 했죠. 저도 기자니까, 지나다니면서 그 모습을 보면 우울하더라고요. 왜 이 지경까지 됐나 싶어서요. 지금 생각하면 정말 아무것도 아닌 일이죠(웃음). 더군다나 KBS를 지켜주러 오신 분들인데요. 당시에 다음 아고라 게시판이 활성화되어 있을 때라서 거기에 글을 하나 썼어요. 고맙다고요. 우리가 해드릴 것도 없는데 공영방송 지키자고 모여주셔서 감사하고 우리가 내부에서 잘해나가겠다는 인사를 한마디 썼어요. 댓글이 달리더라고요. KBS 기자가 맞느냐고 해서 맞다고 하고 이름도 밝히고 그랬어요. 그때만 해도 정신이 없을 때라 그런 걸로 징계를 받고 그러진 않았고요. 제가 시청자와 KBS가 어떤 방식으로든 직접 대면하는 것을 처음 본 거예요. 그뒤에는 수없이 많은 일이 벌어졌죠.

　이명박정권 이후 친정부적인 기사를 양산하고 노무현 대통령이 서거한 다음에는 KBS에 대한 인식이 거의 조·중·동급이 되어버렸어요. 실제로 노무현 대통령 장례식 때 봉하마을 취재를 갔는데, 노사모 사무실 본부로 사용했던 건물 앞에 "조·중·동, KBS 출입 금지"라고 적혀 있었어요. 어이가 없어서 사진을 찍어 우리 기자협회보에도 내고 그랬어요. 그뿐 아니라 중계차를 타고 봉하마을에 들어갔을 때 조문객들이 KBS 기자 빼라고 중계차를 붙들고 흔들기 시작했어요. 수백명이 붙들고 흔드니까 중계차가 흔들리더라고요. 중계차가 넘어갈 정도로 위험한 상황이 온 거예요. 중계차 기사는 폭행당하고요. 당시 참여정부에 있었던 어느 분이 나와서 '이러시면 안 된다. KBS가 아무리 미워도 이렇게 하면 우리에게 좋지 않다'라고 중재를 해서 겨우 풀려났어요. 그뒤에는 중계차가 못 들어가고 장례식장과 먼 곳에 댔어요. 뉴스에서 기자를 부를 것 아니에요, 중계차를 보냈으니까요. 그러면 배경이 논이었어요. 영결식장이 아니고요. 논에 소가 한마리 있어서 시사IN에서는 "'빈소'가 아닌 '황소' 옆에서 방송하는 KBS"라는 제목을 뽑기도 하고 그랬어요.

그 일 이후 가장 큰 사건이 세월호였죠. KBS 역사상으로 봐도 가장 큰 사건일 거예요. 사장이 바뀌었으니까요. 그때는 언론 전반에 대한 불신이 극도로 높았을 때니까 KBS도 다른 곳과 비슷한 정도의 욕을 믹고 있었는데, 거기에 기름을 부은 게 김시곤 보도국장이에요. 김시곤이 편집회의에서 '세월호는 교통사고다'라는 발언을 한 사실이 밖으로 알려졌죠. 유족들이 찾아가 항의하고 사람들이 모이고 보도국장이 사과하는 과정에서 길환영(吉桓永) 사장이 해임된 거잖아요.

정권의 방송 개입

박성제 KBS 노조가 대선 과정의 보도 공정성을 감시하기 위해 자체 모니터링한 자료가 있다는데, 주로 어떤 지적들이 나왔나요? 전반적인 기조를 말씀해주세요.

김경래 KBS는 2008년 이명박정부 이후 햇수로 10년 가까이 권력 비판 기능이 무력화되었어요. 사장이 여러차례 바뀌고, 권력을 비판해온 능력있는 기자들이 각종 인사 등을 통해 현업에서 많이 배제되어 있는 상황이에요. 그분들이 있다고 하더라도 제대로 아이템을 발제하고 취재하기가 힘든 여건이고요. 필터링(filtering), 게이트키핑(gatekeeping)이 부정적 의미에서 강화되어 있는 상황이니까요. 그러다보니 대선보도 자체도 의무방어처럼 됐어요. 어쩔 수 없으니까 할 것만 한다는 느낌이 굉장히 강해요.

박성제 문재인의 대항마로 떠올랐던 몇몇 후보들, 즉 반기문-안희정-안철수-홍준표로 넘어오는 과정에서 KBS가 여러번 지적받은 적이 있었죠.

김경래 반기문이 부각되었을 때 반기문에 대해 집중적으로 보도했어요. 보도의 양이 많은 거죠. 방송기사라는 게 누군가를 밀어주거나 하기가 굉장히 어렵잖아요. 거기에 사용되는 언어도 굉장히 건조할 수밖에 없고요. 핵심은 '누구를 얼마만큼 보도해주느냐'예요. 반기문이 중요한 사람이라고 계속 강조하는 효과는 결국 양이 많을 때 얻을 수 있는 거죠. 「9시 뉴스」의 몇번째에 몇개가 들어가 느냐인데, 반기문이 다른 후보에 비해서 월등히 양이 많았어요. 반기문이 실제로 대선 후보로 뛰겠다고 입장을 표명하기도 전부터, 마치 확정된 것처럼 분위기를 몰아갔고요. 간부들이 장난을 치는 건데, 누군가 제어하기가 굉장히 힘들어요.

박성제 '딱 이거다'라고 말하기가 쉽지 않다는 어려움도 있죠.

김경래 어렵죠. 특히 방송기사는 보도국장, 편집부장, 편집주간, 취재주간 네명이서 조금만 장난을 치면 다른 사람들이 관여하는 것 자체가 불가능해요. 그 사람들이 핵심이고, 큐시트를 짠다고 보면 되죠. 비정상적으로 본부장이 개입한다거나 사장이 개입하는 경우도 있겠지만 일단 기본적으로 그 네명이 구성을 해요. 편집회의도 있지만 그때는 아이템을 발제하는 거고, 아이템을 결정하고 순서를 뽑는 일은 네명이서 해요. 그 네명만 사장이 마음에 드는 사람을 뽑아놓으면 그다음부터는 너무나 쉬운 거예요. '반기문 보도를 몇개 하자'라고 결정하기만 하면 되죠. 노조가 개입한다거나 하는 섯노 주변석인 일일 뿐이고, 대부분 거기서 모든 게 결정돼요.

박성제 기억에 남는 화면이 있어요. 반기문을 왼쪽에다 크게 원샷을 주고 나머지 문재인과 다른 후보 서너명을 오른쪽에 묶어서 이미지를 내보낸 적이 있죠. 그때 반기문은 여당 후보도 아니었고,

지지율 1위도 아니었어요. 그렇다고 출마 선언을 제대로 해서 선거운동이 시작된 상황도 아니었고요. 그냥 UN 사무총장 마치고 돌아온 직후였을 뿐이니까, 누가 봐도 반기문 띄우기라고 볼 수밖에 없었죠. 그런 건 누가 결정하는 거예요?

김경래 이게 KBS나 MBC나 SBS나 전부 비슷한 시스템일 텐데, 어깨걸이(뉴스 화면에서 앵커 어깨 위에 걸리는 자막·사진) 이미지 하나하나를 누가 지시하지는 않거든요. 어깨걸이는 「9시 뉴스」의 어깨걸이 담당 기자가 한단 말이에요. 통상적으로 KBS에는 엄격한 규칙이 있어요. 특히 정치뉴스의 경우에는 여당·야당, 의석 순 등의 규정이 명확해서 그에 따라 기계적으로 처리해요. 그러니까 반기문 때는 굉장히 이례적인 경우였던 거예요. 그게 누구의 지시였는지, 기자의 결정이었는지 CG를 만든 직원의 의도였는지, 거기까지 조사가 되었는지는 모르겠지만 굉장히 비정상적인 것은 사실이에요. 그게 뉴스에 나갔다는 것도 웃긴 일이고요. 왜냐하면 아주 급한 뉴스가 아닌 이상은 검수를 여러번 하거든요.

박성제 어깨걸이도 검수를 하죠, 부장이든 누구든.

김경래 그게 걸러지지 않은 이유는 두가지겠죠. 첫번째는 의도가 있었다. 두번째는 그 의도를 알았기 때문에 알아서 실현해주었다. 둘 중 하나일 거라고 봅니다.
　예전 김영삼과 김대중이 경쟁하던 시절에 가장 큰 문제가 되었던 것은 시간 배분이었잖아요. 김영삼에게 몇초를 주고, 김대중에게 몇초를 주고, 이회창에게 몇초를 주는지, 그 시간을 다 기록한단 말이에요. 누군가가 감시하고 있어서 그걸로 장난치기가 굉장히 힘든 거예요. 또 군중 샷을 여기는 많아 보이게 하고 저기는 적어 보이게 하는 식으로 속이기도 했지만 이제는 다들 알기 때문에 못해요. 그래서 다른 걸 건드리는 거예요. 어깨걸이라든가, 제목이라든가.

또 기억나는 것 중 하나가, 이명박 대통령 당선되고 나서 그림 편집을 하는데 공지사항이 하나 붙었어요. '이명박 대통령이 창문을 보면서 심각한 표정을 짓고 있는 이미지는 쓰지 마라.' 저도 지나가다 봤거든요, '뭐야' 싶었는데, 그뒤에 그게 약간 문제가 되어서 떼냈더라고요. 그런 게 있었는지 없었는지에 관한 공방이 일기도 했는데, 제 눈으로 봤거든요. 이명박에 대한 부정적인, 즉 침울한 이미지는 가급적이면 리포트에서 배제하라는 거였죠.

이명박정권 시절에 경제부에 있었기 때문에 재정부의 업무보고 내용을 제가 리포트했어요. 통상적으로 업무보고 리포트를 방송으로 내보낼 때는 주제를 하나 잡아서 그중 핵심이 되는 내용, 즉 올해 사업 내용 중 하나를 골라 앞에서 예를 들어가며 설명해주고, 경제 활성화를 위해 어떤 부분이 필요한데 오늘 업무보고가 열렸고 장관은 어떻게 보고했고, 대통령은 어떻게 대응했다는 식으로 나가요. 저는 하던 대로 썼어요. 그런데 그날은 리포트에 대통령이 나오잖아요. 그렇게 되면 영상 편집을 경제부에서 하지 않고 청와대 부서에서 해요. 처음에는 황당했죠. 경제부 기사고 내가 다 취재한 건데, 편집을 청와대 부서에서 청와대 담당 편집자가 한다고 하니까요. 일단 우리가 가편집을 해서 넘겼어요. 그런데 저더러 편집하는 자리에 있을 필요도 없다는 거예요. 나중에 보니까 헬기에서 대통령이 내려 세종시 회의장으로 가는 영상을 쓰고 싶어서 그걸 일부러 넣었더라고요.

제 이름 걸고 나가는 리포트였으니까 반대했어요. 그것 말고 경제와 관련된 이미지를 써야 하는데 맥락과 상관없이 중간에 쑥 그 장면이 들어간 거잖아요. 그게 청와대 출입기자의 의도인지 청와대에서 요청한 것인지, 정치부장이 판단한 것인지는 모르지만, 넣자 말자 한참 실랑이를 한 적이 있어요. 결국 그 그림이 들어갔죠. 그런 식으로 알게 모르게 그림을 넣는다든가 하는 작은 부분에서 자꾸 노력하더라고요.

박성제 우리가 이명박정권 이후 20년 전으로 후퇴했다는 말을 많이 했는데, 방송에서도 마찬가지였던 거죠.

김경래 청와대 출입기자 혼자서, 또는 정치부장이 혼자서 마음대로 이런 문제를 판단하지는 않았을 거라고 봐요. 그걸 원하는 말이 분명히 청와대 측에서 내려왔을 거라고요. 밥 먹을 때 한마디 했다든가, 출입기자를 만나서 '이러이러한 걸 해줘야 하는 것 아니냐'라고 말하지 않았다면, 상식적으로 하던 대로 하지 괜히 이상한 일을 만들지 않는단 말이에요. 물론 그런 얘기를 듣고 와서 '이건 청와대 지시니까 이렇게 하자'라고 말하는 바보는 없죠. 마치 자기가 생각해낸 것처럼, '대통령이니까'라고 말해요. 그 생각이 나더라고요. 예전 전두환 때, 중간의 머리카락이 없는 부분을 부각할 수 있는 샷은 찍지 말라고 했던 것 말이에요.

박성제 그건 보도지침으로 내려왔어요.

김경래 21세기 민주국가의 공영방송사에서 '우울한 그림을 쓰지 말라'는 지시를 한다는 게 말이 됩니까. 기자가 알아서 판단할 일이지, 이걸 쓰라 마라 할 수 없는 일이죠.

KBS의 수신료

박성제 KBS 개혁 얘기가 나올 때마다 언급되는 게 수신료 인상이죠. KBS의 염원이기도 하고요. 정권이 바뀔 때마다 수신료를 올려달라고 기자들이 로비하잖아요. 그런데 항상 야당이 반대하더라고요. 수신료가 2,500원에서 30년 가까이 오르지 않았는데, 언젠가는 인상되어야 하잖아요. 여든 야든 정치권에서 수신료를, KBS를 요리하는 수단으로 사용하는 경향이 있어요. 이 질곡을 벗어나 KBS도 수신료를 제대로 받으면서 국민들에게 다시 사랑받는 방송사로 돌아가야 하는데, 그러려면 획기적으로 시스템이 바뀌어야 하죠.

김경래 수신료 드라이브를 가장 많이 걸었던 사람이 김인규 사장이었거든요. 그게 성공하면 평생의 업적이 되니까요. 그걸 성사시키려고 뭘 했느냐가 중요한데, 뭘 했느냐면, 정치권하고 계속 딜을 하는 거예요. 수신료 인상에 찬성해달라고요. 그게 최선의 방법이라고 생각하는 거죠. KBS라는 곳이 시청자로부터 어떤 평가를 받는지보다, 국회에서 동의를 받아 인상하는 게 중요하다고 생각하면서 이 정권에서도 시도해보고 저 정권에서도 해보고 많이 해봤어요. 그게 안 된다는 게 경험적으로 증명된 거죠. 수신료 얘기가 나오지 않게 된 원인 중 하나가, '가능하겠느냐'는 회의감이었어요. 총선 등에서 수신료 이슈가 물려 있으면 정치권 취재를 제대로 못해요. 특히 문방위(문화체육관광방송통신위원회) 쪽은 기자들이 취재를 안 하고 로비를 하러 다녔고, 그때 야당 도청 의혹 사건이 벌어졌어요. 아직도 해결이 안 된 사건 중 하나예요.

박성제 도청 의혹 사건이 수신료와 관련된 문제였나요?

김경래 2011년 비공개인 민주당 최고위원 회의에서 KBS가 정보를 빼내려고 무리수를 뒀다는 의혹이죠. 회의에 수신료 문제가 안건으로 올라가 있었거든요. 그게 한선교 한나라당 의원에게 넘어가서 한선교 의원이 퍼뜨리며 수사가 시작됐죠. 엄청난 스캔들이었어요. 언론사에서 공당을 도청했다는 거잖아요. 밝혀지지 않았고 의혹으로만 남아 있지만, 수신료를 정치권 협상을 통해서만 올리려고 무리하고, 그게 유일한 길인 것처럼 생각하고 있으니 그런 의혹이 발생하는 거예요. 저는 원론적이고 교과서적인 방법으로만 수신료를 올릴 수 있다고 봐요. 수신료는 적어도 국민 가운데 상당수가 찬성해야 올라가는 거거든요. 그러려면 지금까지 KBS가 어떤 짓을 해왔고, 어떤 프로그램을 해왔으며 앞으로 어떻게 쇄신해갈 것인지 밝히고 청산해야 하는 거예요.

수신료를 국회에서 의결해 올리는 것 말고도 시민 평의회 같은 걸 만들자는 의견도 있고 여러가지 안이 있어요. 누가 올리느냐보다 시청자들을 어떻게 설득하느냐의 문제인데, '지금처럼 계속 갈 건데 돈 좀 주세요. 돈을 주면 앞으로 열심히 해서 좋은 방송을 만들겠습니다'라는 건 안 통하죠. 'KBS 없어도 돼!'라고 생각하는 사람이 꽤 많아졌어요. 이 사실을 내부적으로도 알지만 정치권과의 관계에서 벗어나지 못하고 있고, 그런 게 해결되지 않은 상태에서 수신료 인상은 정치권에서도 쉽게 시도할 수 없는 거죠.

박성제 수신료만으로 운영이 안 되니까 광고를 많이 하고, 이게 또 공영방송의 상업주의를 부추기는 구조가 되죠.

김경래 전체 재원 가운데 수신료가 40퍼센트 정도 될 거예요. 나머지 60퍼센트가 판매수익이나 광고 수입인데, 판매는 굉장히 미미하고 대부분 광고예요. '공영방송사의 광고 수입이 수신료를 압도한다는 게 정상적이냐'라는 질문에서 수신료 인상 논의가 출발하는 거예요. 공영방송사라고 하면 영국의 BBC를 모델로 하잖아요. 그런데 BBC만큼의 방송을 했느냐는 질책이 나오죠. 방송 퀄리티의 문제가 아니라, 균형이나 정치권으로부터의 독립을 위해 그 정도의 노력을 했느냐는 의미에서요.

박성제 공영방송 개혁은 지배구조 개혁이 첫순위고, MBC는 그것에 직결되는데 KBS는 중간에 수신료라는 게 끼어 있어요. 그래서 지배구조 개혁과 함께 모든 국민이 수긍할 수 있는 사장 선출 시스템과 편성위원회, 공정한 보도를 위한 시스템을 만들어야 하고, 거기에 맞춰 언론인들이 다시 태어나는 모습을 보여주면서 국민들에게 이해를 구하는 단계까지 가야 수신료 문제는 첫발을 뗄 수 있는 거죠. 어렵네요.

한·경·오 등 진보언론들도 포화를 맞고 있는 상황인데요. KBS나 MBC는 바퀴벌레라고 생각하기 때문에 건드리지 않는 거지, 두 방송사의 정상화 얘기가 나오기 시작하면 그때부터 엄청난 의견과 주문이 쏟아질 거예요.

김경래 여러가지가 있잖아요. MBC는 민영화 문제, KBS는 분리 문제가 있고요. 그런 문제들이 거론되기 시작하면 KBS나 MBC나 걷잡을 수 없을 거예요. 문재인정부와 민주당이 KBS나 MBC 문제를 단기적으로 자신들에게 우호적인 언론환경을 만드는 데 이용하면 언론정책은 실패한다고 봅니다. 자기들 집권이 아닐 때에도 중립을 지킬 수 있는 언론환경을 만들기 위한 제도와 문화를 고민해야 하는데 실제로 국정이라는 게 시간이 없잖아요. 5년 동안 무언가를 달성해야 하니 그런 유혹에 빠지게 돼요. 우호적인 환경을 빨리 만들어서 드라이브를 걸고 싶은 게 권력의 속성일 텐데, 그런 함정에 빠지지 않도록 돕는 게 문재인 지지자나 여권 지지자들의 역할일 거라고 봐요. 지금 당장 우리 편 만들기보다는 장기적으로 한국사회가 어떻게 발전해나갈 것인가를 고민해야 하는데, 그게 그렇게 성숙한 상황에서 논의가 될지는 모르겠어요.

3장

종편은
무엇으로 사는가

― 언론 생태계를
망치는 시스템

대담/
김언경
金彥卿

민주언론시민연합 사무처장. 한겨레TV 「김어준의 파파이스」에서 '종편때
찌' 프로젝트를 맡아 종편 감시의 필요성을 알렸다. CBS 「정관용의 시사
자키」의 언론비평 코너 '미디어포커스'에 매주 출연하며, 민주언론시민연
합 팟캐스트 「민언련의 미디어 탈곡기」를 진행하고 있다. 제20대 국회의원
선거를 앞두고 총선보도감시연대를 주도했으며, 제19대 대통령 선거를 앞
두고 대선미디어감시연대 집행위원장을 맡았다.

'625점' TV조선의 재승인

박성제 종편(종합편성채널) 재승인 문제 때문에 광화문에서 1인시위를 하셨던 것으로 압니다. 2017년 2월 20~24일 방통위(방송통신위원회)에서 종편 3사(TV조선·채널A·JTBC)와 보도전문채널 2사(YTN·연합뉴스TV) 재승인 심사를 했고, 종편 한곳, 즉 TV조선이 1,000점 만점에 650점 이하를 받아 기준치 미달인 것으로 전해졌지요. 통상적으로 방통위에서는 650점 이상 사업자에게는 재승인을 의결하고, 650점 미만 사업자에게는 조건부 재승인 또는 재승인 거부를 의결해왔다는데, 그 내용에 대해 설명해주세요. 원래 3년마다 한번씩 모든 방송사는 재승인을 받아야 하잖아요.

김연경 모든 PP(program provider, 방송채널 사용 사업자 또는 프로그램

공급자)는 아니고, 종편과 보도채널, 지역방송은 받아야 해요.

박성제 케이블채널 PP 중에서 승인을 받아야 하는 곳이 세개죠. 보도채널, 종편, 홈쇼핑. 그 취지가 보도채널은 언론의 역할을 제대로 수행할 수 있는지 보기 위해, 종편은 보도 기능이 들어 있기 때문에, 홈쇼핑은 질 낮은 상품을 사기 쳐서 팔지 못하도록 검증하기 위해서라고 하죠.

김언경 OBS 같은 지역방송을 포함해 지상파 방송사업자, 종편, YTN 같은 보도전문채널, 홈쇼핑 방송사, 증권정보를 소개하는 한국경제TV 같은 데이터방송 등은 처음에 허가 또는 승인을 받아야 하고요. 이후에도 정기적으로 심사해서 유효기간을 연장해요.

　종편은 이번에 JTBC만 높은 점수를 받아 3년 6개월 재승인이 났고, TV조선과 채널A는 3년 조건부 재승인이 났습니다. 저희 민언련(민주언론시민연합)은 625점을 받은 TV조선에 대해 엄격하게 조건을 걸어 1년 정도의 재승인 기한을 줄지도 모른다고 관측했는데, 이 기대마저 무너진 것이죠. 방통위는 '엄격하고 세부적인 재승인 조건을 제시했으니 앞으로 TV조선에 큰 변화가 있을 것'이라고 했지만, 사실상 650점 이하 점수를 받아도 재승인이 된다는 메시지가 갔으니 타 방송사에도 분명 악영향을 미치리라고 봅니다.

박성제 TV조선 같은 경우는 까다로운 조건을 걸었다고 자신하던데 재승인 조건이 구체적으로 뭐였나요?

김연경 일단 외형상 3년 후 재승인이지만, 1년 후에 전체 심사를 다시 받아야 한다고 생각하시면 됩니다. 이행 조건은 우선 TV조선이 제출한 '방송 품격 제고 계획'을 준수해야 하고요. 방송심의규정에 오보·막말·편파에 관한 조항이 있어요. 이를 위반한 법정제재 건수를 매년 네건 이하로 줄여야 합니다. 둘째로 뉴스와 시사 토론 프로그램을 합산해 32.6퍼센트 이내 비중으로 편성해야 합니다. 셋째로 자신들이 제시한 콘텐츠 투자금액 이상을 준수해야 합니다. 넷째로 객관적이고 투명한 검증기구를 구성해 운영해야 합니다. 또 진행자나 출연자 때문에 법정제재를 받았을 경우 그 사람을 모든 프로그램에 출연 정지시켜야 합니다.

그런데 1년 후에 점검해서 이런 조건을 준수하지 않았을 때는 방통위가 시정 명령을 내리고요. 이후 6개월 간격으로 또 재심사를 하는데, 거기서 같은 사안이 또 적발되면 승인이 취소된다는 겁니다. 이렇게 들어보면 엄청 까다로운 조건 같지만, 한편으로는 지금과 똑같은 방송을 계속한다고 해도 일단 1년 6개월은 살아남을 수 있는 거예요. 그나마 오보·막말·편파 방송에 따른 법정제재가 1년에 네건 이상이면 안 된다는 부분이 제작진과 출연자에게는 큰 부담이 될 수 있어 실효성이 있으리라 생각합니다.

박성제 법정제재 조항은 지킬 수 있다고 보는데 편성비율과 콘텐츠 투자는 돈이 들어가는 일이잖아요. TV조선은 현재 드라마나 예능은 하지 않고요. 드라마나 예능이 돈이 많이 드는데 이런 걸 하라는 것은 경영상의 상당한 압박으로 작용할 거예요.

김연경 방통위는 TV조선 측에서 엄청난 자구책을 가져왔고, 꼭 지키겠다고 했기 때문에 그 부분에 대해서는 크게 걱정하지 않는 것 같아요. 오히려 편파보도 등의 문제, 방송 내용의 문제를 잘 지킬지 주시해야 한다고 보고 있습니다. 저도 사실 그렇게 생각하고요. 그러니까 돈은 해결할 수 있는데, 여지껏 방송을 그런 식으로 만들어왔던 사람들이 내용을 바로잡을 수 있을 것인지가 문제라는 거죠.

OBS와 비교하는 분들이 많은데요, OBS도 650점 이하여서 1년 유효한 재승인 기한을 줬어요. 그게 2016년 12월이었는데, 당시에 국회의 추혜선 의원실에서도 '650점 이하면 승인 취소를 해야 한다는 게 그동안의 상식이었으나, OBS를 살려야 한다는 국민들의 목소리와 노동자의 사정 등 여러가지를 감안해서 다시 한번 기회를 준 것이니까 자구책을 마련하라'라고 했거든요. 그런데 종편은 경우가 다르다고 봅니다. 오히려 TV조선은 국민들 사이에 '종편이 너무 많고 없어져야 한다, TV조선이 그중에서도 가장 심각하다'라는 의견이 절대적이었는데도 굳이 그 의견을 거스르며 정치권에서 봐주고 있는 거예요. 재승인 의결하는 날, 민주당 추천 고삼석 방통위원은 'OBS에 한번의 기회를 더 준 것은 사실이다, 그런데 종편에는 이전에 기회를 두번이나 더 주었다'라고 했어요. OBS와의 형평성을 운운하는 것은 맞지 않다는 얘기죠.

박성제 드라마나 예능 등 다른 프로그램 비율을 높이는 것, 콘텐츠에 투자하는 것 등은 할 수 있을 거라고 본다는 것이고, 그런 계획서를 냈다는 얘기잖아요? 그럼 TV조선 측은 돈을 어디서 마련할까요? 몇백억까지는 아니어도 몇십억이 들 텐데요. 처음 설립할 때부터 기업들한테 반강제적으로 투자를 받은 일로 말이 많았잖아요.

김언경 같은 날 종편 미디어렙(media representative) 관련한 재승인 심사도 통과가 됐습니다. 미디어렙이란 자사 방송광고 판매를 대행해주는 회사예요. TV조선 스스로 자기네 광고를 판매하게 두면, 자사의 방송을 미끼로 한 강매가 이루어질 수 있으니까요.

박성제 그런 일을 방지하기 위해 한 단계 건너뛰어서 별도의 회사가 만들어져야 한다는 취지였죠.

김언경 그런데 지난 3년간의 결과를 보면 그 미디어렙이 협찬을 요구하거나 방송을 끼워 판매한 정황이 굉장히 많이 드러났어요.

박성제 종편은 종편 미디어렙이 따로 있나요?

김언경 각 회사마다 따로 있죠. 하지만 사실상 자회사인 것이고요. 자사 미디어렙을 통해 방송 내용이나 심지어 보도까지 연관시켜 부당한 수익을 남긴 경우가 실제로 드러나기도 했습니다.

적자투성이 종편을 유지하려는 이유

박성제 2017년 종편 재승인 때문에 이 추위에 1인 시위도 꽤 오래 하셨는데, 1인 시위의 결과가 좋지는 않았네요. 대충 예상은 하셨죠? 방통위에다 로비도 엄청 했을 것이고요. 저는 시청자 입장에서, 저렇게 돈이 들어가고 본사 경영에도 부담이 되는 적자투성이 종편을 왜 그렇게 유지하려고 하는 것인지 궁금했어요. 이 부분은 어떻게 생각하세요?

김언경 일단 신문산업이 끝났다고 판단하는 부분이 분명히 있는 것 같습니다. 이제는 신문을 유지하는 것만으로는 영향력을 행사하기 어렵고 매체를 바꿔야 하잖아요. 그렇게 봤을 때 종편은 지상파 방송사에 버금가는 조건으로 허가를 받은 것이고, 종편 측에서 지금까지 마이너스였고 경영이 어려웠다고 주장하지만 그래도 조금씩 성장하고 있고 자리를 잡은 건 사실이라는 생각이 들어요.

특히 TV조선에 대해 그런 생각을 한 게, 저희가 거리에서 "가장 문제있는 종편이 어디인가요?"라는 설문조사를 했을 때 95퍼센트 정도가 'TV조선'을 지목했어요. 그게 TV조선을 봐서 그렇다기보다 TV조선의 인지도 때문이라고 생각해요. 채널A는 사람들이 이름도 잘 몰라요. "동아TV인가?" 이럴 정도로요. TV조선은 이제 사람들 머릿속에 딱 자리가 잡힌 거예요. '조선방송' 이렇게 쓰지는 않더라고요. 'TV조선'이라는 브랜드를 정확하게 아는 거죠.

종편의 시사프로그램을 보면 일단 노인을 배려해서 목소리도 크고 자막도 굉장히 커요. 빨간색이나 검정색 굵은 글씨로 자막을 많이 쓰고요. 샷도 얼굴 위주로 크게 잡잖아요. 모든 것이 노인을 배려한 거죠. 세련된 것보다는 선명한 메시지 전달이라는 측면에 집중해서요. 호소력 강하게 만들어서 약간 북한 방송 같은 느낌이 들죠. 구호를 외치는 듯한 진행을 하고요. 지금 당장은 수익이 잘 안 나지만 신문으로 유지하고 있던 여론 장악력을 놓치지 않고 방송으로 가져가 확산시키고자 하는 것이라고 봅니다. 이명박-박근혜 정부도 신문보다는 방송을 통해 자신들을 옹호하는 여론을 확산시키려 한 것이라 생각해요. 실제로 그게 되고 있고요. 그러니까 경제적으로는 좀 힘들어도 버텨보자는 생각을 할 수밖에 없을 것 같습니다.

박성제 네군데 종편이 다 비슷한 생각을 할 것 같아요. '버티면 다른 한둘은 망하겠지.' 처음부터도 그렇게 시작했고요. 이명박정권에서 네군데 다 허가를 안 해줄 수 없으니 해준 거였잖아요.

얼마 전 토론회 때문에 만난 방송학회 교수 한분이 이런 말씀을 하시더라고요. '종편제도를 바꿔야 하는데, 아주 간단하다. 종편을 아무나 할 수 있도록 허가해주자. 대신 채널 순번 등에서 혜택을 주지 말자.' 채널을 15번 17번 이렇게 받지 말고, 200번대 가서 하든가 300번대 가서 하면 되는 거죠. 원래는 SO(system operator, 종합유선방송국)들이 채널을 정하는데, 종편은 정부가 15번에서 20번으로 정해뒀잖아요. 중간중간 홈쇼핑을 넣어주고요. 그래서 이게 유지되는 거죠.

김언경 현재 종편이 받는 특혜가 엄청 많죠.

박성제 그런 특혜를 없애고 다른 PP처럼 누구나 만들 수 있도록 해주자는 거였어요. 바둑채널, 낚시채널은 아무나 만들 수 있잖아요. 심지어 요새는 강아지들, 고양이들 보는 채널도 있고요. 그런 식으로 종편을 하고 싶은 사람은 마음대로 하라, 단 혜택은 없다고 하면 자기들이 알아서 생존해야 하는 상황이 되죠.

김언경 그건 사실상 종편을 없애는 방안이에요. 종편의 의미는 '종합편성채널을 가진 방송사'이고 그 규모 자체가 커야 하잖아요. 아무나 할 수 있다고 하더라도 경제력 등 이런저런 조건이 필요해요. 저는 종편의 모든 특혜를 거두면 일반 PP와 다를 바 없어지는데 굳이 누가 종편을 하겠는가 생각해요. 돈을 너무 많이 써야 하잖아요. TV조선도 종편이라는 특혜가 없다면 '우리 그냥 시사토크쇼만 할래요'라고 할 것 같아요. 지금의 종편제도는 이명박정부가 그야말로 자신을 서포트하는 방송사 네개를 세팅해놓은 상황이기 때문에 말씀하신 것처럼 되어야 해요.

만약 재승인이 안 되어서 TV조선이 없어지면 노동자들은 어떻게 하느냐고 걱정하는 사람들이 있더라고요. '시민단체 너희는 여태까지 OBS고 뭐고 다른 곳은 노동자 걱정을 그렇게 하면서 왜 TV조선 노동자들은 걱정하지 않느냐' 이렇게 얘길 해요. 저 개인적으로는 "그렇게 노동자 걱정을 많이 하신다면, 종편 승인이 취소되더라도 일반 PP로 계속 방송사를 운영해 고용 승계해주세요"

라고 말하고 싶어요.

박성제 방통위가 정권이 교체되면 어떤 스탠스를 가지고 종편 문제를 다룰지도 주목할 부분입니다. 특히 대선 당시 문재인 후보는 언론개혁에 대한 의지를 강하게 여러번 내비쳤는데, 사실 손대기 쉽지는 않겠죠?

김언경 처음 종편이 도입되었을 때부터 채널A는 주주 구성에 편법 의혹이 있다든가, 종편마다 각각 취약한 부분이 있었어요. 그동안 원칙에 맞게 처리하지 않고 봐주던 부분들만 제대로 파악하고 이를 재승인 배점에 반영해도 승인 취소될 종편이 있다고 보고요. 또한 지금의 말도 안 되는 종편 특혜를 거둬도 시장의 논리에 의해 자본 잠식이 이루어지면서 해결될 수 있다고 생각합니다. 또 중요한 것은 당장 TV조선과 채널A에 요구한 재승인 조건이 제대로 이행되는지 관리·감독하는 것입니다. 이것만 되더라도 현재처럼 심한 막말 방송은 나오지 않을 거라고 봐요.

　방통위와 방심위의 인적 구성이 바뀌어서 관리·감독이 제대로 이루어지고 지금 만들어진 재승인 조건이 엄밀하게 적용되면 변화가 있으리라 기대합니다.

종편이 살아가는 방식

박성제 종편의 내용 문제를 잠시 짚어볼게요. '종편때찌' 프로젝트로 팟캐스트 「김어준의 파파이스」에 출연하셨죠. 매일 종편을 모니터링하느라 바쁘신데, 가장 주안점을 두고 보시는 게 무엇인가요? 조·중·동과 지상파 방송, 종편을 보는 기준이 다른가요?

김언경 아뇨, 다 똑같은 기준으로 봐요. 보도는 보도로서 국민의 알권리를 충족하고 있는지, 프레임 조작을 하고 있지는 않은지에 주목해서 보고 있고요. '종편때찌'로 보는 것은 JTBC를 제외한 종편 3사의 시사프로그램이에요. JTBC는 시사프로그램이 별로 없어서요.

박성제 JTBC는 정치평론가들이 수다 떠는 프로그램이 없나요?

김언경 「썰전」 등 2개 정도 되는 것 같아요. JTBC의 시사토크쇼 수는 타 종편에 비하면 매우 적은 편이에요. 보도전문채널 정도 된다고 보시면 되겠네요. 대선 국면에서는 주로 TV조선·채널A·MBN에 집중해 모니터링하고 있어요. 시사토크쇼를 모니터링 해보면 지나친 막말이나 폄훼 발언 등 명예훼손성 발언이 자주 나옵니다. 그런 건 일단 무조건 걸러내서 지적해요. 특정 정치인이나 집단에 대한 이야기 등 주로 나오는 게 정해져 있어요. 문재인 때리기, 박근혜정부를 비판하면 종북으로 몰아가는 것, 노조·전교

조·민주노총 비난하기. 또 국정역사교과서를 비판하면 무조건 좌파로 몰아가고요.

박성제 탄핵정국 이후에는 좀 나아지지 않았어요?

김언경 나아지지 않았습니다. TV조선이 굉장히 변했다고 사람들이 착각하지만 TV조선은 박근혜-최순실하고는 싸워도 박근혜의 정책은 전부 찬성해요. 국정교과서나 박근혜정부의 한일 '위안부' 협정, 사드(THAAD) 등 모두 다 찬성이고, 거기에 대해서는 절대 건드리지 않아요. 그걸 업적이라고 판단하고 있죠. 저희 민언련에서 시사토크쇼를 모니터링할 때는 막말과 몰아가기 등을 잡아냅니다. 방통위에서는 '오보·막말·편파', 이 세가지로 지적을 많이 하잖아요. 그런데 실제로 딱 '오보다' 하는 것은 많지 않아요. 막말도 요즘은 그렇게 세게 하지 않고, 깐죽대듯이 비아냥대는 수준이에요. 편파성이 문제가 되죠.

　문제라고 저희가 많이 지적하는 것은 대화의 수준이 심각하게 낮다는 점이에요. 시사토크쇼면 시사 문제를 알고 이야기해야 하는데, 실시간으로 뉴스가 뜨면 그 뉴스를 바라보면서 이야기해요. 아무리 전문가여도 어제 벌어진 일을 가지고 토론하려면 공부를 하고 해당 사안에 대해 알고 나와야 하는데, '지금 북한에서 뭘 하고 미사일을 쐈다'라는 식으로 뉴스를 보며 '카더라'로 이야기해요. 자기의 상상을 개입시키고요. 모든 방송이 이런 식으로 깊이 없는 토론을 하고 있어요. 저는 이게 우리 사회와 토론의 수준을 엄청나게 떨어뜨리고 있다고 봅니다.

박성제 실시간 뉴스를 보면서 논평이랍시고 하는 내용이 매우 저열해요. 예를 들면, 박근혜에게 구속영장이 청구됐다는 얘기를 하면서 앵커가 이런 말을 하더라고요. "박근혜와 최순실이 감옥에서 만나면 무슨 얘길 할 것 같아요?" 이런 질문을 시사평론가라는 사람한테 던지는 거예요. 그러면 "아, 좋은 질문이네요"라면서 거기에 대해 말도 안 되는 답을 하고요.

김연경 국민이 알아야 하는 내용을 핵심을 뽑아 시간 안에 전달해야 하는데, 사석에서나 할 이야기만 늘어놓으면서 토론의 깊이를 너무나 떨어뜨리고 있죠.

박성제 채널A에 나온 사람이 TV조선에도 나오고, 또 다음 시간에 MBN에 출연하고 그러잖아요. 김경진(金京鎭) 국민의당 의원이 종편으로 인기를 얻어 호남에서 전국 최고 득표율을 얻기도 했죠. 이분이 검사 출신 변호사잖아요. 2015년에 라디오 및 각종 종편 방송을 하루에만 아홉번 뛴 적이 있다고 해요. 그래서 그해에 얼마나 벌었느냐고 여쭤봤더니 출연료로 1억 6000만원을 받았다고 하더라고요. 너무 바빠서 사건 수임은 하나도 못하고, 종편만 했다고 해요. 그걸로 국회의원도 되고요. 그런 사람이니까 아홉번까지는 아니더라도 하루 4~5회는 굉장히 흔한 경우였을 거예요. 어떤 사안에 대해 검토하고 연구할 시간이 어디 있었겠어요. 나오자마자 말도 안 되는 질문을 던지면 말도 안 되는 대답을 하는 거죠.

김연경 방송사의 색깔에 맞게, 똑같은 이야기지만 농도를 다르게 해요. 전형적인 막말 주자들인 황태순·민영삼 같은 사람들도 다 똑같이 말하지는 않아요. TV조선에 가서는 좀더 원색적으로 세게 말하고요, YTN에 가면 좀 점잖게 해요. MBN에 가서는 약간 코믹하게 하고, 해당 방송사에서 원하는 콘셉트에 맞춰서 합니다. 내용에 깊이가 없다는 것은 똑같고요.

박성제 진행방식에도 TV조선, 채널A, MBN에 차이가 있나요?

김연경 TV조선은 진행자가 아주 선명한 발언을 요구해요. 본인이 원하는 대답이 나올 때까지 거듭 물어본다거나 하죠. 합이 대부분 잘 맞고요. 비교적 선명하게 막말이 나오고 시원시원한 대답이 이루어집니다. 정부를 감싸거나 야당을 비판할 때는 직설적으로 하도록 허용하는 분위기가 있어요. 아니, 부추긴다고 해야 하나요?
　채널A는 TV조선처럼 세게는 하지 못하면서 비아냥거리는 수준의 내용이 많았어요. MBN은 「송지헌의 뉴스와이드」 등 특정 프로그램들이 까불듯이 오락처럼 진행을 해요. 출연자들끼리 깔깔거리고, 출연자가 마음에 안 드는 얘기를 하면 "깍깍깍" 하는 까마귀 소리를 효과음으로 내보내서 그 말을 한 사람을 비웃어요. 이명박-박근혜 정부 시기 야당 인사가 나왔을 때 주로 그런 식으로 하죠.

　분위기가 조금씩은 다른데 방심위의 심의 결과 제재 건수가 TV 조선이 많은 이유는 워낙 빠져나갈 수 없게 원색적인 말을 하기 때문이에요.

박성제 시사토크쇼를 낮 시간대에 많이 하죠?

김언경 점심 먹고 나서부터 저녁까지 내내 한다고 보시면 돼요. 그래서 어르신들이 많이 보시죠. 저희가 전에 활동가 한명을 복지관에 보내서 노인들이 종편을 보는지 인터뷰를 다녀보라고 한 적이 있어요. 오마이뉴스에 기사로도 냈고요. 그 활동가가 "텔레비전 뭐 보세요?"라고 여러 사람에게 물어봤는데 그분들이 하시는 말씀이 종편을 안 보고 나오면 왕따가 된다는 거예요. "그 사람이 나와서 뭐라고 하는데, 딱 맞더라, 속이 시원하더라" 이런 얘기를 해야 하고, 그게 노인들 사이에서는 굉장히 중요하더라고요. 저희가 이 조사를 한 게 벌써 2~3년 전이에요. 우리는 막연하게 '종편 누가 봐? 저런 걸'이라고 생각했지만 노인들이 굉장히 많이 보고 있는 거죠.

박성제 벌써 2~3년 전부터 그런 구도가 대세로 형성돼 있었군요. 마치 우리가 "어제 손석희 발언 봤어? '앵커 브리핑' 봤어?"라고 하는 것과 똑같겠죠?

김언경 영향력이 있어서 무시할 수 없겠구나, 지적을 해야겠구나 생각했죠.

박성제 아까도 잠깐 얘기가 나왔지만 진행자가 목소리를 높이고 소리를 지르는 것, 패널들이 소리 지르는 것 자체를 문제 삼을 수는 없겠지만 편향적으로 몰아가고 막말을 하는 게 문제잖아요? 최희준 TV조선 앵커의 경우 2016년 말에 '국가적으로 삼성이 우리나라에서 차지하는 위치를 놓고 볼 때 국민연금이 합병에 찬성해야 하는 것 아니냐'라는 식으로 범죄 행위를 옹호하는 말까지 했어요.* 이미 이걸 가지고 검찰은 정부에서 압력을 넣은 혐의로 문형표 전 보건복지부 장관을 구속했잖아요. 이재용 씨도 뇌물공여 혐의로 구속됐고요. 이렇게 최소한의 객관성이나 품위를 저버린 발언이 종편에서 흘러나오죠. 이런 걸 어떻게 막을 수는 없을까요? 방통위 말고는?

김언경 지금은 그것밖에 없죠. 저희가 보기에는 이 사람들이 방송심의 규정을 모르는 것 아닌가 싶어요. 방송은 신문과 다르거든요. 왜 종편이 이렇게 됐느냐를 봤을 때, 신문을 만들던 사람들이 방송을 만들게 돼 그렇다고 생각해요. 지금 TV조선에 있는 대부분의 사람들이 방송보다는 신문 출신이고, 신동아·월간조선·조선일보에 글 쓰던 기자가 패널로 많이 나오죠. 그런데 본인들은 신문에서는 그 정도 해도 아무런 문제가 없었으니까, 방송에서 넘지 말아야 하는 선을 자꾸 넘어가는 거예요. 전파의 영향력 때문에 방송에서는 공적 책임을 엄청나게 강조하고 방송심의 규정도 있으니 함부로 말하지 말아야 하는데, 구분이 안 되는 거예요. 어쩌다 나오는 패널들은 그럴 수 있잖아요, 실수할 수도 있고요. 하지만 기본적으로 품위 유지라든가 여러 조항들을 숙지하고 거기에 맞추어 진행해야 할 진행자가 오히려 패널들보다 막말을 한다거

● 국민연금공단은 삼성물산과 제일모직의 합병에 찬성하여 수천억의 손실을 발생시켰고, 삼성은 합병 직후 최순실 일가에 수백억에 달하는 지원을 한 것으로 드러났다.

나 정치적 편향성을 드러내는 일이 많아요.

이번에 TV조선이 방통위에 가서 처음으로 고생을 한 거잖아요. '아, 방송사를 하려면 규정을 지켜가면서 해야 하는구나'라는 걸 아마 처음으로 깨닫지 않았을까 싶어요. 지금까지는 심각했지만 앞으로는 조치를 취한다고 하니 조금씩 나아지지 않을까 기대해 봅니다.

JTBC는 삼성 방송이 될까

박성제 JTBC 얘기를 잠시 해볼게요. JTBC는 손석희 사장이 온 다음에 상도 많이 타고, 엄청난 역할을 했잖아요. 굳이 이 자리에서 예를 안 들더라도요. 그런데 기본적으로 사람들이 걱정을 많이 했단 말이죠. '홍석현 회장 때문에 JTBC가 삼성 방송이 되는 것 아니냐'라면서요. 삼성 문제와 관련해 지금까지 모니터링해보신 결과는 어떤가요?

김연경 적극적으로 삼성 문제를 보도하지 않은 것은 사실이에요. 무언가를 의식하고 보도한 건 없다고 생각해요. 왜곡하거나 은폐하지만 않으면 된다, 남들 하는 만큼만 하겠다는 정도로요. '원칙대로 문제가 발생하면 보도하고, 아니면 말지 그런 오해를 깨기 위해 오히려 삼성을 더 비판하지는 않겠다'라는 수준에서 보도하고 있다고 봐요. 특히 반올림(반도체 노동자의 건강과 인권지킴이 반올림) 같은 문제는 제대로 보도한 방송사가 없다고 봐야 하잖아요. 그 부분을 "JTBC 너희는 왜 반올림 문제에 대해 제대로 비판 안 해?"라고 하기는 어렵죠. 거의 모든 언론이 다 그러고 있기 때문에요.

박성제 JTBC한테만 "삼성을 더 집중적으로 보도해"라고 하는 것도 웃기죠.

김언경 지금 이만한 방송보도를 내는 곳이 없기 때문에, 저는 이 부분을 너무 상업적으로 엮는 것 자체가 지나친 견제라고 보는 입장이에요.

민언련이라는 시민단체로서 사실 종편에 상을 주고 있으려니 얼마나 불편했겠습니까. "종편은 탄생부터 귀태다"라고, 귀태 방송이라고 했는데요. 그럼에도 상을 주겠다는 판단을 한 건 세월호 사건과 그 의제를 끌어가려고 하는 태도 때문이었어요. 특종이 있는 것도 아니면서 JTBC는 저녁 뉴스에서 100일 넘도록 매일 그 주제를 메인에 뒀잖아요. 그 모습을 보면서, '이런 보도를 하는 방송사가 지금 우리에게는 필요하다'라고 생각했어요. 워낙 외압이 많던 그런 시절이었잖아요.

박성제 중앙일보의 경우는 이미 몇 년 전부터 약간 다른 행보를 보여왔잖아요. 왜 그러는 걸까요? 홍석현 회장의 개인적인 리더십이 작용했다고 보세요?

김연경 JTBC의 변화에는 회장의 리더십이 작용한 것 같고요, 얄밉게 말하면 중앙미디어는 양쪽에 보험을 들어놨다는 생각이 들어요. 우리가 말하는 조·중·동 프레임에서 중앙일보가 완전히 빠졌다고 볼 수는 없어요. 중앙일보를 통해서 조선일보·동아일보처럼 노골적이지는 않지만 보수의 색채를 이어가고, JTBC는 저널리즘의 본령을 보여주는 굉장히 진보적인 방송을 만들고 있죠. 이렇게 양쪽을 다 가지고 있어서 정권이 어떻게 되더라도 안정적으로 굴러갈 수 있게 해둔 거죠.

중앙미디어가 굉장히 영리하게 양쪽에 선을 다 댔는데, 중앙일보는 조선일보나 동아일보에 비해서는 제가 말한 심각한 막말이나 어처구니없는 논리 등은 많이 없어졌어요.

박성제 문창극, 김진 같은 사람들이 나가서 그런 것 아닌가요?

김연경 그런 것도 있죠. 시간이 더 지나면 더 변할 거라고 생각해요. 지금 중앙일보와 JTBC 기자들이 순환보직을 하고 있거든요. 저희가 상을 주려고 하면 기자들이 오잖아요. JTBC 기자들에게 대놓고 물어봐요. '당신 중앙일보에 있을 때도 이렇게 했느냐'라고요. 그러면 아니라고 해요. JTBC에서는 '원칙대로 취재하고 가감 없이 보도하라, 깊이있게 들어가라'라고 하고 그 방식에 맞게 취재를 하다보니 이런 보도가 나오는 것이고요. 중앙일보 기자들 가운데서 JTBC에 가고 싶어하는 사람들도 있을 거예요. '여기 말고 저기 가서 나도 제대로 한번 취재해보고 싶다.' JTBC 사람들이 중앙일보로 돌아가 다시 보수지 기자로만 있을 수는 없는 거잖아요. 중앙일보는 앞으로 더욱 변화하지 않을까 합니다.

종편과 종북 프레임

박성제 종편 뉴스가 가장 크게 내걸고 있는 프레임이 '종북(從北)'입니다. 민언련도 종북단체라는 말을 들었죠?

김언경 네, 채널A가 민언련과 한국진보연대, 우리법연구회, 전국교직원노동조합, 통합진보당을 묶어 '종북세력 5인방'이라는 방송(2013.5.6)을 했어요. 저희가 채널A를 고소해서 현재 대법원에 가 있습니다.

박성제 대법원까지 갔나요? 1심, 2심 이기고요?

김언경 아뇨, 2015년 1월 1심은 졌습니다. 그해 12월 2심에서는 일부 승소 판결을 받았어요. 법원은 채널A와 발언자 조영환 씨에게 각각 1000만원씩 손해배상을 선고하고, 채널A에는 정정보도문을 게시하라고 판결했습니다. 채널A가 불복해 현재 대법원에 가 있는 상태입니다. 그런데 대법원이 아직까지 감감무소식이네요.

박성제 종북 프레임이 먹힌다는 게 문제잖아요. 노인층에도 그렇고요. 사실상 탄핵정국이 없었다면, 국정농단 사태 및 촛불시위가 없었다면 대선에서 엄청나게 큰 이슈가 되었을 거예요. 왜 그렇게 종북 프레임으로 승부하려고 하는지 잘 모르겠어요.

김언경 종북 프레임은 조선일보가 제일 심해요. 조선일보와 동아일보의 논설위원과 고정 칼럼니스트들은 종북몰이 하는 내용을 하루에 한두개는 반드시 내요. 대부분은 문재인이라는 인물을 종북으로 몰아가는 색깔론 보도죠. 이런 프레임이 계속 사라지지 않는 이유는 우리 사회가 남북 대치 상황이다보니 안보에 대한 불안감이 있는 점을 계속 이용하는 거예요. 종북이라는 말 자체가 남한을 인정하지 않고 북한을 추종하는 것처럼 느끼게 하잖아요. 노인들도 그렇지만 젊은 층도요. "왜 북한을 추종해?"라고 생각해요. 아주 젊은 층에게도 종북이라는 이미지는 좋은 게 아니거든요. 일베가 아니더라도요.

박성제 사드 문제 같은 게 대표적이죠. 거기에다 종북 프레임을 걸어버리면 논리적인 토론이 안 되는 거죠.

김언경 종편에서 종북이라는 말을 너무 많이 쓰니까, 종북이라고만 말하면 그게 욕으로 잘 안 들려요. 이제는 '종북좌빨' 해야만 기분이 나빠요. 종북이라는 단어에 무뎌진 느낌이 들 정도로 우리 사회가 종북이라는 것에 대해 노이로제에 걸려 있고, 거기에 종편이 엄청나게 영향을 줬어요.

대선 기간 내내 문재인의 대북관에 대해 계속 시비를 거는데, 노인층에게든 젊은 층에게든 실제로는 굉장히 잘 먹히는 것 같아요. 제가 아는 한 기자 분이 말씀하시길, 지역별로 인터뷰를 다녀보면 '문재인은 안 된다'라고들 했대요. "왜 안 돼요?"라고 물어보면 하나같이 문재인은 색깔이 문제라고 한다는 거예요. 아무리 아니라고 말해도 그 사람들에게는 옷처럼 '문재인＝종북주의자'라는 생각이 입혀져 있다는 거죠. 너무 심각하게요.

박성제 논리가 없죠. 이재명(李在明) 성남시장 같은 경우 사드 문제에 대해 적극적이고, 복지 문제에서도 왼쪽에 가 있는데도 종북 프레임을 씌우지 않았습니다. 문재인의 대항마이기 때문이죠. 만일 이재명 시장이 대선 후보가 되면 또 프레임을 씌우겠죠.

김언경 심지어 안희정(安熙正) 충남지사에 대해서는 NL(National Liberation)이라는 얘기를 방송에서 계속하면서도 그걸 종북으로 몰지 않았어요. NL이 뭔지 말을 안 하는 거예요. '주사파다' 'NL이다'라는 말은 해요. 그렇게만 말하면 사람들은 그게 뭔지 정확히 모르거든요. 문재인에 대한 수준으로 비판할 작정이면 종북이라는 고깔모자를 씌워서 몰아갈 텐데, 안 지사에게는 심하게 하지 않더라고요. 그냥 거기서 딱 그치는 거예요.

구글에 올라온 한달치 영업일지

박성제 광고 이야기를 더 여쭤보겠습니다. 지상파를 제외한 모든 PP는 중간광고를 할 수 있잖아요. 중간광고 때문에 먹고사는 건데, 종편의 경우 현재 수익구조상 적자가 많죠?

김언경 그렇지 않더라고요. 방통위가 공개한 종편 4사의 2016년 방송사업 매출은 전년 대비 크게 성장해 언론에서는 '고속성장'이라는 표현까지 썼습니다. 그래도 종편은 늘 앓는 소리를 하고 있긴 하죠. 예를 들면 종편은 신생매체라는 이유로 방송통신발전기금을 2011년부터 5년이나 면제받았다가, 2016년부터 방송광고 매출액의 0.5퍼센트를 겨우 내기 시작했고요. TV조선, 채널A, JTBC는 자신들이 약속한 콘텐츠 투자금도 지키지 않아 작년에 4500만원씩 과징금을 물었어요. 문제는, 종편이 실적을 올리고 있는 부분이 '협찬'이라는 겁니다. JTBC를 제외한 종편 3사 모두 협찬 매출이 많이 늘었고, 특히 TV조선의 경우 협찬 증가가 방송광고 매출 증가보다 많아 방송사업 전체 매출의 34퍼센트가 협찬인 수익구조라고 하더라고요. 이렇게 종편이 협찬에 대한 의존도가 높다는 건 분명 문제라고 생각합니다.

　2015년에 MBN 미디어렙 사태가 벌어졌어요. 구글에 한달치의 영업일지가 올라간 거예요. 자사의 서버가 잘못되어 직원들이 잠시 구글에서 공유한 거죠. 그것도 일부, 한 팀의 영업일지가 올라갔는데 그걸 미주 한인 주간지 선데이저널에서 입수해 보도했어요. 민언련도 MBN 미디어렙 영업1팀의 한달치 영업일지를 입수해서 상세히 분석했습니다. 영업일지 내용 가운데 통상적 영업행위가 아닌 것을 골라내고, 그 일지의 행위가 실제 방송에 반영되었는지까지 모니터링했죠. 말도 안 되는 영업행위가 발생하고 있었다는 사실을 알게 됐어요. 저희가 추가적으로 내부 정보에 접근할 수 없으니, 인터넷 검색과 방송자료를 통해 확인할 수 있는 수준으로 찾은 것만 해도 충격적이었어요. 그래서 저희가 방통위와 방심위에 고발자료를 냈어요. 내용이 뭐냐면, 예를 들어 MBN에 건강보조식품이 나오는 방송이 굉장히 많아요. 「다큐M」이나 「나는 자연인이다」「천기누설」 등 건강정보를 전하는 방송이 많잖아요. 방송마다 조금씩 금액이 다르지만 이런 방송에 건강보조식품 재료를 홍보하는 내용의 방송을 만들어주고 2000만원에서 4000만원을 받아요. 그리고 그걸 재방송할 때마다 또 돈을 그만큼 받아요. 더 황당한 것은 이쪽에서 방송을 하잖아요, 그러면 방송이 끝나자마자 홈쇼핑에 그 제품이 걸려요. 광고성 방송과 홈쇼핑을 미리 연결해놓은 거예요.

박성제 중간에서 수수료를 받겠죠.

김언경 홈쇼핑에는 뭐라고 적혀 있느냐면 "MBN 「천기누설」이 오늘 아로니아의 유용성을 집중 보도"했다며 화면에 자막까지 넣어 강조해요. 그런데 방송 하나를 계속 재탕하면 재미가 없잖아요. 그러면 똑같은 제품으로 또 만들어요. 다른 포맷으로 내용은 비슷하게 또 만드는 거예요. 내용도 너무나 황당한 것이 많았는데요. 예를 들면 한 프로그램에서 뭘 먹고 병이 나았다고 나온 사람이 그 식품협회 이사장의 처형이에요. 이러면 해당 사례의 진실성마저 믿을 수 없는 상황이 되는 거죠.

박성제 처형인 줄은 어떻게 알았어요?

김연경 우리가 찾아냈죠. 민언련 보고서(2015.3.27)에 굉장히 구체적으로 나와요. 워낙 이 사람들이 조심하지 않고 만들어요. 그래서 MBN이 이 건으로 방송광고 위반행위에 대해 과태료 1000만원을 부과받았고요, MBN미디어렙이 과징금 2억 4000만원을 부과받았어요. 그들의 행태에 비해서는 매우 적은 금액이죠. 민언련이 조사했을 때, 문제있는 행위가 37건이고 그중 21건이 실제 방송에 반영되었다고 나왔거든요. 시민단체가 할 수 있는 수위의 조사에서도 이런 정도의 문제점이 드러났는데, 방통위는 다른 의혹에 대해서는 일언반구도 없이 단 여섯건만 법령 위반행위라고 하면서 과징금 액수를 결정한 거예요.

게다가 그냥 건강보조식품 홍보만 하는 게 아니고 보도조차 돈 받고 하는 충격적 사례도 있어요. MBN은 한국전력과 교양프로그램에 4000만원 협찬계약을 맺었다가 프로그램 제작이 취소되자 공기업 자원외교 문제를 다룬 「경제포커스」(2014.12.6)에서 한국전력의 성공 사례를 부각합니다. 농협 하나로마트에서 협찬금 3000만원을 받은 뒤 마트의 제품을 소품으로 사용하고요. 이처럼 방송

보도에서 돈을 받고 광고를 해준 것인데, 고작 건당 500만원의 과징금이 부과된 거죠. MBN이 두 방송으로 7000만원의 불법 부당 이득을 취했는데 벌금은 1000만원이라니, 이런 부당한 일을 계속 해도 된다는 계산이 나오겠죠. 어마어마한 거죠. 이런 식으로 하리라는 건 알았지만 그게 다 공개된 거예요. 저희는 방송을 통해 입증할 수 있는 것만 조치를 취할 수 있으니까, 방송을 다 찾아봤어요. 그래서 드러난 건데, 검찰수사가 필요한 사안도 있었어요. 검찰에 의뢰했지만 아무것도 된 게 없고 방통위도 실질 조사는 '혐의 없음'으로 다 끝냈어요.

더 말씀드릴 것은 이 문제가 MBN에만 있는 게 아니고, 다른 종편에도 비슷하게 있었다는 거예요. 특히 최민희 의원실에서는 정부 광고를 대행하는 한국언론진흥재단의 계약서를 달라고 해서, 정부 광고를 어떻게 주었는지 분석했어요. 2015년 종편들이 공공기관 등과 체결한 광고·협찬 계약서를 한국언론진흥재단으로부터 입수해서 분석했는데 이상한 계약이 많았다는 거죠. 예를 들면, TV조선과 채널A에서 한 전문가를 출연시켜 앵커와 10분 정도 구제역 확산 방지를 위한 조치에 대해 얘기를 나눴는데, 각 방송사마다 공공기관과 1000만원의 협찬계약을 맺고 그들이 추천한 전문가를 출연시킨 거였어요.

보도를 앞세워 협찬을 달라고 한 사례도 있어요. TV조선에서 '2013 한국의 영향력 있는 CEO' 33인을 선정하면서 특집기사에 수상 내역을 소개해야 하니 2000만원(부가세 별도)의 협찬금이 필요하다고 요청을 하더라는 거예요. 실제 그중 누구는 사진·이름·직책을 화면과 리포트로 소개하고 누구는 안 했는데 돈을 준 사람과 안 준 사람의 차이 아니었을까 의심되는 상황이죠.

박성제 너희들이 홍보하고 싶은 거 해주니 돈 달라, 너희 CEO 홍보해주니 돈 달라, 이런 거군요. 미디어렙을 압수수색이라도 해봐야겠는데요? 엄청난 비리나 사기극의 증거들이 나올 것 같아요.

김언경 만약 민주정권일 때 그런 문건이 공개됐다면 당연히 국회에서도 문제시했을 텐데, 저희와 최민희 의원실만 이걸 붙잡고 했고 보도도 뉴스타파와 미디어 전문매체에만 좀 나왔어요. 뉴스타파가 한번 보도하고, 저희는 계속 문제제기를 하고요. 이 미디어렙 문제를 계기로 종편이 도덕적으로 방송 전체를 팔아먹는 장사를 하고 있었다는 것이 드러났습니다.

조·중·동과 종편의 시너지

박성제 종편에 대해 이야기하다보면 결국 조·중·동 이야기를 해야 하는데, 현재는 같은 오너 아래 신문과 종편이 계열사로 있는 구조잖아요.

김언경 TV조선이 재승인 심사에서 기준에 미달되는 점수를 받자, 방통위에 해명을 하러 TV조선 사장과 조선일보 사장이 같이 왔다고 하더라고요.

박성제 또 신문사 소속 중견 기자들을 종편 데스크로 보냈고요. 아까 조선일보나 동아일보가 프레임을 만들면 종편으로 흘러가 확대 재생산된다는 말씀을 하셨잖아요. 그런 사례로 어떤 게 있을까요?

김언경 최근은 아닌데, 세월호 사건의 희생자 유족인 유민아빠가 단식을 하셨을 때 '유민아빠에 대해 어떻게 왜곡된 논의를 확산시키는가'를 봤어요. 아침-점심-저녁 계속 논의가 발전해요. 조선일보가 먼저 유민아빠에 대해 작은 험담을 하면 그것이 그림으로 만들어지는 거예요. 그래서 취재를 가요. 이혼한 뒤에 딸한테 용돈을 안 줬다고 했다는 식의 기사가 나오면, 그 근처에 가서 할머니를 인터뷰해 애매한 비판성 보도를 하나 만들어요. 그러면 그 보도 내용이 하루 종일 시사토크쇼에서 부풀려지는 거예요. '있을 수 없는 가짜 아빠다'라는 식으로요. 그러면 또 그 내용을 신문에서 받아 다음 날 뉴스를 만드는 거예요. 새로운 내용은 없지만 '비판이 되고 있다'라는 식으로요. 이렇게 3일 동안 유민아빠를 어떻게 망가뜨리는가를 모니터링한 적이 있어요. 이런 사례가 비일비재해요. 신문이 말해놓고 그걸 방송이 받고, 또 방송이 논란을 만들면 논란이 된다면서 신문이 받는 식으로 돌아요.

　요즘 중앙일보는 이런 걸 거의 안 하고 있고, 조선일보와 동아일보가 확대재생산의 교과서인데, 아침에 종편 패널들이 아무리 바빠도 꼭 보는 게 조선일보와 동아일보의 사설과 칼럼인 것 같아요. 거기서 나온 주장을 그대로 답습하거든요. 시청자들은 저희처럼 신문과 방송을 종합적으로 보지 않기 때문에 새로운 것으로 생각하지만, 사실 신문에 다 나오는 내용이에요.

언론장악방지법, 낙하산 사장을 바꾸는 길

박성제 제도와 법에 대한 이야기를 해볼게요. 일단 KBS와 EBS는 수신료를 받는 공적 기관이고, MBC는 수신료는 받지 않지만 공적으로 운영되죠. 지금까지는 어떤 정권이 들어서든 낙하산 사장이 올 수밖에 없는 구조였잖아요. 그걸 바꾸자면서 이른바 '언론장악방지법'●이 계류 중인 상황이고요. 언론장악방지법안 내용에 찬성하시나요?

김연경 민언련에서는 내용이 너무 약하다고 생각해요(웃음). 공영방송 이사회가 7대 6 구조로 변한다고 해서 방송의 독립성이 보장되기는 어렵지 않나 싶습니다. 그래서 중립지대를 두어야 한다고 주장하고 있고요. 저희는 방송국 내 조직원들의 투표를 통해서 방

● KBS·MBC·EBS 등 3개 공영방송 이사회를 여당 추천 인사 7명, 야당 추천 인사 6명의 총 13명으로 구성하고 사장을 선임할 때는 그 가운데 3분의 2 이상이 찬성해야 한다는 '특별다수제'를 도입한 방송법 개정안. 2016년 더불어민주당과 국민의당, 정의당 의원 162명이 발의했다.

송의 독립성과 중립성을 지키려고 하는 사람 세 명 정도를 뽑고 힘을 부여해야 한다는 취지로 안을 냈어요. 그랬더니 예전 새누리당 쪽에서 "이건 노영(勞營)방송으로 가겠다는 것"이라며 논의조차 못하게 했죠. 그래서 최소한으로 만들어놓은 것이 지금의 언론장악방지법안이에요.

박성제 그럼 민언련 측에서는 여·야 7대 6이 아니라 사람 수가 몇 명이 되든 30퍼센트 정도는 내부에서 나와야 한다고 보는 건가요?

김언경 저희는 사실 이사회 구성도 국회의원 구성 그대로, 여·야 추천 비율을 맞춰서 가야 한다고 보고 있어요. 거기에 중립지대로 세 명 정도를 넣는 것이고요.

박성제 시민단체나 학계도 고려하셨나요?

김언경 그건 생각 안 했어요. 그건 여·야에서 추천을 하면서 비율을 맞추지 않을까요?

박성제 여·야에서 시민단체·학계 등의 전문가를 추천할 테니까 방송현업인 단체에서 세 명 정도를 넣는 게 좋겠다는 말씀이신 거죠? 아주 좋은데요.

김언경 정답은 아니죠. 저희가 그 안을 요구하니까 언론노조에서는

'취지는 좋다. 그런데 우리가 그런 좋은 것을 몰라서 제안을 안 하겠느냐. 지금 가장 보수적인 제안조차 새누리당이 안 받아주는데 이런 혁신적인 안을 받아주겠느냐'라는 입장이었죠. 저희도 그건 알지만, 전략적·원칙적으로 더 센 것을 내놓은 거예요. '민언련이 제시한 것보단 이게 낫다, 이거라도 통과시켜주자'라고 해서 언론 방지법이 통과되기를 바란다고 할까요. 사실 이게 통과되어도 크게 변화는 없지만 단서조항에 MBC 사장을 바꿀 수 있다는 부분이 있잖아요. 이것 때문에 '무조건 되게 하자'는 생각인 거예요.

박성제 MBC와 KBS의 낙하산 사장을 하루빨리 법적으로 교체하려면 이 법안을 통과시키는 방법밖에 없죠.

김연경 이건 첫 단계일 뿐이에요. 여기서 더 많은 조항을 보완해야 정말로 언론장악 방지가 되지, 현재로서는 너무 미흡해요. 이렇게 미흡한 안을 우리가 좋아서 내는 게 아니고, 예전 새누리당이 워낙 언론장악에 대한 의욕이 강했기 때문에 이 정도도 안 해주던 상황에서 더 센 것을 내봤자 전혀 대화가 안 된다는 판단에서 제시한 것입니다.

박성제 이사회 구성을 6대 3으로 하는 구조에서는 더불어민주당이 집권하면 민주당에서 이사 6명을 내고 자유한국당, 국민의당, 바른정당에서 한명씩 추천하게 될 가능성이 높잖아요. 그러면 보수세력에게는 최악이죠. 그 사람들 입장에서는 지금 이 법안이 통과되면 그나마 좋은 거예요. 그런데 그걸 안 하려고 하죠.

방송통신심의위원회가 할 일

박성제 방송통신심의위원회·언론중재위원회 같은 기구들이 어떻게 바뀌어야 한다든지, 통합해야 한다든지, 정부 조직개편 문제와 관련해 민언련 측의 입장은 따로 있나요?

김연경 민언련은 원칙적으로는 방통위가 방송 등 시청각 콘텐츠와 이를 전송하는 모든 플랫폼을 규제하는 기관, 독립적인 정책·행정 규제기구로 재구축돼야 한다고 보고 있습니다. 이를 위해 미래창조과학부에 이관되어 있던 방송정책을 모두 통합하고, 방송 독립성을 보장하기 위해 국가인권위원회 같은 독립적 합의제 위원회의 위상을 부여해야 한다는 의견을 내놨습니다. 이렇게 개선된 방통위 안에 공공서비스방송 정책, 수신료 정책, 여론 다양성 정책, 지역방송 발전 정책 등 방송 공공성에 관한 기본계획안을 수립해 상정하는 등 역할을 담당하는 '방송공공성정책위원회'를 만들자는 의견도 있는데, 구성은 학계-시민사회-법조계-방송계 등에서 추천받아 협치를 구현하자는 것이죠.

방심위는 현재 이전 정권의 여당 추천 6인, 야당 추천 3인으로 구성되어 있습니다. 이에 대해 민언련은 여당 교섭단체가 3인을 추천하고 그외 교섭단체가 3인을 추천하고, 나머지 3인은 여·야가 공동으로 추천하도록 개선하자는 의견을 내놓았습니다. 또한 그동안 공정성 조항을 정치적으로 이용해 방송의 자유와 독립을 과도하게 위협한 측면이 있다는 점에서 '공정성 심의·의결 기능'을 삭제하자는 제안도 했고요. 위원 중 3분의 1 이상이 요구할 때에는 국민들이 직접 심의과정에 참여해 행정처분의 필요성 여부를 판단하도록 '국민참여 심의제도'를 도입하자는 제안도 했습니다.

박성제 방송통신심의위원회라는 게 굉장히 중요한 집단이거든요. 여기서 내리는 제재 결과를 가지고 '재허가' '재승인' 점수가 나오는데 사실상 사람들이 잘 모르고, 방통위와 방심위를 혼동하는 분들도 많아요. 심지어 언론계에 있는 사람들조차 방송 쪽 아닌 사람들은 잘 몰라요. 언론중재위원회와도 헷갈리고요.

저는 기본적으로 방송과 통신을 어떻게 같이 묶나 싶어요. 미국의 FCC(Federal Communications Commission, 연방통신위원회) 모델을 가져온 거라고 하는데, FCC도 우리나라처럼 방송 내용을 가지고 심의하나요?

김언경 FCC가 방송과 통신을 함께 관장하긴 하죠. 방송심의에서도 가이드라인을 고지하고 이를 위반하는 경우 처벌을 결정하는 것으로 알고 있어요.

박성제 방통위원들이 방송정책과 통신정책을 똑같이 심의하고 규제하잖아요. 통신업체인 SKT나 KT를 제재하는 경우는 비정상적인 영업행위라든가 사기 광고 등에 대해 영업정지 명령을 내리거나 벌금을 내리는 것인데, 방송은 콘텐츠란 말입니다. 예를 들어 방통위에 통신 전문가가 들어와 내용에 대해 따지거나, 반대로 방송 전문가가 통신의 기술적인 문제에 대해 논의한다는 게 이상하다고 생각했어요.

김언경 저도 그 부분에 동의해요. 기본적으로 방송은 공적 책임에 방점을 찍는 반면, 통신은 산업진흥에 초점을 맞추니까요. 둘을 함께 관장하면 자칫 방송의 공공성 개념이 흔들릴 수 있습니다.

연합뉴스에 필요한 자생력

박성제 이명박-박근혜 정부 시기에 연합뉴스 같은 통신사가 친정부적으로 완전히 돌아섰잖아요. 그 구조를 설명해주세요.

김언경 연합뉴스의 경우에는 이사회인 뉴스통신진흥회가 공적 기구로 구성돼요. 국가기간통신사라고 해서 2009년부터 정부에서 연간 300억 원이나 되는 많은 돈을 주죠. 그냥 주는 건 아니고 공공기관에서 그 정보를 사용할 수 있게 하는 구독료 개념인데, 다른 곳 뉴스도 소비를 하는데 왜 연합뉴스 것만 사주는지의 문제가 있어요. 연합뉴스가 수많은 기자를 여·야, 시민사회 등 모든 분야에 보내서 정보를 빨아들이겠다는 취지잖아요. 국가적으로 봤을 때 모든 정보를 취하는 기관이 필요하다는 것이고, 지역 언론사나 해외에서 연합뉴스 자료를 가져다가 취재할 수 있도록 하기 위해 이런 구조가 필요하다고 한다면, 최소한 유능한 기자들이 모든 기관에 공정하게 가서 정확한 내용을 가져와야 하는데 보도를 보면 정부기관, 정부, 여당 발(發) 기사 위주로 배치되는 거예요. 보도의 양이 그쪽이 훨씬 많아요.

　연합뉴스 측은 '정부가 공신력 있는 정보를 내놓기 때문이다, 야당이나 시민단체 쪽에서 나오는 게 얼마나 되느냐. 우리는 골고루 배치하려 했지만 그렇게 된 거다'라고 주장하는데 민언련에서 2016년 총선 때 모니터링을 해본 결과 지나치게 편향되어 있었어요. 특히 홈페이지에서의 배치를 보면 모든 내용이 국방부 관련한 거예요. 특히 연합뉴스가 강한 게 사드 등 북한/국방 문제거든요. 그런데 국방부 발 기사만 싣고, 그걸 검증하는 보도가 하나도 없어요. 그리고 한 보도 안에 반론이 전혀 없어요. 국방부 기사라면 국방부에서 나온 내용만 쓰는 거예요. '네가 직접 야당 발 보도를 찾아서 읽어라' 이거예요. 그래서 찾아보면 없거나, '야당이 대응을 안 했다'라고 해요. 보도자료만 베끼는 연합뉴스가 의미있는 것인가 싶어요.

박성제 보도자료나 브리핑 내용을 빨리빨리 처리해주는 게 본업인 줄 아는 분들이 꽤 있죠.

김언경 연합뉴스 홈페이지에 어떤 기사를 배치하느냐, 포털로 어떤 기사를 보내느냐도 문제지만 애초에 정부 발 보도가 너무 많고 그런 것을 자꾸 위로 배치함으로써 편향성을 강화해요. 그런 보도를 계속 접하게 하는 것 자체가 결과적으로 편향된 기사에 국민들을 노출시키는 거죠.

　어떤 정권이 들어서더라도 언론을 장악하지 말아야 하고, 그 욕구를 버려야 해요. '나를 비판하는 언론의 존재가 국정운영에 도움이 된다'라고 판단해야 합니다. 그것을 못하는 정부는 민주정부가 아니라고 봐요. 연합뉴스든 공영방송이든 그걸 장악하려고 할 것이 아니라 그 스스로 독립성을 가지고 정상적으로 취재해서 정부를 견제하고 비판할 수 있도록 만들어야 해요. 정말 잘못했으면 비판하는 거죠. 조·중·동처럼 흔들려고 작정해서 보도를 하는 것이 아니라면 말이에요. 연합뉴스는 현재 과도하게 지원받고 있고, 민영 통신사와의 경쟁에서 졌다고 생각해요. 그 정도의 지원금이 없다면 과연 이렇게 유지할 수 있을까요? 공영방송과는 달라요. 연합뉴스는 자생력을 갖는 시간이 필요하다고 봅니다.

1인 미디어 키우기

김연경 2017년 민언련이 다섯개의 과제라고 해서 낸 게 있는데, 일단은 대선 보도를 열심히 감시하겠다는 거고, 두번째는 언론 적폐 청산과 개혁을 하겠다는 거였어요. 세번째가 '1인 미디어를 키우겠다'예요. 1인 미디어를 키운다는 게 '아이엠피터' 같은 어느 한 사람을 육성한다는 게 아니고 제도적으로 기성 언론의 특권과 카르텔을 깨야 한다는 개념이에요. 취재를 가면 1인 미디어가 무시 당하는 상황이잖아요. 1인 미디어는 방어막이 너무 없어요. 국민 모두가 기자가 될 수 있고, 자기 분야에서 의문이 생기면 직접 취재해서 기사를 낼 수 있는 제도가 만들어지고, 교육·문화적으로도 지원이 됐으면 좋겠다는 생각이 있어요. 민언련은 올해 이 부분에 방점을 찍고 앞으로 사업을 해나가려고 합니다.

박성제 제도적으로 한다는 것은 금전적인 지원이 되어야 한다는 얘긴데요. 오마이뉴스가 대표적인데, 거기에 좋은 기사가 실리면 독자가 원고료를 지원한다든가 하는 것 말이에요. 지금은 독자 한 사람당 몇십원 몇백원 수준이지만요. '미디어몽구'도 열심히 하는데 힘들잖아요. 그런 건 어떻게 지원할 수 있을까요?

김언경 미디어몽구는 「김어준의 파파이스」 때문에 유명해져 그나마 괜찮다고 들었어요. 문제는 그런 경우가 극히 드물다는 점이죠. 민언련에서 1인 미디어의 사정을 들어보니 현실적 장벽이 참 많아요. 특히 정보현장 접근권, 다시 말해 '취재증' 같은 것이 있어야 하고 교육기관 확대, 멘토링 시스템 등이 많이 필요하다고 봤습니다.

박성제 정보에 자유롭게 접근할 수 있도록 보장해주어야 한다는 말씀이시죠.

김언경 네, 돈보다 중요한 문제일 수 있어요. 그리고 그 사람이 만든 결과물에 대한 저작권을 인정해야 해요. 지금은 방송에서 막 가져다가 써요. TV조선이 미디어몽구 자료를 가장 많이 쓴다는 말이 있을 정도입니다.

박성제 그 저작권료만 정확하게 받아도 충분히 먹고살겠는데요.

김언경 개인이다보니 자기의 권리인데도 제대로 방어하지 못하고 못 받은 것들이 많아요. 또 반대로 고소는 굉장히 많이 당하죠. 이런 부분을 챙기면서 보호막을 만들어야 해요. 그러지 않으면 개인이 기자로서 활동하는 것이 굉장히 힘든 상황이에요. 이렇게 1인

미디어를 키우면, 누구나 기자가 될 수 있는 상황에서 '로봇 기자가 작성한 듯한 기사만 쓰는 연합뉴스를 위해 국가예산을 사용해야 하는가'를 되돌아보는 여론 반전이 일어날 것으로 생각합니다. 개인들이 내놓는 정보가 고급화되면 기존 기자들이 위기의식을 느끼면서 변화를 모색하지 않을 수 없을 거예요.

박성제 여기서 마무리하겠습니다. 오늘 긴 시간 내주셔서 감사합니다.

김연경 고맙습니다.

채널A에서 보낸 3년

박성제 종편이 출범하기 전에 채널A '공채 1기'로 입사하셨어요. 공대를 졸업하고, 언론고시를 준비하고, 또 우려가 많았던 종편에서 기자생활을 시작하기까지 매번 쉽지 않은 길을 택하신 것 같습니다. 언론사 입사 준비를 어느 정도 하신 건가요?

이명선 공격적으로 한 것은 1년이 안 됐어요. 제가 전자공학과를 나왔는데 너무 적성에 안 맞아서 여러 학과를 돌아다니며 적성을 찾는 과정이 좀 길었어요. 동시에 책 스터디를 했거든요. 갔더니

李明善 진실탐사그룹 셜록 기자. 2011년 10월 채널A 공채 1기 기자로 입사했고, 2014년 10월 퇴사했다.

다 언론고시 준비생들인 거예요. 자연스럽게 그 세계를 알게 됐어요. 처음부터 종편에 갈 마음이 있었다면 JTBC에 지원했을 텐데, 종편 쪽엔 관심이 아예 없다가 경향신문 떨어지고 나서 '가려 쓸 처지가 아니구나' 하고 느껴 종편 중 유일하게 남아 있던 채널A에 지원했죠.

박성제 아직 손석희 사장이 없었을 때인데, 종편 중에서 JTBC가 제일 인기있는 편이었어요?

이명선 네. 중앙미디어가 방송에 돈을 많이 투자한다는 소문도 있었고, 사람 뽑는 규모도 컸죠.

박성제 종편에서 면접 볼 때 특별히 성향 테스트 같은 것은 하지 않았나요?

이명선 저희 때는 안 했는데, 그 이후에 후배들한테 듣기로 확실히 한다고 하더라고요. 경력기자들은 더 심하고요. 지금 MBC와 비슷한 것 같아요.

박성제 합격하신 뒤에 동기는 몇명이었어요?

이명선 저 포함해서 열명 뽑았고요, 지금은 다섯명 남았어요. 그만둔 이유가 다 달라요. 입사 1년도 채 안 되어 나간 동기가 대다수였고, 저는 3년 채우고 퇴사했죠. 그뒤 다른 언론사에 경력기자로 이직한 동기도 있었어요. 각자 사정이 다르지만 웃으면서 나간 친구들은 없었던 것으로 기억해요. 저도 퇴사하던 날 많이 울었어요. 후회와 아쉬움이 복합적으로 작용한 것 같아요.

박성제 3년을 일하고 회사에 도저히 못 있겠다 싶어 나오셨다는 이야기를 이미 다음 스토리펀딩 연재 「나는 왜 종편을 떠났나」(2017. 2.8~4.20)에 쓰셨지만, 몇가지만 더 여쭤볼게요. 주로 어떤 부서에 계셨어요?

이명선 사회부 사건팀에 있었고, 산업부에 1년 정도 있었고, 제가 서강대 전자공학과 출신이라는 것 때문인 듯한데 2012년 대선 때 대선 팀에 갔어요.

박성제 박근혜 후보 마크맨이었나요?

이명선 네, 박근혜 마크도 하고 그때 후보가 워낙 많아서 안철수 단일화하기 전에 마크할 사람이 필요하면 하고. 닥치는 대로 다 마크했던 것 같아요. "너 지금 부산이지? 내일 창원에서 일이 있는데" 하면 가고요. 이후 총선 때 또 차출되고 해서 정치부에 있었던 기간이 반년 정도 되었어요. 사회부에서는 선배 한명과 사이가 안 좋았어요. 강압적으로 업무 지시하는 것도 맞지 않았고, 저에 대한 악의적인 소문을 터뜨려서 결국 참지 못하고 들이받았는데 그뒤

인사에서 바로 스포츠부로 발령 나더라고요. 스포츠부에도 반년 있었어요. 그런데 제가 스포츠에 관심이 없어요. 야구도 공부하듯 이 익혀서 기사를 썼고요. 속으로 '싫다, 이건 아닌 것 같다' 생각하고 있는데, 세월호 참사가 터져서 사회부로 차출됐어요. 사회부 일이 낫더라고요. 유병언(俞炳彦) 기사 같은 것을 쓸 때는 싫지만 어쨌든 현장에서 무언가를 배운다는 느낌이 있었죠. 스포츠부 6개월 있다가 다시 자원해서 사회부 사건팀으로 돌아갔고, 그뒤 얼마안 지나 퇴사를 해야겠다고 확실히 마음먹었죠. 제가 바꿀 수 있는 부분이 없다고 생각했어요. 마음 맞는 사람들이 계속 퇴사하는 상황이었고, 열심히 일할수록 세상을 망친다는 생각을 지울 수 없었어요. 제가 2011년 10월 17일에 입사해서 2014년 10월 17일에 그만뒀어요.

강압적인 엉터리 보도

박성제 세월호 때 현장에 계셨다고 했죠. 채널A의 세월호 보도는 어느 부분이 가장 문제였나요?

이명선 결국에는 프레임 문제인 것 같아요. 당시 인천지검에서 유병언 수사에 대한 브리핑을 이례적으로 자주 열었어요. 카메라 뒤에서 기자들의 질의를 받기 때문에 백브리핑(back briefing)이라고 부르는, 비공식 언론브리핑을 많이 했죠. 종편은 그걸 경쟁적으로 내보냈어요. 낮 시간에는 속보로, 저녁 뉴스에서는 기사 형태로 유병언 일가에 대해 시간을 많이 할애해 다뤘습니다. 지금 이 시점에서 돌이켜 생각해보면 이상하지 않나요? 유병언 일가와 세월호 침몰 사건 사이에 얼마나 큰 관계가 있을까요?

박성제 예를 들어 JTBC는 계속 매일 톱뉴스로 중계차를 보내 세월호 상황을 업데이트해주고 전국민의 관심을 그쪽으로 이끌어갔는데, 다른 종편들은 유병언으로 프레임을 자꾸 이동시키려고 했죠. 프레임 만드는 걸로 따지자면 북한 관련 보도도 대표적이죠? 2013년 5월, '5·18 때 북한 게릴라가 남파되었다'라고 한 보도는 어떻게 나온 거예요?

이명선 제가 산업부에 있을 때 담당부서 부장이 시사프로그램을 맡고 있었어요. 종편 시사프로그램 진행을 주로 데스크가 맡았거든요. 데스크는 대부분 동아일보 출신이었어요. 사실상 방송 경험이 없는 동아일보 출신 기자들이 시사프로그램을 마구잡이로 진행하는데, 10년 정도 된 방송 선배들이 봤을 때는 말이 안 되는 거예요. 정돈되지 않은 말을 주절주절 늘어놓으니까. 그 와중에 한 탈북자가 5·18 광주 민주화항쟁에 북한군이 개입됐다는 황당무계한 제보를 한 거죠.

박성제 방송에서요?

이명선 정확한 정황은 모르지만 당시 영상을 보면 시사프로그램 진행자이자 CP인 그 부장이 몰래카메라를 들고 제보자를 만나는 모습이 나와요. 5·18 당시 광주에서 북한군으로 활동했다고 주장하는 사람을 인터뷰하는 장면을 방송에서 공개했습니다. 그날을 정확하게 기억하는 게 그 부장이 자신이 들은 이야기를 기사로 내줄 기자를 찾았어요. 그때 부서 막내였던 제가 제일 만만했던 모양이에요. 제게 '내가 다 쓸 테니 너는 읽기만 하면 된다'라는 식으로 말했죠.

박성제 부장이 탈북자 출신 출연자한테서 들은 내용을 토대로 자기가 조금 더 주워들어 기사를 냈군요. 몰카로 내보내면 진실인 것처럼 보이는 그런 기법을 썼겠죠. 방송에 몇꼭지가 나갔어요?

이명선 메인뉴스에서는 한꼭지 나갔지만, 시사프로그램에서 길게 다뤘어요. TV조선도 마찬가지였어요. TV조선의 「장성민의 시사탱크」, 채널A의 「김광현의 탕탕평평」에서 같은 의혹을 제기했죠. 그때 채널A 기자들이 심각하게 여겨서 처음으로 내부 회의를 했어요. 입사하고 1년 반 정도 지났을 때였는데 저는 사실 내심 좋았어요. 선배 기자들이 한 공산에 모인 걸 처음 봤어요. 막내니까 뭘 할 수도 없었지만 '우리도 바뀌는구나' 했죠. 결국 공채 1기인 저희가 먼저 성명서를 썼어요. 성명서를 쓰니까 채널A가 달라지나 보다 하는 기사도 나오고 했는데, 사실상 그뒤로 바뀐 건 없었죠.

박성제 다음 스토리펀딩 연재에서, 수치스러운 보도를 어쩔 수 없이 해야 했다고 쓰셨잖아요. 제일 기억에 남는 사례가 문재인 후보의 다운계약서 관련된 보도였는데, 그걸 이명선 기자가 방송에서 직접 읽으셨다고요. 2012년에 있었던 일이니까 입사 후 1년밖에 안 됐을 때잖아요. 사회부에 있다가 문재인 캠프로 간 거예요?

이명선 그땐 제가 말진(막내)이었으니까 딱히 담당 캠프도 없었죠. 한 달은 문재인 캠프 따라다니고, 안철수 캠프 따라다니고, 3개월을 번갈아 다녔어요. 그 와중에 그 사건이 있었고요.

먼저 새누리당 쪽에서 문재인의 다운계약서 논란을 계속 터뜨렸는데 반응이 없었어요. 첫번째는 부산이 아니었고, 두번째가 부산의 상가였어요. '문재인이 변호사 활동을 하던 사무실이 알고 보니 다운계약서로 계약한 곳이더라'라는 내용을 한 선배가 듣고서 저한테 그 기사를 쓰라고 한 거예요.

주소만 알려주고 다짜고짜 가라고 하기에 내려가는 동안 파악을 했죠. '도대체 뭘 취재하라는 거지?' 찾아봐도 아무런 내용도 검색이 안 돼요. 어디서 나온 얘긴지 몰라서 선배한테 전화를 걸어 물어봤어요. "이거 확인된 내용이죠, 선배?" 그러자 두번 정도는 대충 설명을 해주더라고요. 아무리 생각해도 아닌 것 같아서 못 쓰겠다고 몇번 싸웠어요. 네가 뭘 안다고 그러느냐는 소리도 듣고요. 그런데 도착하니까 더 아니더라고요. 부동산에 물어보니, '아니다, 실제로 상가 가격이 폭락해서 다들 울상이었고 다 그때 빠져나갔다' 그랬어요.

박성제 실제로 값이 떨어진 거군요. 값이 떨어진 건데 다운계약서를 썼다고 기사를 쓴 다음 후배인 이명선 씨에게 그걸 읽으라고 한 거고요. 그러면 그 기사도 그 선배가 썼어요?

이명선 네, 제가 한자도 안 썼어요. 제가 절대 안 하려고 했기 때문에, 선배가 스탠드업(Stand-up, 기자가 화면에 등장해 보도하는 것)까지 다 써서 보냈어요. 엉엉 울다가 눈물 그치고 스탠드업만 올리고 서울로 올라왔어요. 그리고 다음 날 문재인 캠프에 출근하라고 해서 갔어요. 그런데 "이명선 기자는 어디 계시죠?" 하면서 누가 절 찾아다니는 거예요. 이 기사 어떻게 썼느냐고 묻더라고요. 거기다 대고 "선배가 쓴 거예요!"라고 할 수가 없잖아요. 뭐, 근거가 있다는 식으로 대충 둘러댔어요. 알고 보니 문재인 캠프를 공격하려는 세력이 정보를 던져줬던 거더라고요.

그런 일이 정말 많이 반복돼요. 정도의 차이가 있을 뿐이죠. 그때는 우발적인 사건일 수 있겠다 했는데, 3년차쯤에는 우발적인 게 아니었다는 생각이 들더라고요.

동아일보와 채널A

박성제 채널A에서는 아직도 동아일보 출신 기자들이 데스크를 맡고 있나요?

이명선 네, 압도적으로 많아요. 그분들을 성골, 저 같은 공채 출신을 진골, 경력으로 오신 분들을 육두품이라고들 했죠. 동아일보의 젊은 기자들도 채널A로 많이 오는데, 그분들에 대해 동료라는 생각보다 '어차피 잠깐 있다 떠날 사람'이라는 생각이 더 크게 들더라고요.

박성제 채널A 출신들이 동아일보로 가는 경우도 있나요?

이명선 1년에 한두명 정도밖에 안 돼요. 채널A에서는 한두명 보내지만 그쪽에서는 대거 오고요. 왜냐하면 채널A에서 너무 많이 퇴사를 하니까 그 자리를 메꿔야 되는 거예요. 1~2년차 동아일보 기자들이 땜빵하듯이 채우기도 하고요. 채널A 파견 결정된 일부 기자들이 "제가 왜 채널A로 가야 합니까?"라고 데스크에 물었다는 얘기를 종종 전해듣고는 쓸쓸했습니다.

박성제 동아일보와 채널A 보도국이 같은 건물에 있나요?

이명선 네, 다 붙어 있어요. 1년에 한두번씩 부서별로 회식도 같이 하고요. 방송 부장들이 본보의 부장들과 1~2년 선후배 사이이기 때문에 가까울 수밖에 없어요. 때때로 기사를 공유하기도 합니다. 동아일보 조간의 주요 기사를 전날 채널A 메인 뉴스에 쓴다거나, 채널A의 메인 뉴스에 나가는 기사를 다음 날 동아일보 조간에 싣는 것도 종종 봤습니다. 그러면 저녁 뉴스, 다음 날 아침 신문, 낮 시간대 시사프로그램까지 온종일 그 이슈를 끌고 갈 수 있잖아요. 확산성을 갖게 되는 거죠.

박성제 종편 시스템의 가장 큰 문제로 상명하복의 조직문화, 프레임을 만들고 확대 재생산하는 시스템, 기자들끼리만 알아주는 단독기사, 시청률에 목매는 것, 패널들의 편파성 등을 지적하신 바 있죠. 앞으로 개선이 될까요?

이명선 솔직한 제 생각은 바뀌지 않을 가능성이 크다는 거예요. 기자들조차 외부 비판을 싫어하고, 엄청난 인력이 계속 퇴사함에도 끊임없이 인력이 채워지고 있으니 제가 사주여도 바꿀 이유를 못 느낄 것 같아요. 그냥 가만히 있어도 알아서 말을 잘 듣잖아요. 어떻게든 기자가 되려는 사람이 바글바글하고, 그걸로 계속 수혈이 되는 상황이죠.
　동아일보에서 온 데스크들은 방송 상황을 여전히 몰라요. 우리는 취재 나갈 때마다 쓰레기 소리를 듣는데 그 데스크들은 가만히 앉아서 시키기만 하는 거잖아요. 한번 나갔다 오거나 일주일만 사건기자를 해보면 상황이 얼마나 심각한지 알지 않겠느냐고 한마디 해주고 나올 걸 하고 많이 후회했어요. 많은 경력기자들이 퇴사하면서 "방송을 모르는 상사와 일하는 게 너무 힘들다"라고 했어요. 현장에서 뛰는 기자들은 데스크에 있는 기자들을 신뢰하지 않고, 데스크에 있는 기자들은 현장 기자들을 이해 못하는 게 반복됐죠.

박성제 동아일보에서 하던 대로 일하면 되는 줄 알았던 거군요.

이명선 그것도 그렇고, 시청률이 나오면 위에서는 칭찬해주잖아요. 사실 시청률이 전부가 아닌데 부장들은 시청률이 전부인 것처럼 생각해요. 그걸로 평가를 받으니까요. 현장에 나가면 그게 전부가 아니라는 걸 알 텐데요. 대중의 분노조차 직접 들어본 사람이 없을 거예요. 노조라도 만들어졌으면 몇몇 의식있는 기자들이 뭐라도 했을 거라고 생각합니다. 제가 퇴사하고 나서 2014년 말까지도 '바뀌어야 한다'고 생각하는 기자들이 많았습니다. 하지만 그뒤로 너무 많은 사람들이 퇴사하고 입사해서 지금은 개개인의 생각을 파악하기 어렵죠.

단독보도 경쟁의 폐해

이명선 단독보도 때문에 너무 괴로웠던 일이 있어요. 세월호 취재를 하는 동안 유가족 분들이 언성을 높이는 장면도 많이 지켜봤어요. 다행히 그때 2년차가 넘었을 때니까 '보고하는 순간 큰일 나겠다'는 생각이 들어서 제가 본 게 100이라면 90 정도는 보고를 안 했어요.

박성제 보고하는 순간 유가족을 파렴치한으로 몰아붙이는 기사가 '단독' 타이틀을 달고 나가리라고 생각하셨군요. 유가족이 고통을 못 이겨 한 말일 뿐인데도요. '유대균이 뼈 없는 치킨을 먹었다'는 내용의 기사는 후배가 쓴 건가요?

이명선 네, 후배 기자였습니다. 그 기자는 그때 수습을 끝낸 지 얼마 안 됐기 때문에 주도적으로 의견을 개진할 입장이 아니었을 거예요. 보고를 하면 위에서 기사의 주제를 정하고, 그 주제에 맞게 기사를 쓰도록 시키는 거죠. 언론계의 지나친 상명하복 문화가 문제입니다. 제가 그 입장이었어도 '뭐라도 해야 한다'는 압박을 이기기 힘들었을 거예요.

박성제 '전원구조'부터 시작해서 그런 사례들이 다 합쳐져 기자들이 기레기로 불리게 된 거죠. '아랑'이라는 인터넷 커뮤니티가 있잖아요. 예전에 MBC에서 입사시험 문제를 출제했을 때 꼭 미리 들어가봤어요. 거기서 거론되는 예상문제는 안 내요. 인사부에서 거길 꼭 들어가보고 거기서 거론되는 문제는 내지 말라고 해서, 회원가입까지 하며 보고 그랬어요. 그 커뮤니티를 보면, 언론고시생일 때는 생각이 굉장히 건전하잖아요. 사회를 보는 눈, 언론인으로서의 사명감 같은 것. '내가 기자가 되면 멋있게 하겠다'라고 다들 생각하고요. 기존 언론 행태에 대한 비판도 많죠.
　　각 대학의 언론고시반에 선배 기자들이 와서 강의도 하고 '언론계가 이렇게 돌아가는데 너희는 그렇게 하지 마라'라고 얘기를 해주잖아요. 각자 스터디도 열심히 하고요. 그런데 그 사람들이 왜 그렇게 다들 기레기가 된다고 생각하세요? 이건 종편만의 문제는 아니지만요.

이명선 요즘은 언론고시 커뮤니티도 분위기가 완전히 바뀌었어요. 너무 공채가 안 뜨니까 대부분 올라오는 글이 "거기 어떻게 하면 붙어요?" 같은 거예요. 지금은 자성의 목소리라든가 하는 건 찾아보기 어려워요. 신입보다 경력 채용이 더 많이 뜨니까 간절할 수밖에 없겠죠.

MBC도 그렇겠지만 신입을 길들이는 '수습' 과정도 문제예요. 의식있던 친구들이 6개월 만에 쉽게 복종을 해요. 6개월이 지나니까 저도 알게 모르게 해묵은 우월감 같은 게 생기더라고요. "무슨 언론사는 하리꼬미(張込み, 경찰서에서 먹고 자며 수습기자 생활을 하는 것) 안 한다며?" 하면서 수습 과정에 엄청난 의미부여를 하는 기자들이 사실 많습니다.

수습을 거치고 나면 '저 사람이 나보다 선배인데, 이렇게 묻고 따지는 건 실례 아닌가?'라고 생각하게 돼요. 상명하복 시스템에 길드느라 나이조차 거슬러요. 몇살 연상의 후배가 있었는데 제가 존댓말을 썼어요. 지시를 할 때도요. 그런데 선배들이 혼내더라고요, 왜 존댓말을 쓰느냐고요. 그런 식의 강압적인 문화가 가장 심각한 것 같고, 또 하나 문제는 일을 어깨너머로 배워야 한다는 점이에요. 어깨너머로 배우다보니까 이게 맞는 건지 기준점이 없어요. 처음 1~2년차 때는 선배들이 하던 걸 그대로 카피할 수밖에 없고, 그렇게 체화되어버려요. 언론재단 같은 곳에서 공통된 가이드라인이라도 만들어주면 "우리가 배운 건 이건데 선배는 왜 이렇게 하십니까?"라고 들이대볼 수 있을 텐데, 그런 것 없이 1년차 때 선배들을 카피하는 과정이 반복되니까 바뀔 여지가 없다는 생각이 들어요.

탐사보도를 시작하다

박성제 '셜록'이라는 새로운 탐사보도 팀에 합류하셨어요. 방송이 아니라 글로 승부하는 길을 택하신 거죠. 그 이유가 뭔가요?

이명선 우연한 기회였는데, 셜록의 박상규 기자를 개인적으로 알고 있었어요. 박상규 기자가 박준형 변호사로부터 "내 얘기를 글로 담아줄 사람이 필요하다"라는 말을 듣고 재심 프로젝트를 시작했어요. 2년 동안 숱하게 재심 결정을 받아내고 무죄를 선고받았죠. 이 프로젝트로 후원금이 많이 모였는데, 가장 크게 터뜨린 게 '거룩하지 않은 파산 변호사'라는 프로젝트였어요. 그 프로젝트의 취지 자체가 인권변호사인 박준형 씨를 돕는 거였고, 일정 부분 취재비도 있었거든요. 박상규 기자는 그 돈을 자기가 개인적으로 쓸 수 없다고 판단해서 셜록을 준비하기 시작했어요. 그 와중에 저라는 사람이 눈에 띈 거예요. 만나서 대화를 길게 했어요.

　저는 채널A를 나와서 작은 출판사에 다니고 있었는데, '야, 내가 책상에 앉아 하는 일은 절대 못하는구나' 하고 느꼈어요. 미치겠더라고요. 그때 구의역 사건과 강남역 10번출구 사건 등의 소식을 보고 들으면서 하루 종일 일을 못했어요. 가서 포스트잇이라도 붙여야 마음이 놓일 것 같은데… 그때 박상규 기자가 매력적인 제안을 한 거예요. "우리 1년은 생각대로, 마음대로 해보자. 시간도 넉넉하게 줄 테니까, 하는 일의 절반 정도는 공부한다는 생각으로 책을 많이 읽고 사람 만나는 데 할애해라." 마치 하늘에서 저한테 선물을 준다는 느낌이 들었어요. 인생에서 1년 정도 '하고 싶은 대로 다 해라' 하는 경우가 어떻게 또 오겠어요. 그래서 이건 망해도 좋다는 마음으로 바로 문자를 드렸죠. '저 하겠습니다.'

박성제 지금 첫번째 기사를 준비하고 계신가요?

이명선 네, 인혁당 사건 피해자 분들 이야기예요. 인혁당 무기수·유기수 피해자 분들이 1심 이후에 490억원 가량의 배상금을 가지급받았거든요. 77명이니까 그렇게 많은 돈은 아니에요. 그런데 양승태 대법원장 취임 이후에 법원의 태도가 비상식적으로 바뀌면서 지연이자가 과도하다는 이유로 돈을 토해내야 하는 상황이 됐어요. 이뿐 아니라 국가폭력 피해 배상과 관련되어 여러가지 문제가 있어요. 형사보상과 국가배상이 나뉘어 있잖아요. 형사보상은 감옥에 있던 기간에 대해 곱하기 몇 해서 나온 금액이고, 배상은 민사소송이고 수사관 등에 대해 문제제기 하는 거라서 금액이 좀 커요. 그런데 형사보상 이후 6개월 시효 내에 민사소송을 해야만 유효하다는 말도 안 되는 판결이 나온 거예요. 그래서 몇몇 피해자 분들, 특히 가짜 간첩으로 몰리신 분들의 경우 열흘, 사흘 시효

가 지났다는 이유만으로 아예 기각됐어요. 그래서 그 헌법소원이 여러 법무법인에서 진행 중이에요. 그런 내용을 썼죠.

박성제 처음부터 묵직한 주제를 택하셨네요.

이명선 너무 어려워요. 방송기사는 데일리로 돌아가기 때문에 뭘 하더라도 손을 탁 터는 게 있는데, 이 일은 프로젝트라서 잠잘 때까지 생각해요. 게다가 글 자체가 내러티브여서 그분들의 삶에 들어갔다 나와야 하는 부분도 힘들어요. 취재를 하는 데도 두달 좀 넘게 걸렸고요.

박성제 뉴스타파 등 다른 탐사보도 매체를 보면 어떤 느낌이 드세요? 탐사보도에 발을 들여놓은 입장에서요.

이명선 셜록은 해결이 미진했던 과거 문제에 주목하고 있어서 할 여지가 아직 많은데, 뉴스타파처럼 그야말로 현재의 뉴스를 다루는 매체들은 고민이 많겠다 싶어요. 정권이 제대로 서면 공영방송이 잘 돌아가잖아요. 그게 가장 좋은 일인데, 그렇게 되면 우습게도 대안언론은 힐 일이 줄어드는 거예요. 뉴스타파에 있는 김용진 대표와도 '함께할 수 있는 것을 고민하자'고 이야기를 많이 해요. 셜록은 영상이 없으니까, 글은 우리가 쓰고 영상은 뉴스타파가 만드는 식으로 같이 해보자는 제안을 하고 있죠.

박성제 닮거나 배우고 싶은 언론인이 있다면 누구인가요?

이명선 셜록 대표인 박상규 기자에게서 정말 많이 배워요. 본인이 스펙 등 여러가지 면에서 부족하고, 모든 일에 더디다고 말하곤 해요. 그런데 박상규 기자는 공장에서도 일해보고 비교적 늦은 나이에 기자가 되어서 기자가 되기 전까지 여러 경험을 해봤잖아요. 어떤 인터뷰이와 얘기를 하다가 본인이 울고 그래요. 그런 점이 굉장히 부러워요. 저는 너무나 평탄하게 살아왔다는 게 기자로서는 좀 콤플렉스거든요. 지금 인혁당 사건을 취재하면서도, 여든 되신 피해자 분들이 "이 기자, 감이 와?"라고 계속 이야기를 하세요. '아, 큰일 났구나' 싶어요. 공감능력은 머리로 배울 수 있는 게 아니잖아요. 제가 만났던 기자 중 공감능력이 부족한 기자들이 많았거든요. 그러지 않고서는 세월호 때 그런 기사를 쓸 수가 없죠. 또 박상규 기자가 저널리즘의 본령을 지켜야 한다는 마음을 지금까지 지켜왔다는 게 놀라운 일인 것 같아요. 자기가 쓸 수 있는 돈이 있는데 그걸 또 저널리즘을 위해 쓴다는 게… 그런 사람과 일하는 것도 축복이고, 한편으로 그런 사람이 언론계에 더 많았더라면 이렇게까지 망가지지 않았을 텐데 하는 생각도 해요. 인간적인 면모를 많이 배우면서, 철학이나 소신을 잃지 않고 따뜻한 마음으로 취재원을 만나야겠다고 다짐합니다.

4장

내일의 저널리즘

― 떠오르는 미디어와 디지털 시장

대담/
강정수
姜晶琇

메디아티 대표. 연세대 독문과를 졸업하고 독일 비텐(Witten/Herdecke)대에서 경영학 박사학위를 받았다. 슬로우뉴스 편집위원, 연세대 커뮤니케이션 연구소 전문연구원, 디지털사회연구소 소장 등을 지냈고, 구글 뉴스랩 펠로우십 운영책임을 맡았다.

'미디어를 만들자'

박성제 2016년 미디어 스타트업을 지원하는 '메디아티'를 설립해 현재 대표로 계시는데, 언론학자로서 연구·강의를 하시다가 어떻게 미디어 관련 회사를 꾸리기로 마음먹으셨는지 궁금합니다.

강정수 한국의 위키피디아에는 제가 언론학자로 되어 있지만, 사실 경제학 학부 및 석사를 마쳤고, 경영학 및 경제학의 중간 영역에서 박사를 했어요. 제가 쓴 논문이 '온라인 뉴스의 가격(price structure)'에 관한 내용이에요. 2014년 노벨경제학상을 받은 프랑스 경제학자 장 띠롤(Jean Tirole)의 이론을 이용해서요. 그리고 독일에 있으면서 한겨레21 통신원을 6년 정도 했거든요. 최우성 기자 다음으로 오랫동안 통신원을 했고 개인적으로 관심이 있었기 때문에 분석 대상을 언론으로 삼은 거예요. 경제학이나 경영학 프레임으로 분석을 하고요. 한국에 오자마자 언론사의 자문이나 컨설팅을 많이 하다보니 언론학자인 것처럼 됐죠.

그다음부터는 이렇게 가면 안 되겠다 해서 제 주전공인 디지털 경제 쪽으로 옮겨가고 있어요. 사실은 '슬로우뉴스'를 만든 경험으로 수업시간에 학생들에게 "미디어를 만들자"라고 제안해서 만들어진 것이 '미스핏츠'거든요. 그 친구들이 자기 대학에서 언론 활동을 하고, 저도 이런저런 활동을 하다보니 구글 쪽에서 연락이 왔어요. 구글 뉴스랩 펠로우십(Google News Lab Fellowship)이라고 해서 장학생 프로그램이 있거든요. 그걸 운영해보지 않겠느냐고 해서, 운영책임을 맡았죠. 넥스트저널리즘스쿨이나 구글이 하는 행사에 제가 가르쳤던 학생들이 많이 왔어요. 그런데 이 친구들이 잘못된 약을 먹었는지 창업을 하겠다는 거예요. 제가 '창업하면 안 된다. 만들어보는 것과는 다르다. 이걸 포트폴리오 삼아서 기성 언론사에 들어가라. 미디어 창업이라는 건 정말 어려운 일이다. 특히 여러분 나이에는 정말 어렵다'라고 했죠.

그러다 결국 이재웅(李在雄) 씨를 찾아갔어요. 미스핏츠 만들 때도 후원금 좀 내달라고 부탁했었고요. '학생들이 창업을 한다는데, 돈은 별로 많지 않고 돈 줄 사람을 생각하니 당신이 떠올랐다, 지원해달라' 했더니 '미디어 혁신을 위해 미디어 창업이 중요하지 않나, 당신이 아예 그걸 지원하고 관리해보는 게 어떻겠느냐'라는 답이 돌아왔어요. 처음엔 거절했지만, 사실 제자들 두 팀이 창업을 해서 이 친구들을 도와야겠다는 심정으로 이재웅 씨의 제안을 받아들였습니다. 그렇게 해서 2016년 9월 1일 메디아티가 출범했어요.

박성제 총 몇개 회사에 투자하신 건가요?

강정수 지금까지는 여섯개 회사에 투자했어요. 2016년에는 워밍업으로 한군데만 했고, 2017년 상반기에 다섯군데, 5월에 한군데 더 추가되어 일곱군데가 될 거고, 매년 열두군데 투자를 할 생각이에요. 한 회사마다 4000~6000만원 정도 투자를 하니까 매년 6~7억 정도가 투자되고, 운영비도 꽤 들어요. 국내 스타트업 중에서 열두군데를 발견하기도 어렵, 그 이상이 되면 운영비가 추가로 더 들 것 같아서 현재는 열두군데로 정했지만 앞으로 더 늘어날 수도 있어요.

박성제 2012년에 제가 해고됐을 때, 메디아티 같은 회사가 있었다면 뭐라도 해보려고 했을 거예요. 그때 뉴스타파가 막 생겼을 때인데 뉴스타파에 들어가려고 보니 '뭐 나까지 들어가서 해야 돼, 나는 머리가 무거운데'라는 생각이 들더라고요. 젊은 사람들이 가서 몸으로 뛰어야 하는 곳이지, 제가 가서 데스크 노릇을 할 필요는 없을 것 같았어요. 그럴 사람은 많이 있으니까. 뉴스타파에는 가지 않았지만 미디어에 대한 관심이 수그러든 건 아니었으니까 메디아티가 있었다면 무언가를 시도했을 것 같아요.

강정수 메디아티가 그런 역할을 하려고 해요. 저희가 지분을 최대 10퍼센트밖에 갖지 않기 때문에 경영진이나 편집권을 좌우할 수 있는 수준은 아니면서, 운영비와 공간을 지원하거든요. 기자재 및 각종 멘토 프로그램이나 강연을 제공하며 필요한 부분을 채우려고 하고요.

특히 요즘 신경 쓰는 것은 수익모델이에요. 사실 광고주 영업을 저희가 해요. 스타트업들이 콘텐츠 만들기도 바쁜데 영업까지 하기가 어렵잖아요. 영업을 할 만한 네트워크도 없고요. '닷페이스'에는 GS칼텍스 광고를 영업해서 내보낸 뒤 투자비만큼 매출도 만들어드렸어요.

박성제 스타트업 회사에 잘 맞는 광고주를 찾아주어야겠네요.

강정수 그렇죠. 그래도 인지도 있는 광고주를 만나면 그다음부터는 가격도 높아지고 '여기 광고가 붙었을 정도면 믿을 만한 곳이구나' '메디아티에서 투자받았으니 믿을 만하구나' 하게 되죠. 이런 것도 같이 종합적으로 제공하려고 합니다.

미디어가 돈을 크게 벌 수는 없잖아요. 그래서 가장 크게 신경 쓰는 것은 지속가능성이에요. 그들이 먹고살 수 있는 돈은 그들이 버는 구조가 될 수 있도록 만들어주는 것이 가장 큰 과제입니다.

뉴미디어와 올드미디어

박성제 이 책이 언론개혁에 관한 내용이지만 오늘 이야기할 주제는 혁신에 관한 것입니다. 결국 미디어가 살아남지 못하면 언론자유가 확보되어도 좋은 콘텐츠를 생산할 수 없잖아요. 우리나라에서 지금까지 영향력을 행사해온 종이신문이나 텔레비전 같은 올드미디어(old media)들이 어떻게 변신해야 하는가에 대해 공부하고 싶어서 모셨습니다. 최근 들어 부쩍 4차 산업혁명 얘기를 많이 합니다. 언론계에서는 뉴미디어(new media)를 정보와 통신을 합친 개념으로 이해하고 있는데, 도대체 뉴미디어가 무얼 말하는 건지 알기 쉽게 설명해주세요.

강정수 '올드'와 '뉴'라는 단어를 사용하는 것 자체가 좋지 않은 방식이라는 생각이 들어요. 말 자체에 가치평가가 들어 있죠. 인터넷의 역사도 벌써 30년이 되어가는데 이것을 '뉴'라고 지칭한다는 것도 변화를 반영하지 못한 거죠. 정확하게 한다면 디지털 시장에서 작동하는 미디어를 디지털미디어라고 볼 수 있는데요, 전통 미디어들도 포털 등 디지털 시장으로 들어와 있기 때문에 이것을 '올드'나 '뉴'라고 규정할 수는 없다고 봐요. 신생 미디어 업체도 있는데, 신생 업체는 윤전기로 찍어내는 아날로그 시장에는 들어가지 않죠.

　시장으로 따지면 정확하게는 전통경제에서 작동했던, 즉 아날로그에서 작동했던 방송 시장과 뉴스 시장이 존재하고, 이것과 다르게 별도의 규칙과 시장원리와 시장 참여자로 구성된 디지털 시장이 존재하는 거예요. 전통 미디어 사업자들이 두 시장에 동시에 들어와 있는 거죠. 지상파 TV, 종이신문, 잡지 등 전통 미디어 시장의 콘텐츠가, 제가 가장 싫어하는 표현이기는 하지만 '원소스 멀티유스'(one source multi-use)를 통해서 디지털 시장에도 들어와 있기 때문에 착시가 일어나요. 같은 시장으로 오해해 과거부터 있던 기업을 올드미디어, 새로운 기업을 뉴미디어라고 부르는 것인데, 두개의 다른 시장으로 보는 게 맞습니다. 다른 시장에서 동일한 플레이어들이 움직이고 있는 거죠.

전통 미디어 사업자들도 지금 다른 시장에 있다는 점을 인지하고 디지털 시장의 원리와 작동방식에 맞게끔 공급하고 서비스해야 하는데, 자꾸 전에 했던 아날로그 시장의 방식을 고집하다보니 충돌하고 혼란을 빚습니다. 신문사나 방송사마다 TF팀 만들어서 '디지털 퍼스트'(digital first)니 '모바일 퍼스트'(mobile first)니 외치지만 그 TF팀의 역사만 써도 책 한권은 나올 거예요. 그 팀에서 나왔던 보고서나 백서만 해도요.

박성제 MBC도 한 20년 전부터 뉴미디어 시대에 대비해야 한다면서 사장이 바뀔 때마다 보고서 만들고 컨설팅을 받고 그랬어요.

강정수 다시 강조하자면 올드미디어와 뉴미디어는 정확한 구분으로 볼 수 없어요. 편의상 쓰는 말이기는 하지만요. 전통 아날로그 시장과 새롭게 떠오르고 있는 디지털 시장이라는 시장의 차이로 봐야지, 플레이어의 차이로 보면 안 됩니다.

박성제 TV나 종이신문 같은 올드미디어도 디지털 시장에 들어가서 새로운 서비스와 상품을 잘 만들어내면 뉴미디어가 되는 거죠. 제가 정리를 잘한 건가요?

강정수 맞습니다.

원소스 멀티유스의 문제

박성제 아까 '원소스 멀티유스'라는 말을 싫어한다고 하셨는데, 이건 방송사들이 금과옥조로 삼고 있는 말이거든요. 드라마를 온에어도 하고, IPTV에서도 팔고, 잘라서 포털에서도 팔아야 우리가 살아남는다고 생각하고 있어요.

강정수 전통적으로 원소스 멀티유스는 만화로 나왔던 것을 영화로 만들고 게임으로도 만들고 장난감으로도 만드는 데서 작동한 개념이에요. 즉 지적 재산에 기반한, 배타적으로 오너십을 관철할 수 있는 영역에서 유효하죠. 그런데 방송뉴스 보도는 어느 한 방송사만 하는 게 아니거든요. 뉴스의 사진, 영상이나 문장은 방송사의 것이지만, 보도하는 대상에 대해 배타적으로 소유권을 주장할 수 없죠. 또 스타일이나 '톤 앤 매너'(tone & manner)가 비슷한 것들은 수없이 생산되고요. 이것은 IP(intellectual property), 즉 지적 재산이라고 볼 수 없어요. 이런 상황에서 원소스 멀티유스를 하면 안 된다는 것입니다.

두번째 말씀드릴 건 디지털 영역도 데스크탑과 모바일이 다르다는 거예요. 둘을 다른 시장으로 구별하는 사람도 나타나기 시작했거든요. 여기에 작동하는 문법이 다르다는 거죠. 예를 들어 영상을 가로(horizontal)로 찍는 것은 뤼미에르 형제가 이 포맷을 만든 뒤로 인류가 한번도 바꾸지 않았어요, 얼마 전까지만 해도요.

박성제 16:9니, 4:3이니 하는 것들이요.

강정수 네, 이런 것들은 다 가로 포맷인 거죠. 그런데 모바일에서는 그게 유효하지 않습니다. 모바일 메신저 스냅챗(Snapchat)이 세로(vertical) 영상 포맷을 사용하기 시작했어요. 이용자들은 이미 세로 영상을 찍고 있다는 걸 파악한 스냅챗에서 세로 포맷으로 드라마도 만들고, CNN에 뉴스를 세로로 제공해달라고 부탁해서 바뀌기 시작한 거예요.

이런 식으로 콘텐츠가 소비되는 방식과 사람들이 소통하는 방식이 다 변화하고 있어요. 모바일 소비자와 만나려면 모바일에 맞는 상품을 만들어야 하고, 데스크탑에는 데스크탑에 맞는 상품이 있어야 하고, 지상파는 지상파의 상품이 필요해요. 보도하려는 대상은 같을 수 있지만, 각각의 플랫폼마다 문법과 포맷이 다른데 모두 동일하게 하나만 제작해서 뿌릴 수는 없다는 거죠. 그런데 원소스 멀티유스를 한다는 건 만화책을 가져다가 영화 시장에다, 게임 시장에다 억지로 끼워 넣는 거예요. 만화책을 게임이라고 우기는 것과 똑같죠. 시장이 다르면 상품이 변화해야 합니다.

모바일 시대의 생존을 위하여

박성제 지금 드는 생각인데, 제가 만약 방송사 경영자라면 전문가에게 이런 얘기를 들었을 때 "앞으로 뉴스는 카메라 세워서 찍고 모바일용으로 만들어"라고 지시할 것 같은데요? 그런 방향으로 하는 게 맞는 건가요?

강정수 우선 R&D(research and development)가 중요합니다. 마이클 샘버그(Michael Shamberg)라는 영화제작자는 70세가 넘었는데 온라인 매체 버즈피드(BuzzFeed)에서 일하고 있어요. 그 사람이 '내가 40년을 할리우드에서 일했는데 이렇게 R&D를 많이 하는 조직은 처음 봤다'라고 말해요. 왜냐하면 여기는 아직 정해진 답이 없거든요. 정답이 없다보니 계속해서 영상 실험을 하는 거죠. 뉴욕타임스도 요즘 실험을 많이 하는데요, 예를 들면 모바일 뉴스에서 앵커나 리포터가 일부러 중간에 등을 보여요. 움직인단 말이에요. 일부러 그렇게 한번 해보는 것인데 반응이 더 좋아요. '뭔가 라이브로 찍고 있구나' 하고요. 이게 정답이라는 건 아니에요. 포맷이나 어젠다 세팅 등 실험해야 할 것이 너무나 많습니다. 고정

된 포맷을 고집할 수 없는 상황이죠.

두번째로는 누가 어떻게 실험할 것인지가 중요합니다. 게리 하멜(Gary Hamel)이라는 런던대 경영학과 교수가 있어요. 이 사람이 삼성전자도 컨설팅한 것으로 아는데, '기업이 망하는 가장 큰 이유는 지금 우리가 잘하고 있는 것에 과잉 투자하고, 우리가 할 수도 있는 것을 실험하는 데 너무 적게 투자하기 때문이다'라고 했어요. 여기서 투자라는 건 돈만이 아니라 인재도 포함돼요. 우리 조직의 에이스가 어디에 가 있느냐를 생각해서, 앞으로 잘할 수도 있는 곳에 돈과 인재를 보내야 해요.

이런 부분에서 많은 시도가 있었습니다. 세가지 사례를 들 수 있는데, 먼저 영국의 가디언(The Guardian)에서 2006년부터 '웹 퍼스트'(web first)를 외쳤어요. 지금 중앙일보가 하는 시도를 가디언은 10년 전부터 한 거예요. 그리고 편집국을 지하로 내려보냈어요. 가디언은 지금도 디지털 부문이 적자이고, 흑자는 종이신문에서 보고 있어요. 그럼에도 가야 할 곳이 디지털이니 디지털로 가겠다는 거예요. 회사건물 내에서 종이신문을 보는 직원들은 인사고과에서 마이너스 점수를 주기도 했어요.

박성제 자기 신문인데도요?

강정수 자기 신문도 못 보게 하는 거예요. 소비자들이 그걸 안 보니까요. 우리는 가야 할 시장에 집중하자는 거죠. 디지털 문화 속에 있으니까, 아무리 흑자는 종이신문에서 나고 있다지만 열정을 거기에 쏟지 않는 거예요.

두번째로 안나 윈투어(Anna Wintour)의 사례가 있어요. 오랫동안 보그(Vogue) 편집장이었고 「악마는 프라다를 입는다」(2006)라는 영화의 모델인데, 그 사람 역시 70대임에도 디지털 혁신을 이끌고 있거든요. 제가 나이가 중요하지 않다고 말하는 이유가 이거예요. 안나 윈투어가 거대 미디어 기업 컨데나스트(Condé Nast)의 디지털 혁신을 이끌면서 오른팔·왼팔들을 전부 해고했어요. 그 자리에 순수하게 디지털을 전문으로 하는 사람들을 앉힙니다. 사람들이 '그 사람들을 왜 자른 거냐'라고 물으니까, 안나 윈투어가 이렇게 말했어요. "프린트는 돈을 1센트라도 벌 때까지 찍어야 한다. 프린트를 죽이지는 않겠다. 그렇지만 그건 가봐야 20~30년인데, 우리의 미래는 모바일에 있다. 그런데 신입 에디터를 뽑았더니 이 사람들이 정치적으로 줄을 서기 시작한다, 인쇄물 에디터들 밑에. 우리가 그들을 뽑은 건 모바일 세계를 열라는 거지, 인쇄물 에디터들 밑에 있으라는 게 아니다." 조직의 미래는 인쇄물에 있지 않다는 걸 상징적으로 알려주기 위해서 해고했다는 거예요.

세번째는 뉴욕타임스 사례입니다. 2016년 뉴욕타임스 회장이 일요일 밤에 전직원들에게 메일을 보낸 일이 있어요. 앞으로 일주일 동안 회사에서 PC는 사용하지 말고 모바일로만 모든 걸 처리하라고요. 왜? 독자는 모바일에 있으니까요. 저는 그런 문화적 충격이 굉장히 중요하다는 생각이 듭니다.

박성제 같은 모바일이어도 미국은 SNS, 특히 페이스북이 뉴스 소비를 지배하고 있고 우리나라는 포털 중심 아닌가요?

강정수 아직까지는 포털이 중심성을 가지고 있지만, 과거에 포털 방문자가 90퍼센트를 차지하고 언론사 웹사이트에 직접 방문하는 사람들이 10퍼센트였다면, 이제는 포털이 70퍼센트 정도로 줄어들었어요. 포털 중심 체제에 균열이 발생하고 있어요.

박성제 나머지는 어디예요?

강정수 페이스북이나 인스타그램, 카카오톡 등입니다. 페이스북에서 제공하는 '인스턴트 아티클'이라는 뉴스 서비스나 카카오톡에서 카카오가 제공하는 채널, 다음에서 제공하는 서비스 말고도 카카오톡 사용자들이 직접 링크를 공유해서 보는 뉴스도 많으니까요. 이런 식으로 모바일 메신저나 페이스북을 통한 뉴스 소비가 한국도 사실 적지 않은 비중으로 늘어나고 있어요.

또 하나 보셔야 할 것은 세대입니다. 네이버나 다음이 걱정하는 것은 20대가 안 온다는 거예요. 특히 다음은 포기하다시피 하고 있고요. 예를 들어 한겨레도 40~50대가 보지 20대는 잘 보지 않아요. 미국 방송 같은 경우도 시청자의 미디언 에이지(median age, 전체 연령의 중간값)가 50세를 넘은 지 오래되었어요. 폭스(Fox) 뉴스는 67세, CNN 뉴스는 61세, NBC 뉴스는 63세 등이죠. 그런데 미국 시민 연령의 중간값은 34세거든요. 방송의 미디언 에이지가 빠른 속도로 노화되고 있죠. 여기에는 통계적인 문제도 있기는 해요. 시청률 통계를 내는 닐슨 등에서 그런 결과가 나오는데, 페이스북에서 그 영상을 젊은 사람이 봤다 하더라도 그건 잡히지 않는 거예요. 방송을 전혀 안 보는 건 아니에요. MBC 뉴스를 안 보고, KBS·SBS 뉴스를 안 보는 것이 아니라, 시청률 통계에서 20대가 빠지는 거예요. 그러다보니 통계적으로는 더욱 빠르게 노화되는 거죠.

언론사의 착각, 트래픽의 함정

박성제 언론사들이 뉴스앱을 경쟁적으로 만들고 있고 이미 많이 깔아놨는데, 아무도 다운받지 않죠.

강정수 경영자들은 보겠죠. 사장님이 차 안에서 아침에 보시니까 관리해야 하는 거고, 거기 잘못 나오면 큰일 나는 거예요.

박성제 모바일 이용자들이 언론사 뉴스앱을 얼마나 다운받는지에 관한 통계가 있나요?

강정수 DAU라고 해서 '일간 활성 사용자 수'(Daily Active Users), 또는 MAU 즉 '월간 활성 사용자 수'(Monthly Active Users)라는 개념이 있는데 다운로드 자체보다는 이게 중요해요. 왜냐하면 다운로드해서 40개쯤 깔아놔도 이용을 안 하면 그만인 거고, 나중에

휴대폰 바꿀 때는 설치를 안 하게 되죠. 요즘 언론사나 방송사 앱들의 문제는 DAU가 계속 하락하고 있다는 거예요. 계속 하락해서 지금은 거의 바닥 수준이에요.

그런데 이 상황은 해외도 마찬가지예요. 미국의 액티베이트(Activate)라는 기관에서 조사했는데(2015.10), 미국식 이용자는 스마트폰 이용시간의 79퍼센트를 5개 앱에만 할애해요. 주로 페이스북, 검색 서비스, 음악 서비스 등이죠. 음악 서비스는 기본적으로 멀티태스킹으로 사용하니까, SNS, 모바일 메신저 서비스에서 70퍼센트 이상의 시간을 보내는 거예요. 나머지는 전혀 안 쓰는 건 아니지만 적은 시간을 놓고 다투는 거죠.

박성제 보통 언론사들이 우리도 디지털 혁신 해보자면서 얼치기로 "빨리 TF팀 만들어서 앱 좀 멋있게 만들어봐"라고 하잖아요. 이게 얼마나 말도 안 되는 얘긴지 깨달아야 할 텐데요.

강정수 경영자가 아날로그 시장 전문가인데, 디지털은 잘 모르니까 본인도 컨설팅을 받고 배워서 그대로 하려니 통솔이 안 되는 겁니다. 이를테면 신문사 경영진이 매주 트래픽을 가지고 "○○신문 정도는 이겼어야지" 하는 거예요. 사장님이 챙길 수 있는 게 그거밖에 없어요. 그러니 트래픽을 올려야 하는데 메인 뉴스로는 안 되니까 자꾸 자극적이고 성적인 콘텐츠를 가져오죠.

어뷰징은 언론사 실무진의 책임이 아니라 경영자, 맨 위 회장의 지시로 시작돼요. 성과 지표를 그것으로 삼으니까 밑에 있는 사람들이 거기에 맞추는 거예요. 못 맞추면 자기가 무능한 사람이 되고요. 예를 들자면 모 방송사에서도 콘텐츠 실험을 많이 하지만 어뷰징도 합니다. 콘텐츠로 어뷰징을 하기도 하고, 통계 가지고 장난치기도 해요. 자사 이름을 달지 않은 이상한 예능 매체를 하나 사서 닐슨 등 통계 전문 기업에 압력을 넣어 "이것도 우리 거니까 통계 같이 잡아줘"라고 해요. 왜냐하면 회장님이 보는 게 "우리가 KBS는 이겼어? 조선일보는 이겼어?" 이런 거니까요.

박성제 시청률 개념으로 받아들이죠.

강정수 아까 말씀드렸듯이 시장이 작동하는 방식이 다른데, 그걸 생각하지 않고 방문자 수와 시청률 및 신문 구독자 수를 동일시하는 거예요. 조선일보 홈페이지 방문자 수가 뉴욕타임스 방문자 수의 1.5~2배예요. 어마어마하게 많습니다. 그런데 거기는 스포츠조선도 함께 통계를 내거든요.

박성제 뉴욕타임스는 스포츠 신문이 따로 없죠.

강정수 스포츠 뉴스는 있지만 뉴욕타임스에 스포츠란이 있는 거지, 그런 황색저널을 가지고 있는 건 아니죠. 그리고 조선일보 홈페이지에서 또 하나 볼 것이 '유용원의 군사세계'예요. 그것의 비중이 굉장히 높습니다. 그런데 그걸 다 도달률에 포함해서 "우리가 1위 했습니다" 해버리면 뭐하겠어요. 뉴욕타임스는 한번 기사

냈다 하면 세계를 들었다 놓는데, 도달률로만 따지면 조선일보가 두번 들었다 놔야 하지만 그렇지 않잖아요. 트래픽이 전부는 아니라는 거죠.

전통 미디어, "이 팀을 사라"

박성제 전통 미디어의 가치가 자꾸 떨어져서 기업들이 헐값에 팔리고 있죠. 워싱턴포스트도 팔리고, 보스턴글로브(Boston Globe), 뉴스위크(Newsweek)도 팔렸는데, 이 기업들을 다 합쳐봤자 요새 뜨는 텀블러(Tumblr) 같은 기업 가치의 절반도 안 되잖아요. 이러한 뉴미디어의 가치가 정말 그렇게 높은 건가요? 저는 그것도 궁금하더라고요.

강정수 우선 수요와 공급의 문제가 발생해요. 주식 가치도 있고요. 이를테면 미국에서 나타나는 현상, 즉 아마존이나 페이스북이나 테슬라가 GM의 가치를 압도한다든지 하는 것은 실제 주식시장에서 드러나요. 미국에서 미디어가 두번째 단계로 갔다고 얘기하는데요, 첫번째 단계에서는 자체적으로 혁신을 하려고 했어요. 뉴욕타임스가 이런 표현을 쓴 적 있죠. '우리도 디지털 혁신을 열심히 하고 있지만 나이트클럽에 간 할아버지 같다.' 중년 연예인이 홍대 클럽에 온 거예요. 방송에서 재밌게는 보지만 같이 춤을 추고 싶지는 않거든요.

　그런 이슈가 발생하면서 어떤 일이 벌어지느냐면, 자체 혁신도
하지만 아예 뉴미디어를 구매하기 시작해요. 이미 경제적으로 독
립성을 가진 신생매체를 사는 거예요. 이게 두번째 단계인 거죠.
리피이니리29(Refinery29)라든지 마이크(Mic) 등은 20대를 겨냥
한 뉴욕타임스예요. 모든 뉴스를 20대의 시각으로 써요. 전국민을
위한 것이 아니라 타깃 오디언스(target audience), 즉 자기 독자들
만을 위해서 쓰는 거예요. 그런 미디어들이 계속 생겨나고 있고,
여기에 전통 미디어들이 투자하기 시작한 거예요.

박성제 자기들이 변신할 능력이 안 되니까 젊은 기업을 사버린다는 얘기네요.

강정수 그곳을 통하면 비어 있는 세대에 도달할 수 있는 거죠. 그러니 이 기업들의 몸값이 뛰는 겁니다. 미국에 있는 전통 기업들이 아직 돈은 벌고 있으니까 뉴미디어를 사기 시작했고, 미국 기업을 미국에서만 사는 게 아니라 독일의 악셀슈프링거(Axel Springer)가 비즈니스인사이더(Business Insider)를 사는 것처럼 유럽에 있는 큰 미디어 기업들도 미국에 있는 기업을 사려고 하니 몸값이 뛰어오르죠. 결국 가치는 시장에서 만들어지는데, 이 시장에서 수요자가 누구냐면 전통 미디어 기업이에요.

한겨레에서 '뉴스뱅'이라는 플랫폼을 만들기 위해 적지 않게 투자했어요. 그런데 실패했고요. MBC도 '피키캐스트'와 경쟁하는 서비스를 만들었지만 어디 이름도 못 내밀고 있어요. 저는 "새로운 걸 만들려고 괜히 컨설턴트 말 듣고 시작하지 마시고, 스스로 지속 가능하게 만들어놓은 팀을 사라"라고 하고 싶어요.

박성제 예전에 삼성이 자동차산업에 진출했다가 망했을 때 사람들이 '수조원을 들여 부산에다 공장을 지었는데, 유럽에 있는 수많은 멋진 자동차 회사들 가운데 하나를 사서 키웠으면 좋았을걸 왜 조그마한 시장에서 그렇게 했느냐'라고 이야기했잖아요.

강정수 그게 바로 아까 말했던 원소스 멀티유스에 대한 자신감이에요. '우리가 자체 디지털 혁신을 하면 1위를 할 수 있다. 우리가 할 수 있는데 왜 굳이 돈 들여 사느냐.' 그런데 결과적으로 보면 돈 이 더 들어요. 그러니까 '기자나 PD 출신 인재들이 모여 있으니 우리가 이것도 잘할 수 있어'라고 하지 말고 투자를 해서 잘하는 팀과 협업하자는 거예요. 그러면 '아, 내가 배울 것이 있구나' 하고 깨닫게 되죠.

디지털미디어 광고시장

박성제 가치 얘기를 다른 측면에서 해볼게요. 미국에 있는 비싼 뉴 미디어들이 결국 광고 수익을 올려야 할 텐데, 광고가 붙나요?

강정수 한국에서는 네이티브 광고(Native AD)* 논쟁이 많이 붙었 죠. 광고의 여러 방식 중에서 기사 중간에 자연스럽게 들어가는, 기사 같은 광고가 있어요. 우리 식으로 하면 '유가 기사'죠. 그 유 가 기사에서는 한국 언론이 세계 넘버원입니다.

박성제 정밀 잘하죠. 광고나 협찬을 받고 홍보성 기사를 써주는 것.

● 해당 플랫폼의 특성에 맞게 고안된 광고. 광고주가 직접 제공하는 것으로, 마치 정보성 기사처럼 보이나 제품을 홍보하는 내용을 담고 있다.

강정수 한국에서는 유가 기사가 있기 때문에 네이티브 광고를 새롭게 보지 않는데요, 디지털 시장으로 오면서 미디어 기업만이 아니라 광고주도 힘들어졌어요. 과거 1980년대에는 신차를 하나 내면 마케팅도 어렵지 않았습니다. SBS도 없었잖아요. MBC에 광고를 최대한 넣고, 한겨레도 없었으니까 조·중·동에 광고를 많이 넣으면 사람들이 보지 않을 수가 없었죠. 그런데 이제 사람들의 주목이 많이 분산됐어요. 회장님들끼리 만나서 "잘 봤어, 자네 광고" 하며 으쓱거려려 하니까 TV 광고도 해야 하고, 네이버에도 광고 해야 할 것 같고, 페이스북도 뜬다고 하니까 거기에도 해야 할 것 같고요. 이렇게 광고는 다 하는데 효과가 있는 건지, 소비자와의 접점이 분산되어 있어서 파악하기 어렵죠.

그런데 복스(VOX) 같은 경우 엄청나게 돈을 법니다. 복스는 에즈라 클라인(Ezra Klein)이라는 워싱턴포스트의 톱 정치부 기자가 나가서 만든 정치 미디어예요. 영상도 만들지만 주로 텍스트 중심이죠. 이 사람도 나이가 많은데, 중간에 팟캐스트도 했고 철저한 디지털 마인드가 있어요. 복스에서 아홉개의 버티컬 미디어를 사 버렸어요. 스포츠 잘하는 곳, IT 잘하는 곳을 사는 식으로요. 그런데 그걸 단일한 이름으로 내지 않고 미디어그룹으로 만든 거예요. 캠페인을 열한곳에서 같이 해요.

어떤 캠페인이냐면, 컨데나스트에서 안나 윈투어가 주도했던 걸 예로 들어볼게요. 안나 윈투어에게 자동차 회사 캐딜락(Cadillac)에서 찾아왔어요. '우리 차를 중년 남자들만 좋아하고 젊은 사람들이 싫어한다. 어떻게 하면 좋겠느냐.' 안나 윈투어가 조언하길

'일단 마초적인 자동차 방송에 나가지 마라, 옆에 비키니 입은 여자 세워놓는 방송에는 광고도 내지 마라'라고 했어요.

박성제 「탑기어」(Top Gear) 같은 프로그램 말씀이시죠.

강정수 '그리고 음악잡지나 힙(hip)한 사람들이 보는 패션지에 광고를 내라'라고 해서 'Dare to Great'(위대함에 도전하다)라는 프로젝트를 시작했어요. 컨데나스트가 '뉴요커'도 가지고 있고 'GQ' '배니티페어' 등 매체를 많이 가지고 있거든요. IT 매체도 있고요. 이들 매체에서 전세계 20대들이 위대한 도전을 하는 내용을 취재해요. 시위에 참가하는 사람, 커밍아웃하는 사람, 자연의 오지를 탐험하는 사람 등 각기 다른 삶을 살아가는 젊은이들을 취재해 기사를 영상과 텍스트로, 갖가지 형태로 내요. 그리고 맨 마지막에 'Powered by Cadillac'(캐딜락의 지원을 받음)이라는 문구가 나와요.

박성제 자동차는 안 나와요?

강정수 전혀 안 나와요. PPL은 전혀 없이 이 캠페인을 대대적으로 벌였어요. 3개월 농안 그에 관한 엄청난 콘텐츠가 쏟아집니다. 그러고 나서 캐딜락이 TV 광고를 시작해요. 'Dare to Great. 위대함에 도전하다.' 곧장 연결고리가 생기는 거죠.

박성제 사람들이 잘 모르다가, '저거 캐딜락이었네' 이렇게 되는 거네요.

강정수 그렇죠. 이런 방식을 브랜디드 콘텐츠(branded contents)라고 하는데, 뉴욕타임스도 해요. 뉴욕타임스에 이걸 하는 'T 스튜디오'라는 곳이 있어요. 전세계의 크리에이터들이 모인, 말하자면 제일기획 같은 곳이에요. 여기서 100명 이상의 인원이 일하는데, 뉴욕타임스 디지털 매출의 40퍼센트를 내요. 가디언에도 이런 콘텐츠 만드는 사람이 120명이고, 버즈피드에는 200명이 있어요.

광고를 만들 때 광고주가 만나는 사람은 언론사나 제작사가 아닙니다. 제일기획 등 광고회사를 만나죠. 광고회사는 코바코(한국방송광고진흥공사) 같은 렙(rep)사를 만나고요. 렙사가 방송사를 만나죠. 이렇게 가치가 흐르는 사슬을 밸류체인(value chain)이라고 해요. 뉴미디어들은 기존의 밸류체인으로는, 즉 대행사나 코바코를 거쳐서는 돈을 못 벌겠다는 판단을 한 겁니다.

박성제 중간중간에 뜯어먹으니까요.

강정수 그렇죠. 그중에서도 기획사가 가장 많이 뜯어먹더라는 거예요. '이거 우리가 하지 뭐, 그러면 우리 마진율이 올라가잖아' '그러고 보니 돈을 제일 적게 가져가는 건 제작사네? 그러면 우리도 제작은 대행사에 맡기자', 이게 미국의 뉴미디어들이 만든 비즈니스 모델이에요. 이걸 뉴욕타임스가 베끼는 거고, 가디언도 하고, 컨데나스트도 해요. 이런 식으로 기업 컨설팅까지 다 하는 거예요. 불필요하다고 판단하면 자기들 매체에 싣지도 않아요. 실어 보려고 하다가도, '군이 우리 매체에 싣는 게 중요해? 우리가 돈 버는 게 중요하지' 이렇게 되죠.

필터버블과 디지털 여론

박성제 종이신문 구독률은 1996년부터 2015년까지 69.3퍼센트에서 14.3퍼센트로 줄었죠(한국언론진흥재단 「2015 언론수용자 의식조사」). TV 뉴스 시청률은 1980~90년대 40퍼센트대까지 올랐지만 지금은 10 퍼센트에 못 미치고요. '태블릿PC' 보도 이후 가장 높은 시청률을 기록하고 있는 JTBC 「뉴스룸」이 9퍼센트대에 불과해요. 종이신문이나 TV로 뉴스를 보는 시대는 완전히 끝났다고 보시나요?

강정수 아뇨, 그렇지는 않습니다. 과거에는 전통 미디어 외에 공급자가 없었으니까 전국민이 신문이나 TV로 뉴스를 봤어요. 저희 아버님은 아직도 9시만 되면 뉴스를 보려고 "TV 틀어라" 하세요. 다만 지금은 소비자가 다원화된 거죠.

박성제 우리나라의 경우 특수한 현상이 벌어지고 있는데, 2016년 하반기 탄핵정국 이후로 '올드미디어'가 다시 강세를 보인다고 합니다. JTBC의 주가가 천장을 칠 정도이고요. 이것은 어떻게 봐야 할까요?

강정수 그건 시대적 상황에 영향을 받은 현상이라는 생각이 들어요. 저는 저널리즘이 형식을 따진다고 보지는 않거든요. 억압적인 분위기에서 국내 언론의 비판 기능이 상실되어 못 들었던 이야기를 들으며 사람들이 그간의 상처를 치유받고 분노를 조절하는 것이죠. 이는 '올드미디어'가 기능하는 것이라기보다 저널리즘이 자기 기능을 조금 되찾으면서 팬덤 현상이 발생하는 것입니다. 저널리즘의 복귀가 왜 종이신문이나 TV를 통해야만 하겠어요? 저널리즘은 어떠한 형식으로도 존재하는, 사회를 연결해주는 하나의 기능입니다. 현재의 상황을 올드미디어의 복원이라고 볼 수는 없어요. 이슈가 크니까 파워풀하게 국가권력과 싸워야 하는데, 이런 싸움은 그런 정도를 견뎌낼 수 있는 조직에서 하고 있는 거죠.

박성제 저널리즘의 역할을 보통 두가지 정도로 이야기하잖아요. 권력 비판과 어젠다 세팅. 그럼 이런 게 디지털로도 가능한 거죠?

강정수 가능하긴 한데 쉽지는 않아요. 예를 들어 조선일보가 '결혼문화 바꾸기' 캠페인을 하며 「우리 사회 결혼식 사치, 도(度) 넘었다」(2012.2.13) 같은 기사를 내보내면 동네 파출소에서도 현수막을 걸고 그랬어요. 이게 일상적인 어젠다잖아요. 이러한 일상적인 어젠다는 세팅이 힘들어졌어요. 신문 1면에, 뉴스 첫번째 꼭지에 크게 냈는데 네이버나 다음에 갔더니 메인에 있지도 않고, 연예나 스포츠 기사처럼 재밌는 것들과 같이 있단 말이에요. 처음에 편집할 때는 이런 편집이 아니었던 거죠.

'선형성'이라고 보통 얘기하는 것이 있는데, x값에 조응하는 y 값이 하나밖에 없는 경우를 말해요. 신문·방송에서 '이건 1면에 들어갈 거야, 이건 6면에 들어갈 거야'라거나 '첫번째 꼭지에 들어 갈 거야, 여섯번째 꼭지에 들어갈 거야'라고 결정하면, 소비자는 그것 외에 또다른 변이점을 못 찾고 무조건 거기에 맞춰가야 하는 거예요. 그건 뉴스의 가치에 의해 정해지고, 그것으로 어젠다가 세팅되죠. 그런데 네이버나 다음, 카카오톡과 페이스북에서 뉴스가 유포되면, 특히 카카오톡과 페이스북의 경우에는 선형성이 깨져 버려요. 선형성이 깨지면 어젠다의 힘이 떨어지죠.

그래도 네이버나 다음에서는 선형성이 다소 유지된 게, 모든 언론사가 특정 내용의 기사를 1면으로 실으면 그걸 메인에 띄워주거든요. 이게 SNS에서 깨지는 거예요. 물론 거기서도 어느정도의 이슈는 타죠. 대선 토론회의 내용이 페이스북에 쭉 올라오잖아요. 사람들이 '필터버블'(filter bubble) 때문에 착시를 일으키게 되고요.

박성제 필터버블이 뭔가요?

강정수 한국에는 『생각 조종자들』(알키 2011)이라는 제목으로 번역 출간됐는데, 오바마가 처음 대선 출마했을 때 컨설팅을 해주고, 오바마 행정부에도 들어갔던 일라이 파리저(Eli Pariser)라는 사람이 쓴 책이 있어요. 요지는, 사람들이 비눗방울 안에 갇혀 산다는 거예요. 비눗방울이 투명하니까 나는 세계를 다 보고 있는 것 같지만 다 따로따로 뭉쳐 있다는 거죠. 예를 들면 브렉시트에 반대하던 사람들은 브렉시트가 통과되리라고는 아무도 상상 못했다는 거예요. 트위터나 페이스북에서는 다 반대를 했으니까.

박성제 SNS에는 생각이나 가치관이 비슷한 사람들끼리 모이잖아요. 그게 필터버블 효과를 만들어낸다는 얘기군요.

강정수 그렇죠. 그리고 거슬리는 얘기를 하면 '친구'나 '구독' 관계였다가도 끊어버리잖아요. 인터넷의 그런 피할 수 없는 구조성이 요즈음 많이 연구되고 있어요. 과거에는, 예를 들면 1980년대에는 내가 음모론을 퍼뜨린다고 해도 별 반응을 일으킬 수 없었어요. '썬데이서울'에는 나올 수 있었겠지만, 주요 언론에서는 안 다뤄 줬죠. 그런데 요즘은 나의 음모론적 이야기를 다뤄줄 매체가 너무 많은 거예요. 파하드 만주(Farhad Manjoo)라는 뉴욕타임스 기자가 『이기적 진실』(비즈앤비즈 2014)이라는 책을 썼어요. 그 책의 원제는 'True Enough'예요. 내가 믿는 진실이 차고 넘친다는 거죠. '9·11은 CIA에서 조작한 거야'라고 말하는 사람이 있다고 쳐요. 이걸 어느 매체에서도 다뤄주지 않고 혼자서만 떠든다면 그 말을 누가 믿겠어요? 그런데 그걸 근거로 하는 뉴스 사이트가 엄청나게 많은 거예요. 그 사람들끼리, 끼리끼리 뭉치면서 하나의 세계가 형성되는데 그들은 이걸 반박할 수 있는 언론사의 뉴스를 소비하거나 그런 사람들과 교류하지 않아요. 자기 입맛에 맞는 콘텐츠만 읽기에도 24시간이 모자라니까요. 트럼프 지지자라면 힐러리에 관해 알아보지도 않고 논쟁도 안 해요. 물론 키보드 배틀을 하는 사람도 있겠지만 일상생활을 하며 자기가 지지하는 사람에 관한 콘텐츠만 소비해도 하루가 부족한 거예요.

박성제 입맛에 맞는 것만 취해도 충분하다는 거죠.

강정수 그렇죠, 진실이 충분히 많은 거예요. 그래서 사람들은 더욱더 쪼개지고요. 이러한 필터버블 현상을 인터넷이 구조화하고 조장하죠. 극복할 수 없을 정도로요. 이 구조 위에서 흔히 말하는 '가짜 뉴스'가 횡행한 거예요.

미국에 앤드루 브라이트바트(Andrew Breitbart)라는 사람이 만든 뉴스 사이트인 '브라이트바트'가 있거든요. 그 사이트는 우리가 보기에는 굉장히 촌스럽지만, 트럼프 지지자들이 엄청나게 봤어요. 흔히 말하는 가짜 뉴스들은 여기서 다 만들어져요. 예를 들면 '교황이 트럼프 지지선언을 했다' '힐러리가 돈을 받았다' 이런 뉴스가 나오는데 뉴욕타임스 등 보수적인 매체에서도 비판을 많이 했어요. 그런데 브라이트바트를 보는 사람들은 이런 비판도 안 들어요. 비판에 노출이 안 돼요. 이런 일들이 디지털 시장에서는 구조화되고 있어요.

저는 브렉시트 국면에서 영국과 미국의 저널리즘이 반성해야 한다고 생각합니다. 예를 들어 영국의 브렉시트 찬성자들이 '우리가 유럽연합에 내는 돈이 일주일에 20억 파운드다, 이걸 우리 의료보험 시스템에 투자했더라면 이렇게까지 망하지 않았을 것이다'라는 내용을 버스에 붙이고 다녔어요. 이때 전통적인 저널리스트들이 '일주일에 무슨 20억 파운드를 보내느냐, 그 반도 안 보낸다'라고 팩트체크를 하면서 '말도 안 되는 가짜 뉴스'라며 분노했어요. 그런데 아까 그 사람들은 '아니면 말고' 하면서 다른 이슈로 넘어가는 거죠. 가짜 뉴스로 조직할 수 있는 유권자는 이미 조직이 끝난 거예요. 우리 언론도 마찬가지입니다. 홍준표에 대해 '거짓 선동자' '스트롱맨'이라고 비판하죠. 거기서 그치지 않고 그쪽 프레임을 뛰어넘을 수 있는 프레임을 만들어야 하는데 언론사들이 너무 팩트체크에만 빠져 있다고 봐요.

영국 데일리메일(The Daily Mail)이 대단히 극우적인 언론인데, 미국 대선 때 득을 많이 봤어요. 그런데 이런 분석도 나와요. 극우 언론뿐 아니라 CNN이나 뉴욕타임스 입장에서도 이런 상황이 굉장히 좋다는 거예요. 우리 식으로 하면 '야당지'가 된 거잖아요. 트럼프를 욕했더니, 트럼프가 CNN과 뉴욕타임스를 가리켜 가짜 뉴스라고 했어요. 그러자 CNN은 트래픽이 120퍼센트 올라갔고 뉴욕타임스는 유료구독자가 마구 늘어났어요. 이 언론들은 트럼프를 욕하기만 하면 되는 거예요.

이제 디지털 환경에서 어떻게 여론이 형성되고 있는지, 이걸 어떻게 극복할 수 있는지까지를 보면서 프레임을 새롭게 형성하는 데로 가야지, '우리는 진실을 전달한다, 팩트체크를 한다'라는 것으로 저널리즘의 본령에 충실하다고 생각하면 안 됩니다. 시대적 과제는 변하는 것이죠.

디지털 스토리텔링에 대한 고민

박성제 텍스트로 이루어지는 언론매체 이야기를 잠깐 해보고 싶어
요. 대부분 인터넷 언론의 형태이고, 신문도 그렇고요. 2016년 말
기준으로 인터넷 신문이 6,000개가 넘는데, 시장은 이미 포화상태
인 거죠?

강정수 이 시장이 줄어들고 있어요. 그 이유는 네이버와 다음에서
진입을 차단했거든요. 포털 차원에서 시장 진입을 막아버리니까
매체 수가 늘어나지 않는 거예요. 처음부터 페이스북에서 활동을
하려면 너무 어렵거든요. 스타트업 미디어 디퍼(Deepr)도 마찬가
지고, 포털에 기사가 나갔더라면 재미를 봤을 텐데 그러질 못했어
요. 제가 참여하고 있는 슬로우뉴스도 포털에 못 나가거든요.

박성제 포털에 등록이 안 되어 있나요?

강정수 등록을 해도 규모가 작으니까 기사를 안 받아줘요. 어뷰징
을 하는 것도 아니고 기사 생산량도 떨어지고요. 포털에 올라가려
면 하루에 8~9개 기사를 만들어야 하거든요. 언론사 등록을 한 지
1년이 지나야 하고요. 각종 로비를 하지 않는 이상 어려워요. 포털
도 힘든 것이 정치권에서 로비가 오면 받아줘야 하고요. 그런 부
분에서 저는 시장 정리가 필요하다는 생각이 들어요.
　요즘 새로 생겨나는 것은 새로운 채널, 흔히 페이스북이나 인스

타그램 용이에요. 모든 것의 동영상화가 이루어지고 있어요. 미국 통신회사 AT&T의 CEO가 타임워너(Time Warner)를 인수하면서 이렇게 얘기했어요. "모바일의 미래는 동영상에 있고, 동영상의 미래는 모바일에 있다." 버즈피드도 이제는 방송사업자라고 해요. 버즈피드에서 소비되는 콘텐츠의 90퍼센트가 동영상이고요. 텍스트 소비량은 큰 변화가 없는데 동영상 소비는 크게 증가한 거죠.

여기에 영향을 미치는 한가지 요소가 데이터 요금제입니다. 한국은 아직 청소년용 데이터 요금제가 굉장히 비싼데, 미국의 경우 가족요금제(2015년 4인 가족 기준 100달러)가 꽤 대중화되어 10대와 20대가 데이터를 저렴하게 이용할 수 있어요. 덕분에 미국에서 폭발적으로 동영상 사용량이 늘어났죠. 카카오톡 같은 텍스트 메시지도 잘 안 쓰고, 영상으로 메시지를 보내요. 중국은 문맹률이 굉장히 높기 때문에 음성 메시지가 발전하고 있어요. 그 나라의 커뮤니케이션 구조에 맞춰 음성과 동영상 중심으로 발전하고 있는데 한국은 여전히 텍스트 중심이에요.

물론 텍스트도 중요합니다. 동영상은 '관심'을 만들어내는 것이지, 분석적인 뉴스에는 한계가 있으니까요. 여기서 눈여겨볼 부분은 텍스트도 모바일에 맞는 내러티브가 있다는 점이에요. 그런데 그 연구가 너무 적어요.

제가 대학교 학부에서 수업을 했는데, 언론 관련 학과에는 기사 작성법 수업이 항상 있어요. 정년 퇴직한 기자 분들이 와서 수업을 해요. 그러면 학생들이 과제물도 다 원고지에 써서 내더라고요.

수업 때 원고지에 기사 쓰는 연습을 하고, 방송사 언론고시 준비하는 학생들도 원고지에 연습하는 경우가 있어요. 디지털 스토리텔링에 관한 연구와 기법 교육이 이루어져야 하는데, 아날로그 문법에만 머물러요. 이 부분에 대한 연구와 고민을 한다면 텍스트로도 독자와 충분히 만날 수 있습니다.

월스트리트저널(WSJ) 출신들이 투자를 받아 만든 쿼츠(Quartz)라는 매체가 있어요. 여기는 기사를 800자 미만으로 쓰거나 3,000자 이상으로 쓰거나 해요.

박성제 중간은 없군요. 그런데 3,000자 이상을 읽는 사람들이 있어요?

강정수 네, 읽어요. 언제 읽느냐면 밤에 읽어요. 누워서, 침대에서. 그러면 그 기사는 거기에 맞게 써줘야 하는 거고, 기사가 올라가는 시간도 밤으로 맞춰요. 소비되는 시간대에 따라 필요한 콘텐츠가 달라지는 거예요. 또는 특별한 날, 예를 들어 오늘처럼 세월호 3주기에 가까운 날은 긴 글도 읽어요. 이처럼 모바일에서 읽는 패턴이 어떻게 될지에 관한 R&D가 필요합니다. 연구를 통해 시장에 대한 감각만 잡으면 능력있는 사람들은 동물적으로 잘 맞춰서 글을 쓸 거예요. 사람들을 너무 과소평가할 필요가 없어요. 저는 기자나 창작자 등 모든 사람에게 재능이 있다고 봅니다. 다만 어디에 초점을 맞추느냐가 중요하죠. 원고지에 초점을 맞추면 안 되는 거니까 방향을 틀어줘야 해요.

박성제 방송기자도 사실 신문기자처럼 배워요. 스트레이트 뉴스는 앞에 리드(lead)가 먼저 나와야 하고, 육하원칙에 따라야 하고, 제일 중요한 팩트가 맨 앞으로 와야 하고, 점점 뒤로 갈수록 안 봐도 되는 팩트가 나온다는 식으로 배우거든요. 이제 그것과는 상관이 없어지겠네요.

강정수 어떤 뉴스에서는 그게 맞을 수도 있죠. 다 버리자는 것이 아니라, 모바일 시장에 맞는 환경으로 체크해봐야 한다는 거예요.

구글 뉴스랩과 디지털 인재

강정수 우리나라에서 네이버·다음과 언론사가 갈등하듯 유럽에서는 구글과의 갈등이 일어나요. 지금 프랑스·독일·영국에서 구글의 시장 지배력이 90퍼센트 이상이거든요. 구글 뉴스 서비스가 있는데 독일에서는 그걸 시작페이지로 삼는 경우가 40퍼센트를 넘어요.

박성제 구글도 포털처럼 편집해서 뉴스를 보여주는 건가요?

강정수 편집을 하지는 않아요. 알고리즘에 따라서 보여주죠. 전부 아웃링크(outlink, 뉴스를 클릭하면 해당 언론사의 홈페이지로 연결되는 방식)라고는 해도 언론사에서는 기분이 나쁜 거죠. 시작 사이트가 자기들 것이 아니라는 점에서요. '결국 우리 기사 가지고 너희가 돈을 버는 것 아니냐'라고 하는 거죠. 구글은 '우리가 택시를 만들어 소비자를 너희 쪽에 모셔다드리는데 왜 그러느냐'라고 하고요.

박성제 우리 언론사들이 네이버·다음과 몇년 전에 하던 논쟁과 똑같네요.

강정수 네, 구글도 그런 논쟁을 해요. 그래서 '저널리즘에 도움을 주자'라고 해서 구글이 사회공헌 사업으로 '구글 뉴스랩 펠로우십'을 진행하고 있어요. 디지털 뉴스 생태계의 진화에 도움이 되겠다는 거죠. 1회는 영국·미국·호주·한국에서 진행됐어요. 한국을 제외한 나머지 세개 국가는 언론사에 장학생을 파견해주는 식이에요. 두달 보내주고 7,000~8,000달러 정도를 줘요. 그래서 제가 '몇억, 몇십억씩 주지 않는 이상 지원금만으로는 안 된다, 아예 학생들을 새로운 저널리스트로 키워보자'라고 제안했어요. 그래서 각 조에 개발자 한명, 디자이너 한명, 영상 한명, 기자 한명 이렇게 네명씩 열여섯명을 뽑아 네개 조를 만들고 언론사와 매칭을 시켜줬어요. 처음에 참여한 곳은 한겨레21, 뉴스타파, 오마이뉴스 등이에요. 제작비도 내고, 식대도 대고, 교육도 하고 장학금도 1인당 400만원씩 지원하는 프로그램을 두달 동안 운영했어요. 2회째, 그러니까 2016년 12월부터 2017년 2월까지 또 한번 운영해서 이번에는 KBS, 시사IN, 매일경제 등이 참여했어요.

저희는 기자가 기사를 다 만들면 나머지는 알아서 영상 작업하

고 편집해서 내보내는 식이 아니라 이 기능을 한꺼번에 모아두는 데 주안점을 뒀어요. 개발자, 디자이너, 영상 전문가, 기자가 한 팀이 되어 실험해보자는 거예요. 그래서 개발자에게도 디자이너에게도 저널리즘 교육을 해요. 그리고 기자에게도 디자인이 왜 중요한지 개발이 왜 중요한지 교육해요. 그런 식으로 팀을 꾸려서 진행했고 '스브스뉴스'처럼 새로운 브랜드를 만들었어요. 뉴스랩에서 보여주고 싶었던 건, 인재들이 잘 모이면 충분히 뉴스를 생산할 수 있다는 거였어요. 새로운 시도를 할 수 있다는 걸 시장에 보

여주고 시장은 그걸 모방하는 거죠.

박성제 구글코리아와 계약을 하신 거예요?

강정수 네, 구글코리아와 계약했어요. 구글이 100퍼센트 자금을 대고, 참가자들은 올해의 장학생 증명서를 받죠. 그 운영책임을 1회 때는 저 개인이 했고, 2회 때는 메디아티가 받아서 했어요. 이 프로젝트에서는 학력을 안 봤어요. 학교 이름을 써서도 안 되고, 학교 이메일 주소로 지원하면 감점했어요. 그런 식으로 열여섯명을 뽑는데 700명 이상이 몰렸어요.

그런데 채용 문제가 있었어요. 참여 언론사에서 어느 개발자를 채용하려고 했는데, 이 개발자는 갈 마음이 없고 회사에서도 그 정도 고액의 월급을 줄 수 없는 거예요. 공채 구조를 깰 수도 없고요. 여기서 드러난 게, 디지털 분야의 인재는 많은데 가장 능력있는 사람들이 요즘 신문사나 방송사에 안 간다는 거예요. 인문·사회 계열의 톱 탤런트들은 여전히 기자나 PD로 가려고 하지만, 개발자나 영상 전문가, 디자이너 중에서는 최고 실력자들이 가지 않아요. 전통 언론사가 대체로 계급사회예요. 디지털 분야가 가장 하찮게 취급되고, 본지에 있던 기자가 디지털로 가면 좌천된 거예요.

언론사에서 디지털 분야를 살리려면 여길 가야 승진할 수 있다는 느낌을 줘야 하고, 우리나라의 가장 능력있는 인재들이 디지털로 와야 해요. 그러지 않고 빈 공간이 있기 때문에 이 시장이 잘 안되는 거예요. 가장 똑똑한 사람들이 오고 싶은 영역이 되어야 디지털 시장에 미래가 생겨요. 그렇게 안 해놓고서 미래가 없다고 하면 안 되는 거죠.

박성제 외국에서는 구글이 이런 프로그램으로 운영하지 않는 거죠?

강정수 네, 이런 식으로 하지는 않는데 창업 기금 같은 것은 많이 내요. 저는 전체적인 디지털 시장에서 공적 프로젝트도 굉장히 중요해진다고 봅니다. 왜냐하면 다 상업적으로 갈 수는 없거든요. 지상파에서의 공영방송 개념이라기보다, 미국의 '나이트파운데이션'(Knight Foundation) 같은 게 필요하다는 얘기인데요. 우리나라의 언론진흥재단에서 예산 집행된 것을 보면 90퍼센트가 전통 미디어에 배정돼요. 10퍼센트 정도는 생색을 내야 하니 뉴미디어에 투자를 해주죠. 미국의 나이트파운데이션은 거의 뉴미디어만 지원하고 상금도 굉장히 크게 걸어요. 구글 뉴스랩에서처럼 뛰어난 사람들이 그 상금을 보고 달려들죠. 이처럼 디지털 시장에 맞는 공적 기금이 필요해요. 디지털 시장에서도 흔히 말하는 시장 실패가 존재하기 때문에 그 실패를 공적으로 채워줄 수 있는, 저널리즘을 육성할 수 있는 다양한 방법을 모색할 필요가 있다고 생각합니다. 내부 시스템 운영은 각자 다르게 가야겠지만 공통적으로는 저널리스트가 성장할 수 있도록 도움을 주는 거죠.

「독보적인 저널리즘」 보고서

박성제 2017년 1월 뉴욕타임스는 새로운 보고서를 냈습니다. 「독보적인 저널리즘」(Journalism that stands apart)이라는 제목으로, '2020 보고서'라 불리는 이 보고서에는 어떤 내용이 담겨 있나요?

강정수 사실 뉴욕타임스가 교과서 같은 언론사잖아요. 그래서 다들 관심을 갖는 것이지, 다른 곳에서 혁신 보고서가 나왔다고 하면 쳐다봤겠어요?

박성제 각 언론사 TF팀은 전부 이거 번역한 것을 가지고 '앞으로 이렇게 해보자' 하고 있을 거예요.

강정수 뉴욕타임스를 엘리트 저널리즘이라고 저는 규정해요. 미국 사회에서 지식인들이 가장 많이 보고, 뉴욕 정가 및 경제계에서 많이 보잖아요. 뉴욕타임스가 많은 시도를 했어요. 이 보고서의 요지는 '트래픽 함정에 빠지지 않겠다'는 얘기인데, 조금 쉬운 것도 만들고 사람들이 좋아할 만한 것을 만들어보려고 했더니 자기들이 잘 못하더라는 거죠. 거기에 에너지를 쏠 바에야, 디지털에서도 확연하게 '이 부문에서는 뉴욕타임스가 최고다'라는 말을 듣는 것이 몸값을 키우는 길이라고 생각한 거죠. 그렇게 되면 최고의 파트너·브랜드와 일할 수 있어요. 광고 가격도 브랜드 레벨에 따라 다르게 매기니까 샤넬, 루이비통, 구찌와 일하는 게 중요하다는 거예요. 뉴욕타임스는 이렇게 프리미엄 시장으로 가려는 것이고, 저는 뉴욕타임스가 시장 전략을 잘 세우고 있다고 봐요.

박성제 그러니까 그냥 디지털화가 아니라 프리미엄 콘텐츠를 만들겠다는 의지 표명이었군요.

강정수 그런 건데, 이걸 무턱대고 따라하면 안 되는 거죠. 국민의 방송을 지향하는 MBC, KBS, EBS도 이런 식으로 하면 안 되고요. 다만 MBC의 새로운 브랜드라면 시도해볼 수도 있죠. 시장을 보는 거거든요. 각 시장에 동일한 제품과 동일한 브랜드를 가지고 들어가는 게 아니라 '우리가 들어갈 시장이 뭐가 있을까?' '저 시장에 들어가서 무엇을 할까? 고민해보는 것이죠.
 현재 뉴욕타임스 사장이 BBC 사장 출신인 마크 톰슨(Mark Thompson)이잖아요. BBC를 한국에서는 공영방송이라고 하는데, 사실 20여개의 채널 대부분이 BBC World라는 상업방송이고요, 공영방송은 BBC1, BBC2, BBC3, BBC4 네개예요. 1은 잉글랜드 방송, 2는 스코틀랜드 방송, 3는 20대를 겨냥한 방송, 4는 10대를 겨냥한 방송이에요. BBC는 이미 조직을 시장별로 쪼개놨어요. 그런데 우리는 KBS1, KBS2로 나눠도 시장이 똑같잖아요. BBC3와 BBC4는 10대와 20대를 대상으로 하니, 거기에 다니는 직원들은 무조건 그 계층의 동향 변화에 관심을 갖는 거예요. 50~60대가 뭘 하는지는 별 관심이 없어요.

박성제 BBC3, BBC4는 EBS 같은 교육채널과 다른 개념인가요?

강정수 교육채널은 BBC World의 BBC Educations가 따로 있어요. BBC3와 BBC4는 공영방송임에도 세대의 흐름에 굉장히 민감한 거죠. 정보도 많이 갖고 있고요. 이걸 잘했던 마크 톰슨은 기본적으로 시장을 쪼개서 들어가는 전략에 굉장히 능한 사람이에요. 뉴욕타임스는 시장 포지셔닝을 고려하고 있는 거예요.

박성제 디지털 시대에는 이용자들이 파편화되어 있는 상황에 맞춰 미디어들도 시장을 쪼개고 맞춤형 서비스와 어젠다를 개발하고 아이덴티티를 만들어야 한다는 것으로 이야기가 귀결되고 있는 것 같은데, 맞나요?

강정수 디지털 시대에는 디지털 시장을 분석하고 거기에 맞게 가야 한다는 거죠.

미디어 팬덤 현상

박성제 지금 우리나라는 팟캐스트가 활성화되어 있죠. 정치적인 목적으로 하는 경우가 많기 때문에, 전혀 수익모델이 없어요. 기껏해야 PPL을 붙이는 정도고요. 대부분 한두명 또는 두세명이 진행하는 팟캐스트 미디어는 우리나라만의 현상으로 봐야 할까요?

강정수 미국이나 유럽에도 많이 있어요. 팟캐스트에 어울리는 목소리가 따로 있고, 지상파 방송용 목소리가 따로 있다고 하잖아요. 미국에서 요즈음 인기있는 팟캐스트 진행자 아이라 글래스(Ira Glass)는 방송국 카메라 앞에만 서면 말을 더듬는 사람이라고 하더라고요. 정치 팟캐스트로 굉장히 인기를 얻은 사람인데, 그런 사람의 경우 팟캐스트가 일종의 마케팅 툴인 거죠. 이걸 통해서 팬덤 현상이 만들어지는 거예요. 김어준 씨도 마찬가지고요. 팬덤을 만들어서 그걸 기초로 비즈니스를 꾸리는 거예요. 그런 비즈니스 모델은 유럽이나 미국에도 있습니다.

박성제 뉴스타파의 경우는 시민 4만여명이 한달에 만원 이상을 내요. 그래서 매달 5억원 이상이 들어오거든요. 그걸로 40여명의 취재진이 굴러가요. 세 든 곳에서 2년마다 쫓겨나니까 저축해 건물을 하나 사자는 목표로 가고 있는데, 굉장히 특이한 형태 아닌가요?

강정수 그게 구독료 모델이라고 해서 해외에서도 많이 시도되고 있어요. 과학자들 사이의 과학 저널리즘에서도 그게 통하고, 프랑스나 네덜란드에도 이런 모델이 있어요. 실리콘밸리의 디인포메이션(The Information)이라는 매체는 한달에 86달러인데도 그걸 내요. 왜냐하면 실리콘밸리의 고급 정보만 주거든요. 월스트리트저널에서 나온 제시카 레신(Jessica Lessin)이라는 기자가 만든 매체예요. 이런 시도는 값지고 중요하지만 뉴스타파와 비슷한 매체를 여럿 만든다고 해서 이게 다 작동하겠느냐 하면 그건 아니에요. 언론매체에 만원씩 지불할 수 있는 사람들의 최대 풀이 이미 국민TV나 뉴스타파에 돈을 내고 있는 사람들일 거예요.

박성제 그렇죠. 회원이 가장 많은 뉴스타파가 4만명쯤 되니까 나머지 다 합쳐도 6~7만명이 안 될 거예요.

강정수 또 10~20대가 과연 뉴스타파에 돈을 낼까요? 뉴스타파는 한국의 정치 및 시대 상황에서 특정한 연령대, 즉 386세대와 거기에 동의하는 젊은 층 일부에 의해 만들어지는 수익구조이지, 현재의 20대들에게서 뉴스타파 같은 매체가 나올 거라고는 생각하지 않아요. 만약 나온다면 그 세대의 정서를 반영하겠죠.

박성제 팬덤 현상이 있더라도 확장은 힘들다는 얘기네요. 한계가 있군요.

강정수 팬덤 현상은 중요하다고 봐요. 유튜브 채널도 마찬가지지만, 방송국 팬 커뮤니티는 공식 홈페이지가 아닌 다른 곳에 있어요. 예능프로그램을 만들어도 팬 커뮤니티는 네이버 카페나 카카오톡 그룹채팅방, 페이스북 그룹에 가 있는 거죠. 방송사 자체 커뮤니티는 사실 1990년대식 게시판이잖아요. 항의성 댓글이나 달 수 있는 형태죠.

팬덤 현상을 각각의 프로그램에서 조직하려고 하는 이유는 팬들은 어디로 오라고 하면 오고, 방송이 끝났다고 해서 방송을 끄지 않거든요. 반드시 이것을 공유하고 사람들에게 알려요. 그게 팬의 기본 자격이죠. 그래서 팬덤 비즈니스는 디지털 경제에서 굉장히 잘 작동하는 편입니다. 각각의 프로그램과 기자들에게 팬덤 현상을 만들어주기 위해 커뮤니티를 지원하고, 브랜드화하기 위해 캐리커처를 그려주는 등의 작업은 굉장히 필요하다고 봐요.

박성제 미디어몽구 같은 1인 미디어도 같은 맥락이겠네요. 하지만 특정 개인이나 소규모 집단이 동영상 등으로 스타가 되어 광고가 붙는 경우는 저널리즘보다는 게임 해설이나 디지털기기 리뷰 분야가 많죠. 이런 분들의 수입이 엄청나다고 하더라고요.

강정수 네, 한국에서도 많이 벌기 시작하더라고요. 메디아티는 리뷰 쪽에도 투자하지만 가능하면 저널리즘 영역에 있는 사람들에게 투자하려고 하거든요. 그러다보니 수익모델을 만드는 게 참 힘들어요.

로봇 기자 VS 인간 기자

박성제 미첼 스티븐스(Mitchell Stephens) 뉴욕대 교수가 "한국의 어느 기자는 하루에 기사를 일곱개도 쓴다더라. 그게 로봇에게 일자리를 빼앗기는 가장 확실한 방법이다"라고 말했어요. 앞으로 기사도 로봇이 쓰는 시대가 온다고 하는데, 우리나라에서는 클릭 수를 올리려고 하루에 기사를 다섯개씩 열개씩 쓰게 하잖아요. 그래서 이게 결국은 로봇에게 일자리를 빼앗기는 길 아니냐는 이야기가 나오는 거고요. 앞으로 로봇이 기자의 일을 대신하는 상황이 올 거라고 보세요?

강정수 로봇이 잘하는 것들이 있습니다. 독일에서는 일기예보를 로봇 기자가 쓰고 있거든요. 스포츠에서도 단신 있잖아요. 대학 농구, 대학 야구 등 사람들이 여지껏 취재하던 것을 로봇이 쓰는 거예요. 또 수치가 많이 들어가는 증시 동향 같은 것은 로봇이 담당하는 게 맞다고 봅니다. 국내에서는 어뷰징 기사 따위를 로봇이 담당할 수 있겠죠.

인간 기자는 분석과 인터뷰 중심으로 가야 한다는 생각이 들어요. 기사 개수는 줄이고 퀄리티를 높이는 것. 여기에는 기자들의 개인적 열망도 반영된다고 봐요. 매일 일곱개씩 안 쓰고 싶고, 일주일에 두세개만 쓰더라도 깊이있는 기사를 쓰고 싶은 게 인간 본연의 욕망이잖아요. 그에 맞게끔 시장 현상이라든지 디지털 스토리텔링에 대한 교육도 필요하고요. 내가 어디에서 일곱개를 쓰려고 하고 어디에서 한개를 쓰려고 하는지도 정의해야 하는 거예요. 이걸 일반화해서 시장과 무관하게 '한개 쓰는 게 중요하다, 일곱개 쓰는 게 중요하다'라고 하는 건 너무 단순한 이야기라고 생각해요.

박성제 로봇이 청와대를 비판하거나 어젠다를 세팅하기는 힘들죠.

강정수 그렇죠, 이런 부분은 사람의 역할인 거죠. 그리고 이렇게 기자 수가 많지 않아도 돼요. 기자 수가 줄어든다고 해서 저널리즘 기능이 줄어든다고 생각하지 않습니다. 비판정신이 줄어드는 게 문제인 거죠. 보수적으로 보더라도 세상에 대해 성찰해야 하잖아요. 이러한 생각이 줄어드는 게 문제이지, 기자의 수가 로봇의 영향으로 줄어들어서 저널리즘이 위협받는다는 건 어불성설이라고 봅니다. 오히려 트래픽 함정에 빠져 있는 것이 저널리즘을 죽이고 있고, 기자들의 자존감을 떨어뜨리는 것이라고 생각해요.

통신망은 건설교통부로

박성제 정치계나 업계에서 방송과 통신을 융합해 거대한 정부기구를 만들자는 이야기가 나오고 있어요. 김성태 자유한국당 의원 주최 정책토론회(2017.3.8)에서는 '산업간 경계를 넘나드는 ICT 융합이 트렌드인 만큼, 방송법과 전기통신법으로 나뉜 법체계를 개편하자'는 주장도 있었습니다. 이른바 '4차 산업혁명 시대'에 방송과 통신의 통합법이 대안이 될 수 있다는 주장인데, 설득력이 있는 이야기인가요?

강정수 저는 통신망은 인프라이기 때문에 통신사는 도로교통부로 보내야 한다고 봐요. 특히 SKT, KT, LG 유플러스의 사회적 의미를 강화하고 경제적 영향력을 줄이기 위해 건설교통부로 보내는 것이 맞다고 봅니다.

유럽은 통신사가 굉장히 발전했습니다만, 지금 미국의 디지털 식민지라는 말이 나올 정도예요. 전통적으로 유럽 통신사가 어떻게 발전했느냐면, 프랑스의 오렌지(Orange)나 스페인의 텔레포니카(Telefonica) 등의 통신사는 과거 식민지 국가에 들어가 있어요. 아프리카나 중남미 쪽에요. 국가 수반들도 그 국가들에 통신사 사장들을 데려가서 통신사 중심으로 디지털 경제를 이끌어온 거예요. 통신사는 정치 영역이잖아요. 시장을 여는 거니까요. 스페인 식민지였던 국가에는 텔레포니카가 전부 가 있는 거예요. 그러니 자기들은 잘됐다고 생각한 거죠. 그런데 시간이 지나고 나니 쫄딱 망했어요. 인프라는 자기들이 댔는데, 돈은 구글·아마존·페이스북이 벌어가는 상황이 됐죠. 그런데 내세울 검색 업체도 하나 없고 SNS도 없고 e-커머스도 아마존이 독일·프랑스·영국 시장의 45퍼센트를 차지하고 있어요. 이런 상황이 오니까 이러다 디지털 식민지가 되겠다는 얘기가 나와요.

박성제 망은 깔았는데 이익은 미국 기업들이 다 가져간 거네요.

강정수 망도 굉장히 중요합니다. 자동차산업이 꽃피려면 도로가 중요하죠. 그런데 우리가 수출하는 것, 일자리 창출을 많이 하는 것은 현대자동차잖아요. 물론 도로가 없다면 그 산업도 유지가 안 됐겠죠. 도로가 중요하지 않다는 게 아니라, 인프라와 콘텐츠 비즈니스를 통합해서 관리하려고 하면 안 된다는 거예요. 그래서 건설교통부로 통신 영역을 보내야 한다고 말씀드리는 거고요. 방송도 인프라스트럭처(infrastructure)라는 것을 생각해서 지상파·공중파 모두 건설교통부로 보내야 한다고 봐요. 콘텐츠 비즈니스에 대한 진흥 정책을 어떻게 펼 것인지 그리고 어떻게 규제 정책을 펼 것인지를 고민해야지, 망 사업자와 네이버를 같이 규제하려고 하면 안 돼요. 망 전문가와 네이버 전문가는 달라요.

이걸 다 같이 뭉뚱그려 '융합' '통합'이라는 말을 붙이는 건 전형적인 비전문성이에요. '4차 산업혁명 시기에는 둘이 같이 가야 하니 통합하자'라고 말하면 내 전문 영역도 아닌 것을 먹을 수 있는 거예요. 자꾸 비전문가들이 저쪽 시장에도 뛰어들어 파이를 가져오고 싶어서 융합시대라고 떠드는 거라고 봅니다. 그러면 안 돼요. 원소스 멀티유스를 하면 안 되는 것처럼, 각각의 시장에 대한 탐색을 해야 해요. 아날로그 시장에서는 독점을 나쁜 것으로 여겼습니다. 그런데 프랑스의 장 띠롤 교수는 디지털 시장에서는 독점이 나쁜 게 아니라고 해요. 그 기업들이 경쟁우위를 가지고 시장을 교란하면 나쁜 거지만, 네이버나 구글에 쏠림 현상이 일어나는 것은 매우 자연적인 현상이라고 봐요. 그런 해석도 노벨경제학상을 받아요. 그런데 그런 텍스트를 전혀 읽지 않는 사람들이 이 시장에 대해 무슨 규제를 하고 진흥 정책을 펴겠어요. 전문성을 통쳐서는 안 되고, 각각의 통신 전문가, 방송 전문가, 또 방송 전문가 중에서도 콘텐츠 전문가들을 육성한 다음, 그 전문가 집단이 각각의 사안에 대해 말하도록 해야 합니다.

제가 서울시 홈페이지 관련해서 자문위원으로 한번 들어갔다가 기겁했던 게, 1990년대에 잘나가던 홍대 미대 교수님들이 와서 홈페이지 자문을 해요. 그런데 HTML5가 뭔지, 반응형 웹이 뭔지 전혀 몰라요. 인터넷 초기에 약간 자문한 경험이 있는 거예요. 이런 분들은 자문을 하면 안 되는 거죠. 마찬가지로 현재 한국의 방송통신 정책의 문제점은 디지털 시장에 대한 이해도가 없는 사람이 '나는 방송 전문가이고, 디지털 시장에도 방송이 있으니까 이걸 내가 다 먹을래'라면서 땅 따먹기 싸움을 하고 있다는 거예요.

박성제 방송사, 통신사, 케이블 업체들이 서로 소송을 걸면서 계속 싸우고 있죠.

강정수 정치인이나 당 내 TF팀에서 세우는 정책 하나하나에도, 자문 교수들이나 공약 팀 내에도 엄청난 권력 투쟁이 있더라고요. 자문위원이 내놓는 정책도 엄청난 경제적 이권 싸움인 거예요. 액티브X가 없어지지 않는 것, 공인인증서가 기승을 부리는 것 등에는 예전 민주당의 책임이 있다고 봐요. 왜냐하면 'nProtect' 같은, 자동으로 깔리는 프로그램 전부 386세대가 하는 기업들이 만든 거예요. 그들이 김대중정부와 노무현정부 때 들어간 거죠. 개인이 그 프로그램을 깐다고 돈을 내진 않지만, 한명씩 깔 때마다 안랩이나 엔프로텍트 같은 기업들은 국세청이나 은행으로부터 2~3원씩 받거든요. 엄청나게 돈을 벌고, 그 때문에라도 민주당과 이해관계가 생기는 거죠. 저는 무언가 제도가 바뀌지 않는 건 이해집단이 있기 때문이라고 봐요. 그 이해집단을 쳐내야 하는데, 정보통신부 차

관을 했던 분이 민주당 정책위원장이었잖아요. 그분이 관련 정책에 영향력이 있을 때는 액티브X 처리란 쉽지 않은 일인 거예요. 본인이 만든 거니까요.

박성제 저도 방통위에 출입을 했는데, 그렇게 묶어서 가는 것은 잘 못이라고 봐요. 통신 전문가들이 방송통신위원으로 올라와서 방송을 컨트롤하는 걸 많이 봤어요. 잘 모르니까 청와대에서 시키는 대로, 위원장이 하자는 대로 하고요.

강정수 전문가가 맡아야 해요. 각 부문의 전문가가 맡아야지, 그러지 않으면 로비만 쉬워져요. 거기에 있는 수장들만 몇명 갈아치우면 자기 이익을 관철할 수가 있어요.

박성제 무슨 말씀이신지 알겠습니다. 잘 정리해주셔서 감사합니다. 긴 시간 고생하셨어요.

강정수 감사합니다.

지난 10년, 언론이 놓친 것

박성제 언론계 종사자로서 우리나라 언론이 제일 먼저 변화해야 할 부분이 어떤 것이라고 생각하시는지 알고 싶어요.

배정훈 이 질문을 미리 받고, 저를 포함한 문제라는 생각이 강하게 들어서 SNS에 질문을 그대로 한번 올려봤어요. 사람들이 어떻게 생각하는지가 더 중요한 문제이지 않을까 싶었거든요. 50여 명 정 노가 댓글을 달아주셨어요. 조금 읽어볼게요. "권력이나 기득권 에 휘둘리지 않고 사실과 팩트에 기반한 기사가 나오길 바랍니다" "공정하게 보도했으면 좋겠어요" "강한 자에게 약하고 약한 자에

裵正勳 SBS PD. 2008년 SBS에 입사해 2014년부터 「그것이 알고 싶다」 제작을 맡아왔다.

게 강한 모습을 보이는 행태를 고쳐야 합니다" 등을 많은 분들이 말씀해주셨어요.

그밖에도 카테고리화할 수 없는 매우 다양한 비판이 있었어요. 이 의견들을 읽으면서 저희 프로그램을 포함해 제 경험을 한번 되짚어봤어요. 많은 언론들이 이명박-박근혜 정권 10년간 침묵으로 일관하다가 새로운 국면을 맞으면서 이야기를 하기 시작했죠. 물론 팩트를 검증하고 탐사보도를 하고 취재하는 등의 노력이 근저에 있었겠지만, 기사나 방송으로 표현되는 과정에서는 여전히 경쟁 속에서 단독·독점 등 뽐내기가 주가 되었던 것은 아닌가 생각해요. 그 국면을 거치며 '속보경쟁 속에서 우리가 놓친 것은 없는가'라는 고민을 했어요.

고전적인 방식으로 정보를 독점하면서 기사나 방송을 전달하는 단방향식 보도 행태를 이제 사람들이 거부하는 것 같다는 생각이 들었어요. 그 와중에 우리가 권력화되고 기득권화되는 것을 반복한 것은 아닌가 하고 스스로 반성해보는 계기가 됐고요.

박성제 굉장히 좋은 지적인 것 같아요. 언론이 권력화되고 기득권화되었다는 것. 그런 얘기를 많은 분들이 하고 계시고요.

배정훈 사실 언론의 자유라는 것이 성역 없이 누군가에게 질문하고 비판할 자유인 것은 맞지만 비판으로부터 자유로울 수 있는 자유는 아니잖아요. 우리가 독자나 시청자들로부터의 비판에 어색한 반응을 보였던 것도 사실인 것 같아요. 언론의 자유가 무엇일까, 우리가 해야 할 일이 무엇일까를 그 시국을 거치면서 굉장히 선명하게 느꼈어요.

저는 독자들 그리고 뉴스 수용자들이 끊임없이 언론을 감시하고 비판해야 한다고 생각해요. 최근에 여러 일이 있었지만 멈추지 않고 계속 감시하고 비판할 때 언론이 각성하고 자기가 해야 할 역할과 본질이 무엇인지 고민하게 됩니다. 이것도 수용자들의 역할이라고 생각해요. 그런 건강한 구조가 유지됐으면 좋겠어요.

박성제 독자나 시청자들이 언론을 비판해야 한다고 하셨는데, 그 비판의 방법이 요즘 기자·언론인의 SNS 계정에 댓글 등으로 공격하는 것, 신문사 및 광고 불매운동으로 연결되는 것에 대해서는 어떻게 보세요?

배정훈 뉴스 수용자들의 비판도 '이 기사가 이야기하는 팩트가 무엇인가'라는 출발점에서 이루어져야지, 쏠림 현상에 의한 감정적 비판일 경우 건강한 대화가 이루어지기 힘들잖아요. 비판을 멈추지는 않되, 그 비판이 과연 건강한 비판인가, 본인이 수용하는 매체에 좋은 자극이 되는 비판인가에 대한 고민을 부탁드리고 싶습니다.

「그것이 알고 싶다」에 대하여

박성제 뉴스가 아닌 시사프로그램 가운데 지난 탄핵정국에서 가장 많은 주목을 받은 방송 프로그램은 「그것이 알고 싶다」 아닐까 싶어요. 시청률도 굉장히 높게 나왔고, 박근혜정권의 여러가지 의혹을 다룰 때마다 주목을 많이 받고 회자되었잖아요. 원래부터 「그것이 알고 싶다」가 이쪽으로 해보자는 분위기가 있었나요? 제가 기억하는 「그것이 알고 싶다」의 대표적인 회차들은 충격적인 사건을 다루는 것들이었고, 안 좋게 이야기하면 선정적인 부분이 많이 있었어요. 최근에는 분위기가 많이 바뀌었잖아요. 「PD수첩」이 못했던 것들을 훌륭하게 해내고 계신데, 어떻게 이렇게 바뀌었는지 내부 사정이 궁금해요.

배정훈 그 이전에 「그것이 알고 싶다」라는 프로그램 하면 많은 분들이 미제 사건을 떠올리셨죠. 물론 그것도 경찰 등 수사기관의 잘못된 판단을 드러내는, 인권 문제를 다루는 한 방편이라고 생각해요. 개인적으로 오락성만 추구했다는 비판에 대해서는 수긍하기 어렵습니다.

박성제 완전히 흥미 위주의 방송은 아니었다는 말씀이시죠.

배정훈 껍데기는 그럴 수 있지만 그속에는 인권에 관한 가치가 들어 있어요. 충분히 값진 일이었다고 생각합니다. 이명박정권 이후

시기거든요. 저는 당시에는 「그것이 알고 싶다」를 연출하지 않았기 때문에 선배들 개인의 생각까지는 모르겠지만 제가 이해한 바로는 그 엄혹한 시기에 「그것이 알고 싶다」라는 프로그램이 할 수 있는 일이 무엇일까를 치열하게 고민했던 것 같아요. 그리고 가장 소외된 인권에 집중해보자는 모토가 팀 내에 있었고요. 그런 합의 위에서 사건들을 다뤘죠.

박성제 경찰·검찰 등 공권력에 의해 희생되거나 피해를 본 사례를 많이 다루셨다는 거죠.

배정훈 밝혀지지 않은 사건이었고 미스터리가 포함되어 있었기 때문에 많은 분들이 같이 가슴 아파하면서 보셨을 거라고 생각해요. 그러면서 프로그램에 대한 인지도와 지지자들이 생겨났어요. 사내에서는 프로그램에 대한 일종의 팬덤이라고 분석하더라고요. 사실 그 지지라는 것이 상당히 부담스러웠습니다. 2014년 초에 합류했을 때, 미제 사건들을 다루면서 우리가 계속 이렇게 나가야 하는 건가… 물론 가치있는 일이고 공든 작업이기도 하지만 이 길로 계속 가야 하는가에 대한 고민이 있었어요. 그때가 「그것이 알고 싶다」 1,000회차를 앞둔 시기였어요. 2015년 9월에 1,000회 방송을 했거든요. 그 과정에서 우리가 좀더 했어야 할 역할과 본질에 대해 고민해보자는 공감대가 팀 내에 생겼어요. 그러면서 사법기관 문제, 재벌 문제, 권력형 비리 문제라는 큰 카테고리로 묶어 3부작을 준비했어요. 그뒤로 팀 내 분위기가 많이 바뀌었죠.

박성제 그 3부작 제목이 뭐였나요?

배정훈 '대한민국에 정의를 묻다'라는 3부작이었는데요, 교정기관에서 권력자들이 받는 특혜를 1부에서 다뤘어요. 2부에서는 효성기업을 중심으로 재벌 문제를 지적했고, 3부에서 국회의원 관련한 문제를 다뤘어요. 그때 기대 이상의 호응이 있었어요. 우리가 교묘히 움츠리고 있었던, 어떻게 보면 부끄러운 시기인데도 방송의 형식과 소재, 노력 덕분에 얻은 사람들의 신뢰를 확인하는 과정이기도 했어요. 그 이후로는 좀더 언론 본연의 역할을 하는 데에 집중했습니다.

박성제 「PD수첩」처럼 묵직한 주제를 다루면서도 「그것이 알고 싶다」의 강점인 사건을 추적하는 포맷은 그대로 유지했기 때문에 굉장히 흡입력 있게 완성된 것 아닌가 합니다. 구성은 마치 스릴러를 보는 듯한 느낌을 받았고요. 예를 들어 '박근혜 오촌 살인사건' 방송(2016.12.17)을 보면서는 감탄할 수밖에 없었어요. 그간 단련된 완벽한 구성력과 작가들의 힘, 진행자의 카리스마, PD의 능력까지 겹쳐져 「PD수첩」에서는 보지 못했던 결과가 나오더라고요. 「PD수첩」은 굉장히 전통적인 측면이 있잖아요. 어떻게 생각하세요? 「그것이 알고 싶다」의 강점이라면.

배정훈 제가 대학생 때, 입사하기 전에 「PD수첩」에 열광한 세대거든요. 그 방식에 익숙했기 때문에 「그것이 알고 싶다」는 제 눈에 좀 이상해 보였어요. '이게 탐사보도 프로그램인가?' 그런데 시간이 흘러 지금 사람들이 뉴스를 소비하는 방식이 많이 달라졌어요. 팟캐스트에 열광하잖아요. 걸러지지 않은 정보들, 낱낱들을 직접 주우면서 소비하는 방식으로 변하고 있죠. 진행자나 PD가 알려주는 일방향적 방식에 흥미를 덜 느끼는 거예요. 이미 내용을 알고 있는 경우가 많고요. 「그것이 알고 싶다」는 알려주는 방식이 아니라 '이런 게 궁금하시죠?'라고 물어보는 형식이에요. 당연히 시청자들이 궁금해하고, 우리로서도 궁금하고요. 이런 형식 때문에, 좀 더 대화에 가깝다는 생각이 들어요. 저희는 제작하는 과정을 일부 노출해요. '저희가 이러이러한 것을 취재하고 있습니다, 제보 바랍니다' 하고 오픈하고 제보를 얻어야 취재할 수 있고 정보를 획득할 수 있는 구조예요. 사람들이 거기에 참여하려는 경향이 있고요. 직접 들고 오시고, 이메일을 보내주세요. 즉 제작 과정에서도 저희가 질문을 던지고 시청자들이 대답을 하는 식으로 소통이 이루어지는 거예요. 그런 면이 사람들에게 '이 프로그램은 같이 만드는 거야'라는 인식을 갖게 하지 않나 생각해요. 사실 제보의 영향을 많이 받는 측면이 있거든요.

박성제 또 하나 제가 궁금했던 게 있어요. 「그것이 알고 싶다」는 어떤 사건의 실마리를 던지고 약간의 반전이 나오면 그걸 알아보고, 또다른 실마리가 나오면 그쪽을 알아보는 등 왔다 갔다 하면서 핵심으로 다가가는 패턴이 드라마틱하고 흡입력이 있어요. 이건 작가들의 능력인가요?

배정훈 작가들의 구성능력이 상당 부분 작용하죠. 그런데 그것이 단지 흥미를 위한 구조인 경우는 드물고요, 실제로 저희가 취재하는 과정을 구성하는 거예요. 그걸 전형적인 논리 구조가 아니라 이야기 구조로 전달하는 게 저희 프로그램의 특성인 거고요. 사실은 고된 작업이에요. 저희가 이해하고 있는 논리대로 설명하면 가장 쉽고 빠르고 편하겠죠. 하지만 저희는 불편하더라도 보는 분들에게 이것의 가치를 설명하기 위해 작전을 펴는 거예요. 그걸 위해서 한번 더 작가님들이 고민하시는 거고요.

박성제 탄핵정국에서 5~6개월 정도 방송되었던 것 가운데 가장 호응이 뜨거웠던 방송이 어느 것이었나요?

배정훈 프로그램 전체에서는 신호탄이 되었던 '대통령의 시크릿' 편이고, 제가 연출했던 것 중에서는 '오촌 살인사건'이었어요. 그것이 방송된 게 연말이었는데 호응이 좋았어요. 사람들이 궁금한 점이 많았던 것 같아요. 이후로도 진행을 했는데, 후속 방송을 준비 중이에요. 늦어도 2017년 안에는 내보내려고 해요.

PD로서의 고민

박성제 「그것이 알고 싶다」에 합류하시기 전에는 어떤 프로그램을 하셨어요?

배정훈 그전에 「궁금한 이야기 Y」라는 프로그램 연출을 하다가 「그것이 알고 싶다」로 왔죠. 교양PD들은 거의 대부분 「그것이 알고 싶다」를 거쳐갑니다. 다들 희망하고요. 탐사보도보다는 정통 다큐를 하고 싶다면 「SBS 스페셜」로 가죠.

박성제 위험한 소재도 있었잖아요. 오촌 살인사건도 그랬고, 예전에도 종교단체 등을 취재했고요. 이런 소재를 다룰 때 SBS 분위기는 어떤가요? 민영방송은 공영방송과는 좀 다른 분위기가 있을 것 같아요. 여기까지는 건드리지 말자든가 하는 기준이 있나요?

배정훈 그런 건 아예 신경 쓰지 않아요. 굉장히 역설적인 얘기인 것 같은데, 오히려 민영방송이어서 엄혹한 시국에 영향을 안 받았다고 저희들끼리 얘기하기도 해요. SBS는 원칙적으로는 경영과 제작이 분리되어 있는 상황이기 때문에, 제작 책임자가 관심을 갖고는 있지만 PD들의 제작 자율성에 대해 사장이나 회장이 위에서 개입하는 일은 없어요.

박성제 일반적으로 민영방송이라는 점만 놓고 봤을 때 오너 입장에서는 오너로서 신경 쓰는 부분이 있을 거예요. KBS, MBC의 낙하산 사장들이 신경 쓰는 것과는 좀 다른 차원이겠죠. 회사의 시청률이 곧 경쟁력이니까 경쟁력 확보를 위해서는 자기가 밀어줘야 하는 부분이 있을 것이고, 그럼에도 민영방송은 권력에 약하니까 제작하는 사람들이 선을 지켜줬으면 하는 부분이 있었을 것 같아요. 저는 그 부분을 적절하게 잘 지킨다는 느낌을 받았어요. 탄핵정국 이전에는 진짜 아킬레스건은 건드리지 않는 경우가 있었다고 보거든요. 「PD수첩」은 그런 걸 건드렸다가 완전히 깨진 적이 몇번 있잖아요. 그런데 「그것이 알고 싶다」는 그런 일은 피해가는 면이 있지 않았나 생각했어요. 어떻게 생각하세요?

배정훈 말씀하신 걸 "아니에요"라고 부인하기는 어려워요. 위로부터의 명확한 수정 지시나 제작 관여 같은 건 없지만, 현업 PD로서 그런 자괴감은 가져본 적이 있어요. '탐사보도 프로그램을 제작하는 우리 PD들의 감각에 그런 것이 체화되어 있다면 비극이다'라는 생각 말이에요. 우리가 수위 조절을 스스로 하고 있는 건 아닌가 하는 질문을 동료들과 나누곤 해요.

박성제 기득권 및 권력 비판, 언론의 사명에 관한 이야기를 많이 하잖아요. 이 책의 주제도 결국은 저널리즘의 본령을 이야기하는 것이고요. 「그것이 알고 싶다」 같은 시사프로그램이 비판정신의 측면에서 일반 뉴스나 다른 탐사보도와 차별화된다고 보시나요?

배정훈 비판정신의 측면에서 차별화될 건 없다고 생각해요. 같은 것이고, 과거에 「PD수첩」을 보면서 키웠던 정신과 다르지 않다고 생각합니다. 「추적 60분」 「PD수첩」 「그것이 알고 싶다」, 세 프로그램이 가진 고유성이 다른 것이고요. 「그것이 알고 싶다」는 형식의 측면에서 과거 뉴스를 소비하던 방식에서는 주목받지 못했다가 현재의 환경에서 조금 더 주목을 받는 측면이 있다고 생각해요. 뉴스를 소비하는 환경이 바뀌어서 저희 포맷과 맞아떨어진 부분이 있는데, 그건 형식의 차별성에 가깝지 비판정신의 차별성은 아니라고 봅니다.

박성제 PD 가운데 좋아하거나 닮고 싶은 모델이 있나요?

배정훈 저희 회사를 제외하면 최승호 선배를 좋아해요. 제가 어려운 시기, 어려운 고민을 할 때 연락도 드리고 그랬어요. 사실 회사 선배들은 모르는 얘기일 수도 있는데, 1,000회 앞두고 최승호 PD를 만났거든요. 뭘 해야 하느냐고요. 그전에 형제복지원 취재를 할 때 뉴스타파의 도움을 받다가 연이 닿았어요. 어렸을 때 팬이었고, 방송계에 와서 건강한 자극도 받고 있고요. 그 이후에 영화 「자백」 시사회 때도 초대해주셨어요.

박성제 요즘 PD를 지망하는 사람들이 많잖아요. PD가 '좋은 직업이다' 아니면 '말리고 싶은 직업이다', 어느 쪽이세요? 언론고시 준비하는 분들에게 해주고 싶은 말씀이 있으신가요?

배정훈 저는 다시 태어나도 이 일을 할 것 같아요. 너무나 행복한 직업이고, 10년 좀 넘었는데 재미있게 하고 있어요. PD라는 직업이 조직으로부터 자유롭거든요. 그냥 회사원, 직장인이라는 측면이 굉장히 약해요. 본인의 승진이나 사내 입지 같은 걸 고려하는 사람에게는 해당이 안 될 수도 있지만요. 내가 온전하게 일정 기간에 한번씩 한시간 동안 시청자들에게 질문을 던지면서 건강한 자극을 주고, 그 시간 동안 느꼈던 것을 잘 정리해서 사람들과 나누고, 그 이후의 피드백까지 얻을 수 있다는 건 굉장히 행복한 일이에요. 특히 탐사보도 프로그램을 하면서 질문할 수 있고, 언론의 역할을 할 수 있죠. 물론 이런 일을 하다보면 여러 유혹도 있겠지만, 언론인이라는 큰 직업군 내에서 교양PD라는 것은 자기가 출세하고 싶은 욕망을 조금 내려놓으면 정말로 조직으로부터 자유롭게 원하는 것을 제작해볼 수 있는 유일한 직업이지 않을까 생각합니다.

박성제 기자들은 팀이 중요하고 팀의 일원으로 움직이는 경우가 많아서 상명하복이나 기수 문화가 있거든요. PD는 그런 게 없잖아요. 오히려 PD 한명이 그 팀의 리더가 되죠.

배정훈 단점은 있습니다. 그 책임을 자기가 다 져야 해요.

박성제 상당한 부담일 것 같아요. 그런 훌륭한 PD가 되려면 어떤 자질이 가장 중요할까요?

배정훈 제가 훌륭한 PD인지는 잘 모르겠지만 끊임없이 자기에 대한 감시를 소홀히 하면 안 되는 것 같아요. 어려운 일이죠. 이를테면 제가 「그것이 알고 싶다」에서 비정규직 문제에 관한 방송을 만들고 싶은 생각을 1년 넘게 가지고 있는데 못하겠어요. 저희 팀에 뽑혀 있는 비정규직 직원들을 볼 때, 위선자 같은 말을 할 수밖에 없는 상황인 거예요.

박성제 방송사에 비정규직이 많죠.

배정훈 막내작가 등 비정규직 직원들에게 정말로 열악한 처우를 제공하면서 '내가 이 문제를 겨냥할 수 있나' 하는 모순에 빠지더라고요. 그런 부분은 못하게 되는 거죠. 사내에서 뜻이 맞는 PD들끼리 비정규직 처우를 개선하려고 노력하는데 이런 건 예산과 회사의 결정 등이 있어야 해서 쉽지 않아요. 그런 모순을 느낄 때 외면하면 안 되는 것 같아요. 완벽한 인간이 될 수는 없겠지만 현실적으로 고민해보는 건강함을 가지려고 노력하고 있습니다. 뜻대로 안 되는 경우도 많습니다만.

박성제 비정규직 문제를 다루는 게 낫겠는데요? 다루고 나면 누가 댓글로 달겠죠. "너희는 비정규직 없냐?"

배정훈 저희는 그런 얘기도 했어요. "그냥 여길 찍자"라고요(웃음). 하루빨리 비정규직을 없애야 합니다.

언론환경의 변화

박성제 언론환경이 많이 바뀌었는데, 여전히 한시간짜리 집중 탐사보도가 필요하다고 생각하시나요? 아니면 이런 것도 모바일 시대에 맞게 잘게 쪼개야 한다고 보시나요? 실제로 짧은 영상으로만 내보내는 언론사도 나타나고 있잖아요.

배정훈 많이 고민해보지는 않았는데, 최근 사내에서도 플랫폼이 다양해지고 여러 움직임이 있어요. '그런 환경에서 내가 할 일은 뭐지?'라는 고민은 해봤어요. 그랬더니 '내가 하던 일에 더 집중하면 되겠다, 본질적인 일을 하면 되겠구나' 하는 생각에 오히려 가까워졌어요. 그걸 소비하거나 재가공하는 부서도 생겨나고 있는데, 거기에 제공할 콘텐츠를 별도로 만드는 것이 아니라, 아까 말씀하셨던 것처럼 제 본연의 역할에 충실하고 콘텐츠가 탄탄해지면 결국 그런 부서들에서 연락이 오더라고요. 제 프로그램을 가공해서 만들고 싶다고요. 저는 오히려 더 편해진 거예요. 홍보 등에서 고전적으로 했던 방식에 공을 들일 것이 아니라 내 콘텐츠, 내취재에 더 신경 쓰면 되는 것 아닌가 싶어요. 과거에는 보도자료를 직접 써서 홍보팀에 전달했고, 예고편을 잘 만들려고 했어요. 그런 것도 물론 여전히 중요하겠지만 여러 플랫폼에 홍보하는 업무를 줄여주는 조력자들이 생겨나니까 콘텐츠에 집중할 수 있게 됐죠.

그리고 시사보도 프로그램이 여러 뉴미디어 플랫폼과 얼마만큼

어울릴까 하는 고민도 해요. 페이스북, 팟캐스트 등의 콘텐츠는 웃음이 깔려 있어야 돼요. 그런 강박이 있잖아요. 한번은 제가 제작한 걸 재가공한 결과물을 봤어요. 지금은 사라진 페이스북 베이스의 2분짜리 영상을 만드는 플랫폼이었는데 좀 불쾌하더라고요. 본질이 훼손된 것 같고요. 그다음에는 그런 제안이 왔을 때 조심하게 됐어요. 팟캐스트에도 한번 나간 적이 있는데 자꾸 웃기길 바라더라고요. 우리 소재를 가지고 어떻게 웃겨야 하는지…

박성제 요즘은 방송이 나가면 SNS나 댓글로 바로 반응이 오잖아요. 그런 게 부담스럽거나 하지는 않으세요? 대응을 하시나요? 아니면 그런 반응에 신경을 써서 '다음에는 이렇게 해야지'라고 생각한다거나요.

배정훈 프로그램에 대한 관심이 많아질수록 쓴소리도 많아지는 게 당연해요. 그리고 실제적인 도움도 많이 받습니다. 저희가 전혀 신경 못 썼던 실수를 발견하는 것부터, '왜 이런 건 안 해봤느냐'라는 이야기를 해주시기도 하고요. 정말 후회될 때가 있어요. '이런 생각을 못했네.' 저는 이 프로그램을 고작 3년 좀 넘게 했지만, 5~6년 동안 엄청난 애정을 가지고 시청해주신 분들의 경우는 '옛날에는 이런 것도 했는데 왜 이번에는 없느냐'라는 말씀을 하시기도 해요. 그런 조언도 무서울 때가 많아요. 더 긴장해야겠다, 더 제대로 해야겠다 싶고요.

반성하지 않으면 미래는 없다

　문재인정부가 들어선 지 두달이 넘었다. 9명 언론인과의 다양한 이야기를 정리하던 요즘, 예상대로 양대 공영방송 개혁 문제가 언론계의 핫이슈로 떠오르고 있다. 박근혜정부 때 임명됐던 KBS 고대영 사장과 MBC 김장겸 사장이 물러나야 한다는 게 언론인들의 주된 목소리다. 오랫동안 낙하산 사장과 싸워온 두 방송사의 노동조합은 물론, 기자협회와 PD협회 등 현업 언론인 단체와 시민단체, 언론학 교수에 이르기까지 곳곳에서 두 사람의 퇴진을 요구하고 나섰다. 이인호 KBS 이사장과 고영주 방문진 이사장 역시 함께 물러나야 할 청산 대상으로 꼽힌다. 반면 이제 야당이 된 자유한국당은 문재인정부가 이 같은 움직임을 조종하고 있다고 주장하면서 '방송장악 저지 투쟁위원회'까지 만들어 강력 대응하겠다고 으름장을 놓고 있다. 박근혜정권 방송장악의 장본인들이 방송장악을 저지하겠다니 소가 웃을 일이다.

그래도 짚고 넘어가야 할 대목이 있다. '정권이 바뀔 때마다 공영방송사 사장도 따라 바뀌는 것이 옳은가?' 당연히 바람직하지 않다. 그렇게 하지 말라고 공영방송 이사진과 사장의 임기를 보장하는 것이 아닌가. 그러나 기억해야 할 부분은 방송 관련 법에서 그들의 임기를 보장하는 취지가 공영방송의 독립적인 운영을 위해서라는 것이다. 공영방송의 주인은 국민이다. 어떤 정권이 들어서든 눈치 보지 않고 오로지 국민을 위해 권력을 비판하고 감시하는 것이 공영방송 종사자들의 의무다.

만약 KBS와 MBC가 그러한 의무를 제대로 수행해 박근혜정권을 철저하게 감시하고 비판했다면 어땠을까? 온 국민을 분노에 휩싸이게 하고 국격을 땅에 떨어뜨린 비선실세의 국정농단은 일어나지 않았을 것이다. 그러나 낙하산 사장들에게는 부여받은 중요 임무가 따로 있었다. 바로 권력을 보위하는 일이다. 세월호 참사가 터지자 유병언 일가의 책임론을 부풀리고, 정윤회와 십상시 관련 내사 문건이 공개되자 문건 내용에 집중하기보다는 '유출시킨 행위가 국기문란'이라는 청와대의 주장을 앵무새처럼 되풀이했다. 급기야 야당 의원들의 입에서 최순실이라는 비선실세의 이름이 튀어나오자 근거 없는 정치공세라며 보도를 외면했다.

MBC의 편파뉴스는 특히 심각했다. 수백만의 촛불이 광장을 가득 메운 순간에도 JTBC의 태블릿PC 입수 경위를 문제 삼는 집중보도를 내보냈다. 탄핵을 막아보려는 가상한 노력의 산물이었다. 고영주 방문진 이사장은 '촛불집회에 참여한 시민들은 민주노총이나 전교조에서 동원된 것'이라는 망언을 거리낌없이 내뱉었다.

그뿐이랴. 대선 직전 국민의당이 문재인 후보 아들의 취업과 관련된 증인의 녹취를 조작해 공개하자 선거 전날까지 나흘 동안 집중 보도하면서 문재인 당선을 저지하려 했다. MBC 사장과 이사장, 주요 간부들이 언론단체들에 의해 퇴출되어어 힐 '부역 언론인'으로 지목된 것은 지극히 당연한 귀결이다. 헌법을 유린한 대통령을 위해 공영방송을 갖다 바친 인물들이 임기 보장을 주장하는 것은 범죄자가 사법처리에 저항하는 것이나 마찬가지다. 이들이 자리를 지키는 한 방송개혁은 요원한 일이다.

공영방송 개혁의 단계

공영방송 개혁의 첫걸음을 떼어놓기 위한 중차대한 이 시점에서 KBS와 MBC의 언론인들은 어떻게 행동해야 할까. 여기서 검찰개혁과 공영방송 개혁의 근본적인 동력의 차이를 짚어볼 필요가 있다. 전문가들이 공통적으로 거론하는 검찰개혁의 줄기는 수사권과 기소권을 분리하고, 공수처를 설립해 검찰권 남용을 견제하며, 최종적으로 검찰의 정치적 중립을 강제하는 것이다. 이 모든 것은 제도와 시스템의 문제로 귀결된다. 그 제도와 시스템은 검찰을 정권유지의 수단으로 이용하지 않겠다는 정부의 굳은 의지와 강한 실천력이 있다면 재정비할 수 있다. 그렇기 때문에 검찰개혁은 검사가 아니라 정부와 정치권이 맡아야 한다. 검사에게 개혁을 맡긴들 가능할 리 없고 맡겨놓아도 안 된다.

반면 방송개혁은 정부나 정치권의 의지만으로는 불가능하다. 민영방송과 종편은 모두 사기업이다. 국민의 재산인 공영방송 역시 소속 언론인들에게 대통령이 직접적인 인사권을 행사할 수 없는 구조로 되어 있다. 방송 시장의 공정한 경쟁을 위한 제도를 정부가 만들 수는 있겠지만 특정 방송사의 논조를 일일이 조정하는 것은 불가능하다. 결국 방송개혁은 언론인 스스로의 자성과 의지가 없다면 불가능한 작업이라는 이야기다. 언론인들 스스로 싸워야 한다. 방송을 통제하려는 부패 권력과 낙하산 사장에 맞서서 기자·PD들이 저항해야 한다. 낙하산 사장을 몰아낸 다음, 공영방송 지배구조를 개혁하라고 당당하게 새 정부에 요구해야 한다. 그리고 새롭게 구성된 이사회에서 중립적이고 공정한 절차를 거쳐 사장을 선임해야 한다. 이것이 KBS·MBC 개혁의 출발점이자 가장 중요한 단계다. 이 첫 단추를 잘 채운다면 공영방송 정상화 과정은 순조롭게 진행될 것이다.

　그다음 단계로 지배구조 개선을 위한 제도적 뒷받침이 이어진다면 공영방송 개혁은 완성될 것이다. 현재 국회에는 더불어민주당과 국민의당, 정의당 의원들이 발의한 이른바 '언론장악방지법'이 계류되어 있다. KBS·MBC·EBS 3대 공영방송의 이사진을 공히 13명으로 정하고 여당 추천 7명, 야당 추천 6명으로 구성하도록 했다. 그리고 사장을 선출할 때는 과반수가 아니라 9명 이상의 동의를 얻어야 하는 '특별다수제'를 도입했다. 노사 동수의 편성위원회를 가동해 프로그램의 공정성을 보장할 수 있는 장치도 마련했다. 이 법안의 핵심은 특별다수제에 있다. 여당 추천 이사들만의 힘으로는 사장을 만들어낼 수 없기 때문에 반드시 야당 추천 이사들과 협의를 해야 한다. 이 제도의 문제는 최악의 인물이 사장으로 선출되는 것을 막아낼 수 있지만 최고의 인물이 사장이 되는 것도 어렵게 한다는 점이다. 여·야 정치권에 두루두루 잘 보여온, 이른바 '네트워크가 좋은' 언론인이 사장이 될 가능성이 높다. 이 때문에 사장을 선출할 때는 한시적인 사장추천위원회를 만들어 언론현업인들과 시민단체 및 전문가들이 참여하도록 하는 대안도 검토해볼 만하다. 지금까지는 자유한국당과 바른정당의 반대로 논의조차 안 되고 있지만 향후 법안 통과를 위한 논의가 시작되면 반드시 보완책이 강구되어야 할 것이다.

종편 개혁의 방향

공정성을 잃은 공중파 뉴스를 제압하고 각종 여론조사에서 신뢰도, 영향력 1위에 오른 손석희의 JTBC「뉴스룸」 덕분에 종편에 대한 부정적 시선이 상당 부분 희석된 것이 사실이다. 그러나 나머지 채널들이 쏟아내는 극우 편향 보도와 막말 방송, 심지어 광주항쟁에 북한군이 개입했다는 식의 가짜 뉴스는 그 자체로 사회적 해악이다.

김언경 민언련 사무처장 그리고 이명선 기자와의 대화를 통해 전반적인 문제를 짚어보기는 했지만 종편 개혁의 방법론에 대해서는 다른 차원의 접근이 필요하다. 앞서 언급했듯 종편은 사기업인 조·중·동과 한 몸이기 때문이다. 조·중·동의 논조를 청와대나 방통위가 어찌 할 수 없는 것처럼 종편의 논조를 고치라고 요구하거나 압력을 넣을 수는 없다. 종편에 종사하는 기자들에게 간부의 부당한 지시에 저항하라고 요구하는 것도 어려운 일이다. 공영방송 언론인들은 30여년간 축적해온 권력과의 투쟁 경험으로 공정성에 대한 신념을 어느정도 내재하고 있지만 종편 언론인들은 그러한 경험이 거의 없기 때문이다. 그렇다면 종편 보도의 편향성은 오로지 기자들의 양심과 노력으로 바로잡아야 하는 것일까? 어떻게 이를 바로잡을 수 있을까?

해답은 간단하다. 특혜는 줄이고 있는 법은 잘 지키면 된다. 종편을 감시하고 규제하는 법과 제도를 엄격하게 적용하면 된다는 얘기다. 우선 광고시장을 교란하는 '1사 1렙' 제도와 중간광고, 케이블-IPTV 의무전송, 10번대에 배치된 채널번호 등 종편이 받고 있는 과도한 특혜를 시정해야 한다. 진행자나 출연자의 막말은 방송통신심의위원회를 통해 강력히 규제하고 3년마다 돌아오는 재승인 심사 및 그 조건에 적극 반영해야 한다. 종편의 편향성과 영향력은 전체 프로그램의 60퍼센트 이상을 저예산 시사보도 프로그램으로 채우는 행태에서 시작된다. 따라서 드라마와 예능 프로그램 편성비율을 제대로 지키지 못한 종편은 과감히 재승인을 취소해야 한다.

이 모든 것이 법과 제도만 잘 시행하면 가능해지는 일이다. 새로 출범한 방송통신위원회의 강력한 개혁 의지가 관건이다. 공영방송 개혁과 종편 개혁은 동시에 진행해야 할 언론개혁의 핵심이

자 적폐청산의 우선과제다.

언론 불신을 해소하기 위하여

다시 '기레기'의 문제로 돌아가보자. 공영방송을 정상화하고 종편제도를 뜯어고치는 것만으로 켜켜이 쌓인 언론에 대한 불신과 경멸이 해소될 것인가? 나의 대답은 'NO'다. 기레기라는 경멸적 용어는 MBC나 종편의 언론인만을 가리키는 것이 아니기 때문이다. 세월호와 촛불혁명 그리고 대선을 거치면서 모든 언론과 그 종사자들에 대한 시선이 전례 없이 싸늘해졌다. 뉴스를 접하고 분석하는 수용자들의 수준이 그만큼 높아졌다는 뜻이기도 하다.

인터넷에는 특정 이슈에 대해 기자들보다 탁월한 지식과 식견을 보유한 전문가들이 수도 없이 포진해 있다. 이들은 SNS와 커뮤니티 활동을 통해 과거보다 훨씬 더 적극적으로 기자들이 전하는 팩트와 논리를 비판하기 시작했다. 설령 전문가가 아니더라도 수천명, 수만명이 모이는 대형 커뮤니티의 집단지성은 지금까지 없었던 유형의 강한 위력으로 언론을 검증한다. 조금이라도 취재가 허술하거나 논리에 빈틈이 있으면 여지없이 '팩트 폭격'을 당한다.

몇년 전까지만 해도 언론감시 활동이라고 하면 시민단체들이 보수언론의 팩트 왜곡과 극우적 논조를 비판하는 일을 주로 지칭했다. 비록 처우는 좋지 않지만 진보적 가치를 위해 취재하고 글을 쓰는 언론인들은 아낌없는 응원을 받았다. 그러나 최근 인터넷에서 전개되는 자발적이고 적극적인 언론감시 활동의 대상은 보수-진보를 가리지 않는다. 이른바 '한·경·오'로 대표되는 진보언론이 겪고 있는 시련을 보면 금방 이해가 될 것이다. 인터넷에서 영향력 있는 몇몇 논객들은 심지어 한·경·오를 '가난한 조·중·동'으로 규정하며 진보언론의 위선적 행태가 보수언론보다 더 위험하다고 공격한다.

민동기 미디어오늘 편집국장의 지적에 따르면 이러한 움직임은 '참여정부에 대한 언론의 과도한 비판이 결국 노무현 전 대통령의 비극적인 죽음을 초래했다'라는 시각과 관련이 있다. 보수언론은 오른쪽에서, 진보언론은 왼쪽에서 노 전 대통령을 공격했고, 그는 특히 애정을 갖고 있었던 진보언론의 비난에 더 가슴 아파했다는 것이다. '노무현을 지키지 못했다'라는 자책에서 시작된 분노는 탄핵과 대선을 거치면서 자연스럽게 '문재인을 지켜야 한다'라는 적극적인 언론감시 활동으로 발전했다. 어차피 편파적인 보수언론이나 망가진 공영방송은 목표에서 제외되고 상대적으로 공정하다고 믿었던 진보 매체들이 오히려 집중적인 감시와 비판의 대상으로 떠올랐다. 문재인정부가 출범한 이후에도 이 같은 움직임은 거의 달라지지 않고 있다.

진보언론에 소속된 기자들이 이러한 상황에 당혹스러워하면서 억울함을 호소하는 것도 이해할 만하다. 집중적인 모니터링의 대상이 되면 실수와 결점도 많이 드러날 수밖에 없기 때문이다. 신문의 논조를 분석할 때는 지면 전체의 편집과 기사 배치 등을 살펴야 한다. 예전에는 그랬다. 그러나 요즘 뉴스 수용자들은 종이신문을 보지 않는다. 포털 사이트와 SNS를 통해 전해지는 기사 한두 개를 통해 해당 언론사의 논조를 판단하는 경우가 대부분이다. 문재인정부의 개혁을 긍정적으로 평가하는 기사가 아무리 많이 실려도 대통령이나 정부를 비판하는 기사에서 조금이라도 허점이 보인다면 기자와 해당 언론사는 가혹한 비난을 받는 일이 잦다.

이처럼 달라진 풍토를 언론인들이 개탄하거나 원망만 할 수는 없다. 독자들의 기준이 지나치게 높아진 것이 아니라 애당초 그것이 정상적인 기준이었을지 모른다. 오히려 그동안 턱없이 낮은 기준에 안주했던 우리 언론인들이 언론환경의 정상화를 요구해온 독자·시청자의 눈높이를 따라가지 못하는 데 대해 자성해야 하는 것 아닐지.

새로이 주어진 과제

언론에 대한 신뢰는 어떻게 형성되는 것일까? 권력의 나팔수로 전락한 공영방송이 시민의 눈과 귀를 가리는 동안, 세월호와 같은 권력이 불편해하는 이슈를 끝까지 놓치지 않고, 힘없는 이들의 목소리를 꾸준히 전해온 방송은 종편인 JTBC였다. 손석희 사장의 글을 통해 그가 촛불혁명과 탄핵이라는 대형 이슈를 다루며, 공정성이라는 가치를 지키면서도 동시에 절대적인 여론을 담아내고자 얼마나 고민했는지 이해할 수 있다. 그는 JTBC 뉴스의 기본 철학이 '합리적 시민사회를 대변하는 것'이라고 말한다. 손석희라는 리더 한명이 단 3년 만에 평범한 종편을 어떻게 시민이 가장 신뢰하는 언론사로 바꿔놓았는지, 그 비결을 유추할 수 있는 대목이다. 이제 우리는 스스로에게 물어야 한다.

권력을 감시하고 비판하는 것은 언론의 숙명이다. 그렇다면 적폐청산이라는 국민 명령에 따라 탄생한 문재인정권을 어떠한 각도에서 감시하고 비판할 것인가? 문재인정권을 비판하는 논리가 이른바 적폐세력이 개혁에 저항하는 논리와 같아질 경우 그 비판은 정당한 것인가? 국민의 절대적 지지를 받는 권력이 수행하는 개혁이라면 언론은 이를 뒷받침해야 하는가, 아니면 이마저도 매의 눈으로 감시해서 비판할 부분을 찾아내야 하는가?

정답은 없다. 언론인마다 생각이 다를 수도 있다. 그러나 기레기라는 치욕스러운 별명을 거부하고 신뢰를 회복해가려는 언론인이라면 이 같은 질문을 외면해서는 안 된다. 스스로 묻고 답을 고민해야 한다.

지금까지의 언론개혁은 부패한 권력과 싸워 독립성을 쟁취하는 것, 왜곡된 시장과 기울어진 운동장을 바로잡는 것을 의미했다. 그러나 새로운 시대의 언론개혁에는 중요한 과제 하나가 더해질 것이다. 바로 언론인 스스로 엘리트 의식을 내던지고 시민과 소통하는 과제 말이다. 자성과 소통을 거부하는 언론은 독자와 시청자에 의해 도태되고 결국 사라질 것이다. 언론을 둘러싼 모든 상황이, 세상이 달라졌다.

권력과 언론
기레기 저널리즘의 시대

초판 1쇄 발행 / 2017년 7월 31일
초판 3쇄 발행 / 2021년 6월 3일

지은이 / 박성제
펴낸이 / 강일우
책임편집 / 김유경 김정희
조판 / 박지현
펴낸곳 / (주)창비
등록 / 1986년 8월 5일 제85호
주소 / 10881 경기도 파주시 회동길 184
전화 / 031-955-3333
팩시밀리 / 영업 031-955-3399 편집 031-955-3400
홈페이지 / www.changbi.com
전자우편 / human@changbi.com

ⓒ 박성제 2017
ISBN 978-89-364-8617-4 03300

* 이 책 내용의 전부 또는 일부를 재사용하려면
  반드시 저작권자와 창비 양측의 동의를 받아야 합니다.
* 책값은 뒤표지에 표시되어 있습니다.